COLECCIÓN

# Desarrollo del lenguaje
# y didáctica de las lenguas

DIRIGIDA POR

## Dora Riestra

# Desarrollo del lenguaje y didáctica de las lenguas

El nombre de la colección nos presenta un desafío muy actual en el debate entre diversos campos de las ciencias humanas/sociales, cuyos conocimientos, por lo general, no se interrelacionan a menudo en las investigaciones.

Si bien el lenguaje como actividad humana constituye un objeto de investigación abordado por filósofos, lingüistas, psicólogos, sociólogos, historiadores, biólogos, físicos, etc., los segos de las formaciones disciplinares producen recortes metodológicos que no permiten abordar la complejidad del lenguaje humano.

En este espacio, como temática central, desde una búsqueda que sostiene la indisección del comportamiento y el desarrollo humanos, se presentarán aportes teóricos sobre el lenguaje humano en su carácter de actividad social y discursiva, en la dimensión de dinámica histórica del desarrollo de las personas y de la sociedad.

En consecuencia, se privilegiarán las investigaciones en didáctica de las lenguas que consideren estas mismas dimensiones activas y dinámicas del lenguaje y del desarrollo humano, teniendo en cuenta que cada lengua natural constituye un sistema específico, portador de valores culturales particulares. Se pretende así contribuir a los saberes sobre la constitución de las personas y sus capacidades discursivo-textuales, que no se reducen sólo a la cognición, sino que ahondan en el conocimiento de los procesos genéticos de la relación entre el lenguaje y el pensamiento.

**Diseño:** Gerardo Miño
**Composición:** Laura Bono

**Edición:** Primera. Agosto de 2016

**ISBN:** 978-84-16467-51-8

**Lugar de edición:** Buenos Aires, Argentina

## MIÑO y DÁVILA
◆ E D I T O R E S ◆

**En Buenos Aires:** Miño y Dávila srl
Tacuarí 540
(C1071AAL)
tel-fax: (54 11) 4331-1565
Buenos Aires, Argentina
**e-mail producción:** produccion@minoydavila.com
**e-mail administración:** info@minoydavila.com
**web:** www.minoydavila.com

STELLA MARIS TAPIA

# La corrección de textos escritos

Qué, cómo y para qué se corrige en Lengua

MIÑO y DÁVILA
◆ E D I T O R E S ◆

# ÍNDICE

# Agradecimientos

Este libro es producto de la investigación de Tesis de Doctorado en Ciencias de la Educación defendida en la Facultad de Filosofía y Humanidades de la Universidad Nacional de Córdoba en diciembre de 2014, que contó con la dirección de la Dra. Dora Riestra. Le agradezco su guía: su lucidez teórica, su mirada crítica, su paciencia en las discusiones, la motivación y el aliento a lo largo de los años.

Esta investigación no hubiera posible sin la confianza depositada en mí por los docentes de la ciudad de San Carlos de Bariloche, que me facilitaron textos por ellos corregidos, abriéndome, así, el diálogo con sus alumnos. Tampoco, sin el cuestionamiento de las correcciones recibidas por mis propios alumnos, tanto universitarios como de nivel secundario, que me motivaron para procurar entender mejor y explicar este aspecto del trabajo docente.

Agradezco a mis compañeras de los proyectos de investigación de la Universidad Nacional de Río Negro, en especial a María Victoria Goicoechea y Daniela Antista, por la comprensión y la disponibilidad para resolver problemas prácticos. Y, varios años antes, a mis docentes y compañeras en los proyectos de investigación en la Universidad de Buenos Aires; en particular a Melchora Romanos y Josefina Pagnotta, por haber despertado en mí, cuando era una muy joven estudiante de Letras, la pasión por investigar.

Mi reconocimiento a las autoridades de la Universidad Nacional de Río Negro por el apoyo institucional.

Por último, agradezco a mi familia, en especial a mi madre, Maestra Normal Nacional, que corregía con una lapicera de tinta violeta, por seguir siendo una inspiración después de muchos años de ausencia; a Félix, por tanto que no podría siquiera comenzar a enumerar, y a mis hijas, Laura y Valeria, por su comprensión y por ser la motivación y la razón de mi actuar.

# Introducción

## Corregir,
## un problema de la práctica docente

El interés por analizar la corrección como actividad en el proceso de enseñanza de la Lengua surge de la observación de que esta práctica docente suele considerarse una obligación, una rutina fastidiosa o un aspecto poco creativo del trabajo docente, que se descalifica en las frases cotidianas escuchadas entre los profesores: "Tengo una pila enorme para corregir", "Me voy a pasar el fin de semana corrigiendo"...

"Corregir" deriva del latín "corrĭgĕre", término formado a su vez por "regĕre", "regir, gobernar" (Coromines, 2009). La etimología evoca que corregir es *"regir-con"*, con algo o alguien, o ser ayudado a ser regido. Y, en la práctica de corregir como tarea didáctica, se conjugan los sentidos de guiar, gobernar y reinar con otro. La voz autoral del alumno y la voz del docente rigen los textos que los alumnos escriben y que los docentes marcamos, señalamos, comentamos, tachamos y co-escribimos en mayor o menor grado. En el acto de corregir el alumno ha conferido la autoridad a un otro –el docente– para que interactúe con la palabra propia; ha participado a otro en (o ha delegado parcialmente) la autoría del propio texto.

Esto nos lleva a preguntarnos cómo se articulan las palabras del docente en los textos escritos por los alumnos y cuáles son los efectos buscados, mediante la corrección, sobre el desarrollo de ellos.

Por otra parte, dado que la corrección forma parte de las acciones que el docente de Lengua realiza como parte de su trabajo, dedicándole a esta tarea muchas horas, se indaga por la relación entre la práctica, lo que se espera de ella y las características que hacen que se perciba como una tarea importante y rutinaria, a la vez.

La conformación de las correcciones es un fenómeno poco estudiado en su aspecto comunicativo, como interacción entre docente y alumnos, desde la Didáctica de la Lengua, y para el español como lengua materna. Hay referencias al tema que incluyen y subordinan la problemática al tema de la evaluación, pero carecemos de investigaciones que recorten este objeto de estudio.

En este sentido, esta investigación se plantea como objetivo general conocer cómo y para qué los docentes corrigen actualmente los textos escritos por los alumnos en las clases de Lengua.

Los objetivos específicos son:

- observar qué se corrige y las modalidades de la corrección para entender la congruencia entre la corrección y la consigna que guía los trabajos de escritura de los alumnos;
- conocer qué piensan los docentes acerca de lo que corrigen.

El primer objetivo implicó analizar qué se corrige, con qué características y modalidades se realiza esta tarea y qué congruencia se encuentra entre la corrección y la consigna, como instrumento planificado para analizar y evaluar la acción producida. Se observaron las relaciones entre consigna, tarea-objeto de enseñanza en la consigna en sentido estricto a la que responden los textos de los alumnos, corrección de la tarea e interacción docente-alumno en los textos producidos.

En esta dirección, el análisis procura conocer más sobre las dimensiones de la corrección en su aspecto comunicativo, sin confundirlas con las dimensiones evaluativas, que dan cuenta de cómo ha valorado un docente el producto de la acción de lenguaje del alumno.

El segundo objetivo concierne a indagar en el trabajo docente, específicamente en la acción de corregir, como trabajo representado, como conocimiento práctico y como posibilidad de explicitar aquello que se realiza y aquello que se espera como efecto en los alumnos.

# Capítulo 1

## La corrección como práctica del docente de Lengua

Según el *Diccionario de la Real Academia Española*, corregir es "Enmendar lo errado / Advertir, amonestar, reprender / *Dicho de un profesor: señalar los errores en los exámenes o trabajos de sus alumnos, generalmente para darles una calificación / disminuir, templar, moderar la actividad de algo*" (2001).

En esta definición, corregir se asocia en general con el error, con una evaluación negativa que supone una mala actuación o un defecto. En la acepción que he destacado mediante itálicas, destinada a la acción docente, no necesariamente "señalar" supone suplir el error por una forma "correcta" y, antes bien, el significado se asocia con la "calificación".

En la definición del *Diccionario de uso del español* (Moliner, 2007) se acentúa la ambigüedad de corregir:

Quitar las inexactitudes, los errores o las imperfecciones de una cosa hecha por alguien... Graf. Repasar las pruebas de imprenta, quitar los errores, hacer modificaciones en ellas, etc., antes de la impresión definitiva. *Repasar un profesor los ejercicios de los alumnos y señalar las faltas, aunque no las corrija.* 2. Quitar un defecto físico... 5. Decirle a alguien que ha obrado mal o ha hecho mal cierta cosa. Censurar, reprender. Hacerlo así habitualmente, por ejemplo a los niños, para educar o enseñar: "Si no les corriges, no pueden llegar a hacerlo bien. A los niños hay que corregirles...".

En la acepción referida a la práctica docente (destacada con itálicas), puede observarse la polisemia entre "corregir" (en el sentido de desarrollarse una práctica docente) y "corregir" como sustitución de errores por formas correctas.

En otras palabras: además de asociarse con la evaluación, en un sentido amplio de valorar algo como errado, inexacto, imperfecto, las definiciones anteriores coinciden en recoger el sentido de la especificidad de una tarea que desarrolla un profesor y el corregir como marcar o quitar un error.

Las acepciones de los diccionarios revelan que "corregir" y "corrección" son conceptos ambiguos, polisémicos, que evocan los sentidos personales con los que se revisten estas palabras.

En este capítulo se delineará, en primer lugar, qué se entiende por corrección, como una primera aproximación a la tarea que realizan los docentes, mediante la revisión de propuestas didácticas y, en segundo lugar, se expondrán dos investigaciones que constituyen antecedentes del tema.

## 1. ¿Qué se entiende por corrección en los ámbitos educativos?

En los ámbitos educativos, corregir es una práctica que consiste en que un docente realice anotaciones y marcas sobre los textos escritos por los alumnos. Aunque son probables las correcciones de textos orales, y de hecho, suceden en las aulas intervenciones en las que el docente hace "correcciones" de diferentes niveles que abarcan desde la pronunciación, la entonación, hasta la producción de textos en géneros orales (exposición oral, debate, entrevista), la práctica usual, desde el sentido común, identifica las correcciones con la materialidad de la birome ("de algún color que resalte") sobre el papel y, en particular, para el docente de lengua, con el trabajo de señalar errores de ortografía y de sintaxis sobre las tareas escritas por los alumnos.

La corrección consta de las siguientes características, que enumeramos para diferenciarla de otras prácticas didácticas relacionadas con ella:

a) se trata de una acción de lenguaje que se realiza en el tiempo –en un tiempo que no coincide con el tiempo del aula y que suele ser diferido–;
b) el agente o autor de esa acción de lenguaje es un docente;
c) se lleva a cabo con instrumentos: escritura y marcas que se corresponden con un código lingüístico y no lingüístico;
d) en un espacio (en el soporte papel o bien en un soporte informático);
e) tiene un carácter documental, deja una huella en ese soporte;

f) el autor de esa acción verbal enuncia o marca un enunciado ajeno,

g) la corrección puede formar parte de un proceso de evaluación de los aprendizajes de los alumnos pero, a los fines de esta investigación, será concebida en forma independiente de este proceso.

## 1.1. Conceptos que circulan en relación con la corrección

Por ser la didáctica una disciplina de intervención, consideraremos en este apartado las propuestas didácticas y el relato de prácticas. Asimismo, se identifican trabajos en los que la corrección es un tema subordinado a la escritura o bien a la evaluación, pero que no se centran en la corrección como objeto de estudio.

En particular, interesa observar la continuidad y las rupturas entre líneas de análisis y de intervención con algún grado de incidencia sobre la enseñanza de la lengua materna en Argentina, en los diseños curriculares y en los programas de formación docente.

En primer lugar, se presenta un conjunto de propuestas didácticas sobre la corrección sustentadas en investigaciones de la escritura que, en torno a los años 1980, en Estados Unidos, y para el inglés como lengua materna, se proponen la conformación de una teoría acerca de las intervenciones que los profesores realizan en los trabajos escritos por los alumnos.

En segundo lugar, nos detendremos en las obras de autores de la península ibérica que trabajan sobre la didáctica del catalán y del español, en particular, en *Reparar la escritura. Didáctica de la corrección de lo escrito* (1993), de D. Cassany, por referirse estrictamente a la corrección como tema. Este autor fue difundido en los circuitos editoriales y áulicos en Argentina en el contexto de la reforma educativa de la escuela media de los años noventa, en el siglo pasado, en consonancia con el enfoque comunicativo que subyace a los Contenidos Básicos Comunes para la EGB (1994).

En tercer lugar, se reseñan propuestas didácticas en Argentina, donde la corrección se aborda en relación con las prácticas de escritura y/o con la evaluación.

### 1.1.1. El profesor responde para que el alumno revise. Autores norteamericanos

En Estados Unidos, hacia comienzos de la década de 1980, profesores e investigadores como Lees (1979), Freedman (1979), Lamberg (1980),

Butler (1980), Bartholomae (1980), Williams (1981), Sommers (1982) y Haswell (1983), entre otros, intentaron explorar la forma en la que los docentes interactúan con las composiciones escritas por sus alumnos y con los errores que en ellas se encuentran.

El eje común que nuclea estos artículos es un diagnóstico sobre la falta de investigación acerca de lo que los docentes hacen al atender a los trabajos de los alumnos en los niveles de educación superior (*college* y universidades). Parten de una desconfianza generalizada en que las escrituras y las marcas que los docentes realizan habitualmente generen un efecto positivo sobre los estudiantes: según estos autores, las correcciones no resultarían positivas en función de la escritura de textos futuros.

Proponen estudiar las "respuestas" a los trabajos de los alumnos, trazando una delimitación entre la **corrección**, cuyo significado se restringe a la demarcación de errores ortográficos y morfosintácticos, y la **respuesta**, que contemplaría una mirada global sobre el trabajo de escritura y sus diferentes niveles de complejidad. La traducción literal de "response" como "dar respuesta" o "responder" busca conservar el sentido de la bibliografía original: los enunciados que los docentes producen se inscriben en una relación de diálogo con los escritos por los alumnos.

Lees (*op. cit.*) distingue los roles que el docente asume al responder los escritos de sus alumnos. Diferencia siete modos de respuesta a partir de una corrección de un texto empírico realizado por un alumno:

a) corrección;
b) evocación de emociones como lector (las opiniones personales del docente);
c) descripciones;
d) sugerencias;
e) preguntas;
f) recordatorios, y
g) asignaciones de tareas.

Entiende por corrección, en sentido estricto, aquello que el docente inserta como una forma supuestamente preferible donde el estudiante ha escrito erróneamente. Según la autora, el riesgo que conlleva este tipo de marcas en los trabajos de los alumnos, es que les sugiere que, eliminando un conjunto relativamente menor de errores y adquiriendo el dominio de ciertas convenciones estilísticas, sus escritos mejorarían notoriamente. En cambio, juzga deseables las asignaciones de tareas, en tanto indicaciones de que es necesario volver sobre el escrito y concebirlo como una instancia sujeta a revisión. Una asignación de tareas es ejemplificada mediante las preguntas que la docente podría escribir en el texto del alumno para que éste realice una actividad de escritura complementaria. Sería equivalente a una nueva consigna de escritura para que el alumno reelabore un aspecto de su texto, como medida para que revea un tema o para que use aquello que ya había mencionado antes y diga algo nuevo:

> La importancia de este método yace en forzar a los alumnos para que reconsideren lo que ellos han escrito y, por consiguiente, para tratar un trabajo como si representara un estado de desarrollo de las ideas antes que la única cristalización posible de ellas (*ibídem*: 372, trad. propia).

La categorización de Lees sobre los modos de responder los textos no se basa en marcas lingüísticas que permitan reconocer esos diferentes modos de intervención en los trabajos de los alumnos y, como afirma la autora, los criterios para clasificarlos son arbitrarios.

El análisis de Freedman (*op. cit.*) también se basa en las acciones que los docentes realizan, observando por una parte qué tienen en cuenta para la calificación de los escritos y, por otra, qué elementos de los textos de los alumnos tienen influencia preponderante en su calificación. Para ello, toma como datos empíricos las calificaciones otorgadas por distintos docentes a diferentes escritos recreados artificialmente a partir de trabajos de alumnos, según las categorías que se buscan analizar: contenido, organización, estructura de las oraciones y mecanismos (selección de ítems lexicales de acuerdo al uso y puntuación). Asevera que los docentes calificaron mejor aquellos textos que tenían un desarrollo coherente, una presentación lógica de las ideas y una organización ordenada en párrafos con transiciones marcadas entre ellos. La autora critica la enseñanza de la lengua centrada en la estructura oracional. Concluye en que una pedagogía para enseñar a escribir debería priorizar el desarrollo de las ideas lógicamente y que el texto brinde la cantidad de información necesaria para el auditorio, ya que son aspectos socialmente más valorizados que la estructura de las oraciones y la puntuación.

Sommers (1982) se pregunta cuándo los comentarios de los docentes son capaces de provocar una revisión por parte de los alumnos. Observa que la revisión es una acción que lleva a cabo el escritor (Sommers, 1980), propia de la escritura por antonomasia, ya que la oralidad resulta irreversible. Pero, asegura que a partir de modelos de escritura que postulan procesos lineales, los alumnos aprenden a concebir al significado como objeto que se puede plasmar en el escrito. El contraste entre lo que hacen los estudiantes y los escritores profesionales o experimentados lleva a Sommers a sostener que la revisión para los estudiantes afecta al plano de la frase o el de la oración, como si la escritura fuera una traducción de la oralidad a un lenguaje más formal. En cambio, los escritores expertos conciben a la escritura como la construcción de significados, y por tanto, imaginan que un lector reorienta su revisión, lo que les permite generar reescrituras del texto que afectan la planificación general. Sommers (1982) señala contradicciones en las respuestas de los docentes, consistentes en comentar los escritos para que los estudiantes los revisen, al tiempo que se marcan errores de sintaxis, ortografía y otros aspectos. Atribuye esto a la confusión entre proceso y producto, e indica que muchos profesores usan comentarios en los borradores como si se trataran de trabajos terminados, que no requirieran de revisión. La autora identifica un proceso de apropiación del texto por parte del docente, cuyo efecto es contraproducente para los objetivos pedagógicos, entre ellos, por la falta de revisión del alumno de aquellas partes que no han sido comentadas. Otro efecto que la autora reconoce es la falta de especificidad de los comentarios de los docentes, que no se relacionan concretamente con la actividad realizada:

> Pero decirles a los alumnos que hicieron algo mal no es decirles qué hacer al respecto. Para ofrecer una estrategia de revisión útil al alumno, el docente tiene que anclar esa estrategia en las especificidades del texto del alumno (*op. cit.*: 153, trad. propia).

Estos comentarios no pueden ser considerados guías o intervenciones que procuren la mejora del significado global del escrito. Para la autora, es necesario romper con las convicciones de los alumnos acerca de que sus borradores están completos y coherentes, en lugar de encontrar errores o mostrarles a los alumnos cómo "emparchar" partes de sus textos. Por lo tanto, según Sommers, en las respuestas del docente deberían privilegiarse los comentarios que enseñen a los estudiantes a revisar sus textos en procura de la construcción del significado; esta revisión es comparada con lo que un escritor profesional suele hacer.

Por su parte, Haswell (*op. cit.*) propone un método de corrección que consiste en hacer marcas en los márgenes y que los alumnos utilicen estas "pistas mínimas" para reparar sus textos. De esta forma, se provee a los estudiantes de un elemento que actúa como "retroalimentación" antes y después de la revisión, a la vez que, como los errores superficiales son marcados con una cruz en el margen, la atención se puede mantener en los errores que califica como "más sustanciales". Según este autor, las marcas tendrían el efecto de generar un enigma para los estudiantes, que tienen que revisar activamente los textos, a la vez que les enseñan que el docente asume inicialmente que la fuente del error fue la falta de atención y no la ignorancia. Por último, esta minimización de comentarios juzgantes redunda en que no se dañe el diálogo docente-alumno por "exceso de información", en tanto el docente no percibe un gasto de tiempo y energía inconmensurable en relación con los resultados obtenidos, y en tanto no se desequilibra el rol protagónico que el alumno debe asumir en la situación de enseñanza y de aprendizaje. Podemos señalar la impronta de la teoría chomskiana en el método de Haswell ya que se atribuyen 60% de los errores (aquellos que los alumnos pueden corregir) a una falta en la "actuación" y no en la competencia o el conocimiento de la lengua, a la vez que hay una calificación, en el orden del texto, de tipos de errores según los criterios de superficial-profundo, que dan cuenta de las transformaciones que la gramática generativa postuló como modelo, aplicadas a cómo los alumnos aprenden una lengua. El modelo de la gramática generativa de Chomsky de 1957 (traducido en 1971) postula que existen operaciones transformacionales que permiten explicar las estructuras superficiales a partir de estructuras profundas o subyacentes. Chomsky destaca la continuidad de su teoría con la tradición racionalista de la lingüística europea del siglo XVII, cuyas bases asienta en Descartes y la gramática de Port Royal –lo que denomina "lingüística cartesiana" (Chomsky, 1969)–. La "estructura profunda" de la frase es una estructura básica que determina su interpretación semántica, y que Chomsky entiende como el aspecto interno del lenguaje: "cómo se exprese un pensamiento" (*op. cit.*: 78), mientras que la "estructura superficial" o aspecto externo es la "apariencia física" en la lingüística cartesiana y se relaciona con la forma física de la expresión efectiva, con la forma percibida o pretendida. Este dualismo, aplicado a las correcciones, según la propuesta de Haswell, genera que el docente pueda deslindar "las ideas" de "cómo están expresadas" y, disociando una de otras, priorice la idea o estructura profunda –sustentada en un paradigma representacionalista del lenguaje, como veremos luego– por encima de la forma o expresión de la idea.

Lamberg (*op. cit.*) también propone estrategias para el trabajo en el aula, a partir del concepto de "retroalimentación", que agrupa los comentarios y la corrección que un docente o un par realizan de un texto como lectores y la retroalimentación que el mismo escritor realiza ("provista por uno mismo"). Define retroalimentación como la información, en una actuación, que afecta la actuación siguiente porque dirige la atención hacia cuestiones que anteriormente no habían sido consideradas, enfatizando que, para que haya retroalimentación, deben verse efectos en el producto futuro de una actuación. Si no hay efectos a partir de las correcciones de un docente, por ejemplo, no habría retroalimentación. Los estudios comparativos de los efectos de la retroalimentación (de docentes, de pares o del autor mismo, a partir de escalas cuantitativas y cualitativas) en oposición a grupos de control que no recibieron retroalimentación, llevan a Lamberg a señalar que ésta es motivadora; sin embargo, considera que la corrección de los docentes suele no funcionar como tal porque muy pocos alumnos atienden a las marcas. En consecuencia, propone estrategias para que sean los pares o los mismos alumnos quienes se corrijan a partir de grillas provistas por el docente.

Distinguiendo entre lo que el docente piensa al corregir los escritos y las marcas que efectivamente realiza, Butler (*op. cit.*) se centra en el significado afectivo que pueden tener las correcciones para sus alumnos, en particular, alumnos de cursos remediales de nivel universitario. Dos presupuestos fundamentan sus razones para no corregir a los estudiantes: por una parte, la falta de comprensión entre profesores y alumnos; por otra parte, la inhibición que implica mostrarle al alumno sus errores. Razona que un mal escritor es un lector malo y, por ello, los alumnos de remediales difícilmente pueden leer comprendiendo las correcciones de sus profesores. Asimismo, considera que una corrección exhaustiva de la gramática y la ortografía atentarían contra el estudiante, quien, frustrado por las marcas en su escrito, no volvería a compartir sus ideas con el profesor. Su propuesta es, en cambio, realizar comentarios como "Lindo", "Estoy de acuerdo" o "No creo entenderte", "Aquí hace falta un ejemplo": aunque estos comentarios podrían no serle de ninguna utilidad a los alumnos, su fuerza, para Butler, radica en que no los desaniman de una manera frustrante. Establece, además, una distinción entre los objetivos de la enseñanza y de la corrección, concretamente: a los mejores alumnos se los corrige con comentarios y marcas en sus escritos para que desarrollen sus potencialidades y para que noten sus errores; a los alumnos remediales no se los corrige para que continúen escribiendo.

Con respecto al error, Bartholomae (*op. cit.*) y Williams (*op. cit.*) presentan pautas para entender a qué se considera como tal durante la corrección. Bartholomae plantea una analogía con la enseñanza de la lengua segunda para analizar la "escritura básica" de los alumnos, es decir, la que presenta mayor cantidad de errores que los esperables. Busca describirla no por su grado de elaboración sintáctica, ya que sostiene que no se percibe una diferenciación en la madurez de la sintaxis de los escritores; por el contrario, los alumnos menos aventajados a menudo utilizan una sintaxis cuya superficie es más compleja que la de aquellos que dominan la escritura, lo que dificulta más sus tareas. En general, la selección lingüística en los escritos "básicos" viola las reglas, sin intención deliberada ni controlada. Esta escritura básica podría asimilarse a la que presentan los alumnos en la paulatina adquisición del dominio de los géneros académicos, en la medida en que contrastan las convenciones propias de los géneros y las ponen en juego con las representaciones idiosincrásicas sobre esas convenciones. En este sentido, para el autor resulta necesario indagar cuáles son las formas en las que los docentes leen los escritos "básicos", como "policías de los errores", en vez de pretender entender sus significados para realizar un diagnóstico y enseñar a partir de ellos.

Williams, por su parte, señala la complejidad que supone la percepción del error:

> Grandes variaciones en nuestra definición de error, grandes variaciones en nuestra inversión emocional al definir y condenar el error, gran variación en la percepción de la gravedad de los errores individuales. Las categorías de error parecen que deberían ser como sí-no, pero los sentimientos asociados con las categorías parecen mucho más complejos (*op. cit.*: 155, trad. propia).

Para el autor, los sentimientos asociados con el error apelan a dos realidades físicas simultáneas: la hoja del texto escrito por el alumno y la gramática, no sólo como texto reglado, sino como experiencia del profesor. Cuando el docente corrige, opera volviendo conscientes los componentes del texto como palabras y oraciones; mientras que, cuando lee, los errores de uso ocurren en el transcurso del texto sin que alteren su comprensión. Aboga, por lo tanto, a repensar cómo se leen los trabajos de los alumnos, si desde la predisposición para encontrar sus errores o desde un pacto que permita trabajar sobre los errores a partir de una categorización: qué reglas gramaticales son violadas, y qué se hace frente a esa violación de las reglas (si motivan o no una respuesta, y si esta respuesta es favorable o no lo es). En muchos casos, señala el autor, los errores son triviales, lo que genera respuestas globales u holísticas, poco específicas. En este sentido, sólo debería responderse a aquellos errores que obedezcan a violaciones de reglas gramaticales para una mayoría significativa de lectores. La consideración de cuáles son los errores más significativos, para Williams, requeriría de una investigación.

Griffin (1982) y Horvath (1984) proponen una síntesis de los artículos sobre el tema, en procura de la construcción de una "Teoría de la respuesta a los escritos de los estudiantes"; en este sentido, Griffin señala que existen muchas propuestas didácticas y métodos diferentes en orden de dar "mejores" o "más efectivas" respuestas a los trabajos de los alumnos, pero que muchas propuestas carecen de fundamentación teórica. Para desarrollar esta fundamentación, Griffin articula tres ejes: las orientaciones que los profesores realizan, sus respuestas verbales y las reacciones de los estudiantes ante las respuestas de los docentes. En relación con las tendencias u orientaciones, se remarcan algunos supuestos que influyen sobre las respuestas de los docentes, tanto la teoría del receptor del texto que lo concibe como un receptor pasivo de significados (en lugar de un constructor del significado del texto) como la ponderación que los docentes realizan del contenido y de las características de forma (estructuras de la lengua y corrección mecánica de errores). En cuanto a las respuestas mismas, se reseñan diferentes formas de clasificarlas, según en qué aspectos focalizan (en el contenido o en la forma, en aspectos semánticos o pragmáticos) o por el tipo de comentario que se produce, como la ya mencionada calificación de Lees. Por último, Griffin agrupa los aportes que recortan como objeto de estudio las respuestas de los alumnos ante las respuestas de los docentes, ya sea por su utilidad (cuáles son las que los alumnos entienden), ya por su reacción afectiva (cómo reaccionan ante el elogio y cómo ante la crítica, los comentarios negativos o la ausencia de comentarios).

Horvath (*op. cit.*), por su parte, también propone tres ejes ordenadores de una vasta producción bibliográfica sobre las respuestas a los alumnos, aclarando que su interés radica en la evaluación de los escritos con una intencionalidad formativa. Los tres ejes son: las respuestas que los docentes realizan en los escritos, las revisiones que realizan los alumnos como consecuencias de las respuestas y las propuestas alternativas. En primer lugar, Horvath agrupa los estudios de las respuestas de los profesores que abordan la evaluación y la corrección de los textos de los alumnos como productos. En segundo término, compila la bibliografía que permite explicar y guiar la revisión de los escritos concebidos como "productos en proceso". Por último, reseña métodos considerados alternativos a la corrección del docente, como la evaluación entre pares y la autoevaluación, las respuestas orales y en grupos pequeños, entre otros.

Un modelo teórico sustenta parcialmente la bibliografía sobre la corrección para el inglés lengua materna: el generativismo chomskiano. La teoría de Chomsky sobre el lenguaje –como ya anticipamos brevemente– parte de considerar que el lenguaje es innato (1977, 1998). Diferencia competencia de actuación. Se centra en la competencia lingüística como objeto de estudio, puesto que busca "proveer evidencia respecto de los mecanismos internos de la mente y los modos en que estos mecanismos funcionan al ejecutar acciones" (1998: 3). La actuación, en cambio, para Chomsky, da cuenta de cómo se actualiza la competencia en la realización de los hablantes y no puede ser estudiada, lo que deviene en que se desestime la actuación como objeto de estudio por considerarla un "epifenómeno" o fenómeno derivado de la competencia.

Podríamos sintetizar algunas consecuencias de la aplicación de este modelo teórico al estudio de las interacciones didácticas y a la realización de propuestas. En primer lugar, si los alumnos poseen en sus módulos mentales, de manera inconsciente, los conocimientos para llevar a cabo una conducta lingüística, se relega el papel de la enseñanza de la lengua y se restringe el rol del docente a un lugar subsidiario, por lo tanto, sus comentarios en los trabajos de los alumnos tendrán escaso efecto sobre sus respuestas posteriores. En segundo lugar, en tanto se desestima lo que los alumnos hacen, es secundario corregir sus errores –lo que entendemos por error tradicionalmente– y puede prescindirse de ello, ya que los errores no obedecen a un desconocimiento de la lengua materna, sino a una falla en la actuación, es decir, una actuación deficiente.

En síntesis, la temática de la corrección se observa como una preocupación propia de la enseñanza de escritura de la lengua inglesa en los niveles educativos superiores con especial auge en la década de 1980. Mediante un uso particular del término "**respuesta**" (*response*), en los autores reseñados puede identificarse la práctica que nosotros llamamos corrección como un momento de intercambio entre la enseñanza y el aprendizaje, una instancia de "retroalimentación" prevista por la evaluación (Anijovich, 2010). El sentido de la respuesta del profesor se encuentra en el efecto que produce sobre el alumno, en particular, en las acciones de revisión que puede o no generar.

Los autores norteamericanos reseñados anteriormente procuraron construir una teoría que dé cuenta de las respuestas a los alumnos. La diferencia con la investigación que presento es que ésta apunta a conocer las especificidades de la corrección para la enseñanza del español-lengua materna anclando la acción de corregir en el sistema didáctico, en las relaciones entre docente y alumnos. Mi investigación se sustenta en un marco teórico epistemológico que enfoca las interacciones en el lenguaje, como desarrollaré en el capítulo 2, lo que supone:

a) ubicar el texto empírico del alumno como lo efectivamente realizado por éste y no inferir, de modo desdoblado, los procesos mentales y cognitivos o las estructuras profundas que en el texto se reflejan; y

b) priorizar la labor del profesor como un guiar procesos, siguiendo a Vygotsky, con una fuerte confianza en que es posible la enseñanza y como consecuencia de ella, el desarrollo; por lo tanto, supongo que de alguna manera la tarea de corregir es valiosa.

Los estudios sobre la corrección para el inglés lengua materna constituyen un antecedente porque en forma indirecta permearon la enseñanza del español como lengua materna en Argentina, a través de la difusión realizada por algunos autores de la península ibérica, principalmente Cassany, como veremos a continuación.

*1.1.2. La indistinción entre corrección como estrategia del escritor, como propiedad textual y como práctica del docente. Autores españoles, entre el castellano y el catalán*

La producción en Didáctica de la Lengua y la Literatura en España, para el catalán y el castellano, en la última década del siglo XX, se centra en el enfoque de la escritura como proceso, derivado de modelos cognitivos tales como el de Flower y Hayes y el de Beaugrande (referidos en Camps, 1990). Para enseñar la escritura, proponen ubicar al alumno en el rol de escritor y centrarse en las estrategias, los conocimientos que emplea un escritor para escribir y en la forma en que esos conocimientos interactúan durante el proceso. De allí se infieren las consecuencias que este modelo, al que Camps (*op. cit.*) califica de "metafórico" y abstracto, tiene para la enseñanza.

Cassany (1987, 1993) reelabora y adapta a la enseñanza de la lengua española los textos de los autores norteamericanos que se han presentado en el apartado anterior. Aborda dos conceptos distintos en relación con la corrección: el criterio lingüístico e intratextual y la estrategia didáctica que el docente puede utilizar para ayudar a los alumnos a gestionar el proceso de escritura (1987/1997).

En relación con la corrección como criterio intratextual, y a partir de la diferenciación perteneciente al campo de la lingüística entre competencia y actuación –de la teoría chomskiana explicada arriba– retoma la distinción entre los escritores expertos y los aprendices, que atribuye a Krashen, en *Writing: Research, theory and applications* (1984): un escritor experto es aquel que posee conocimientos abstractos del código escrito (competencia) y que procede mediante una serie de estrategias a componer un texto concreto en una situación determinada (actuación). La corrección sería parte de los conocimientos del código escrito o competencia, junto con la adecuación, la coherencia y la cohesión. Así entendida, la corrección abarca los conocimientos gramaticales de fonética y ortografía, morfosintaxis y léxico.

Sin embargo, el sentido en el que Cassany utiliza el término corrección a continuación en el texto citado refiere a la tarea que realizan los docentes sobre el trabajo de los alumnos, en tanto práctica didáctica:

> Varios estudios analizan el papel que juega la corrección en la adquisición de la lengua escrita. En general, parece que la corrección es positiva y ayuda al alumno cuando se realiza durante el proceso de redacción del texto (por ejemplo, cuando se corrigen los borradores o un esquema inicial). Por el contrario, no es útil cuando se hace al final del proceso (por ejemplo, cuando el profesor corrige las versiones finales de los textos de los alumnos (*op. cit.*: 54).

Los estudios mencionados en la cita corresponden a cuatro investigaciones que Cassany reseña, junto con otras cinco de procedencia anglosajona, a partir de las que afirma, generalizando: "Algunas investigaciones demuestran que la instrucción gramatical (los ejercicios y las reglas de gramática) no es demasiado efectiva para la adquisición del código" (*ibídem*: 55), aunque puede resultar de "alguna utilidad en la enseñanza de la expresión escrita" (*ibídem*: 81). Asimismo, imbrica referentes que previamente ha procurado delimitar –la corrección lingüística y la actividad que se realiza al corregir un escrito, ahora por parte del escritor– cuando afirma que la instrucción gramatical "ofrece reglas de corrección (o estrategias de apoyo) que se pueden aplicar durante el proceso de composición del texto" (*ibídem*: 91).

Aunque define la corrección gramatical, no logra observar sus diferencias de la tarea didáctica, y por tanto, no llega a articular ambos significados, pues presupone que los docentes corrigen, mayormente, los errores del texto que hacen a la corrección gramatical (morfosintaxis, ortografía, etc.).

La asimilación de la corrección gramatical a la tarea docente le permite construir una aparente dicotomía entre una "corrección mala", que es la actividad de corrección del docente cuando se centra sólo en el plano de la corrección gramatical (criterio lingüístico) y una "corrección buena", o actividad didáctica que posibilita que el alumno pueda aprender durante el proceso de escritura:

> Muchos escritores y profesores valoran la corrección ortográfica y gramatical de los textos por encima de otros factores como la coherencia, la adecuación o el desarrollo de las ideas. Esto provoca que estas propiedades se desatiendan, corriendo el riesgo de promover y difundir textos impecables de gramática pero pobres de significado (con ideas subdesarrolladas, incoherencias, etc.). Nadie pone en duda que la ortografía y la gramática son importantes y tienen una función propia en la expresión escrita, pero no hay que olvidar que sólo son un componente, el más superficial, de todos los que conforman el código escrito (*ibídem*: 176).

La identificación y/o confusión entre la corrección gramatical como propiedad inherente a los textos, superficial y la corrección de la gramática como un aspecto que el docente observa en los textos de los alumnos, es manifiesta. Por otra parte, Cassany otorga un papel prescindente a la gramática en *La cocina de la escritura,* libro presentado como un "manual para aprender a redactar", donde expone: "No encontrarás nada de gramática ni de ortografía. Mi cocina sólo utiliza productos comestibles" (1993/1999: 15).

En 1993, en cambio, Cassany dedica un libro al tema de la corrección, *Reparar la escritura. Didáctica de la corrección de lo escrito*, en el sentido didáctico de la intervención docente sobre textos escritos por alumnos. La dicotomía presentada por el autor en 1987/1997 se afina en la oposición entre la "corrección tradicional" –que tiene como objetivo la erradicación de las faltas de gramática– y la "corrección procesal" –cuyo objetivo sería modificar los hábitos de escritura de los alumnos. Acorde con las teorías de la escritura como un proceso y de la evaluación como un proceso, la corrección procesal se presenta como un modelo deseable frente a la corrección tradicional, cuyo carácter defectuoso radica en una división tradicional y desigual de roles didácticos en un trabajo de redacción: el maestro como fuente del saber, que decide qué se tiene que escribir y es el responsable único de la corrección, y el alumno como un operario que escribe lo que el maestro quiere y que no es responsable de corregir sus propios escritos.

Siguiendo con este planteo, la corrección tradicional se representa como una sobrecarga para el trabajo docente y una frustración para los alumnos, que se caracteriza por juzgar un producto acabado a partir de los errores, especialmente en lo que atañe a la forma del escrito, desde una norma rígida y estándar. La corrección tradicional es una "reparación de defectos como consecuencia de desconocer las reglas de gramática" (*op. cit.*: 22). En cambio, la corrección procesal considera al maestro como una ayuda o colaboración en la escritura del texto del alumno, que trabaja con sus hábitos y con sus borradores previos, desde una norma flexible, adaptable al estilo personal de composición. La corrección procesal se identifica con la "revisión y mejora de textos, proceso integrante de la composición escrita":

> La corrección es un proceso recursivo: no siempre constituye el estadio final de producción del texto, la conclusión: también puede actuar como un trampolín potente para saltar hacia nuevos horizontes inexplorados, para añadir ideas nuevas y recomponer el texto de los pies a la cabeza. Revisar o corregir puede transformarse en una actividad estimulante y creativa (*ibídem*: 22-23).

Distingue evaluación de corrección, y fundamenta que es necesario corregir sólo los errores que los alumnos pueden ver, en algunos textos, preferentemente en una conversación a partir de los borradores, alternando las instancias (las formas y la responsabilidad) de la corrección de modo de volverlas más "atractivas". Considera, siguiendo a Sommers (1982), que las marcas de corrección deben ser relevantes, claras, breves y localizadas. Por último, resume "diez consejos para mejorar la corrección", destinados a los docentes, a modo de decálogo o "receta", que reformula brevemente en Cassany, Luna y Sanz (1994).

Posteriormente, en 1999, Cassany vuelve al primer concepto y reconsidera a la corrección como una característica propia del dominio del texto, definida como

> la norma explícita de uso en una comunidad de hablantes. Decimos que un texto es correcto cuando sigue unas determinadas convenciones lingüísticas, establecidas por el uso general de la lengua que hace una comunidad y legitimadas por las autoridades lingüísticas de la misma (academias de lengua, autores literarios de prestigio, profesorado), en forma de publicaciones variadas (diccionarios, gramáticas, manuales de estilo, formularios) (*op. cit.*: 86).

Asimismo afirma que esta característica aparece sobrevalorada en la enseñanza de la lengua, ya que la ortografía y la morfosintaxis suelen ser los elementos marcados en los trabajos de los alumnos y que forman parte de su valoración.

A la actividad que realiza el docente mientras evalúa los escritos de los alumnos, no la llama corrección sino revisión, con lo cual, aunque medianamente se zanja la indistinción y/o confusión planteada en 1987 entre corrección como propiedad de los textos y corrección como tarea docente, a la que aludimos con anterioridad, vemos que el término **revisión** introduce en una nueva ambigüedad y confusión, ya que designa simultáneamente la actividad del docente (que lee los textos e indica los aspectos a revisar) y la tarea del alumno frente a sus borradores.

Tanto las prácticas de la oralidad y de la escritura como los efectos producidos por ellas son vistos por Cassany como técnicas didácticas independientes de los contextos situados en los que se inscriben dichas prácticas, de los géneros textuales en los que las actividades de escritura y de lectura se desarrollan y de las condiciones comunicativas particulares que las consignas de trabajo promueven. Subyace a su propuesta una concepción de la didáctica de la lengua como una técnica universal que promueve conocimientos y saberes también universales (las "competencias").

Camps y Ribas (1993), por su parte, critican la corrección como práctica docente. Conjugan el concepto de evaluación formativa con el proceso de escritura, analizando los niveles en los cuales la evaluación formativa enfoca dicho proceso. A nivel de la evaluación de un texto se atienden tanto criterios normativos como su presentación gráfica y el contenido o información que transmite. Para estas autoras, la escuela tradicionalmente ha corregido textos como productos según criterios normativos, más superficiales, descuidando los otros aspectos de la textualización, como la globalidad del texto y sus objetivos. Consideran que tal práctica no redunda en un efecto positivo sobre la escritura de los alumnos. Buscan "superar la idea de que evaluar es únicamente corregir y calificar los textos finales, procedimiento que tan ineficaz se ha mostrado" (Camps y Ribas, 1998: 50), por lo que proponen estrategias para que los alumnos revisen sus textos en clase con pautas. Las pautas son auxiliares para la evaluación, tienen el objeto de que sea cada alumno quien revise sus propios escritos a partir de los criterios de evaluación y conciernen a las actividades metalingüísticas, que son definidas como las habilidades y los procesos de control para analizar el uso del lenguaje (Camps *et al.*, 2000).

Camps (1992) entiende que durante la escritura, el alumno debería aplicar recursivamente una serie de operaciones de revisión y control, sin que desemboquen, necesariamente, en correcciones en el texto que se ha escrito. Se observa que la preocupación de la autora es proponer la revisión que cada alumno –como aprendiz de escritor– realiza en su texto como estrategia superadora de la corrección efectuada por el docente que, eventualmente, asumirá la forma de comentarios, si opta por la coevaluación de un escrito.

Algunos de los textos de Cassany y Camps citados conforman la bibliografía de documentos oficiales para la enseñanza de la Lengua y la Literatura en Argentina en las dos últimas décadas.

Así, son referentes para documentos de capacitación docente, como la *Introducción al diseño curricular de la escuela secundaria para prácticas de lenguaje*, 1° y 2° año, de la provincia de Buenos Aires (2006 y 2008) y la *Transformación de la escuela secundaria desde Lengua y Literatura* (2008) en el marco del *Diseño curricular, Ciclo Básico*, de Río Negro.

Figuran, asimismo, en la bibliografía de diseños curriculares como los *Materiales curriculares para el nivel polimodal. Lengua y Literatura 1, 2 y 3*, de La Pampa (2001); el *Diseño curricular para la educación secundaria*, 3° año, de la provincia de Buenos Aires (2008); el *Diseño curricular preliminar para la educación secundaria* (2012) de la provincia de Chubut; el *Diseño curricular para el Ciclo Básico Unificado, 3° Ciclo EGB*, de Córdoba (1997), y el *Diseño curricular del Ciclo Básico para la escuela secundaria,* también de Córdoba (2011-2015).

Se cita a Camps y/o Cassany en programas de las asignaturas *Didáctica de la Lengua y la Literatura* (o sus equivalentes) de universidades nacionales (por ejemplo, de la Universidad Nacional de Tucumán, 2005, y de la Universidad Nacional de la Patagonia Austral, 2008).

Por estos datos se puede postular algún grado de incidencia de estos autores que operaron como referencias durante la primera década del siglo XXI, en la formación docente y en la enseñanza de la lengua materna en Argentina, en interacción con la producción nacional, tema que se abordará en el siguiente apartado.

*1.1.3. Evaluación y corrección. Autores argentinos*

El tema de la corrección como práctica docente aparece mencionado en diversas propuestas didácticas que circularon como materiales editados en libros y revistas de Didáctica de la Lengua y la Literatura, en Argentina, durante la última década del siglo XX y la primera del siglo XXI.

En propuestas didácticas para la enseñanza de la lengua y la literatura en el nivel secundario que abordan la evaluación (Corvatta, 1992; Cortés y Bollini, 1994) la corrección es mencionada sin distinción de aquella: los términos "corregir" y "evaluar" se presentan empleados como sinónimos. Se insiste en la necesidad de que lo evaluado acuerde con lo enseñado y en la enseñanza de la revisión y reescritura de borradores. Cortés y Bollini proponen la confección de un código de marcas en conjunto entre docentes y alumnos, que dé cuenta de los niveles de jerarquización a evaluar en un texto escrito y, del mismo modo que Corvatta, aconsejan priorizar cuestiones como la coherencia, la jerarquización de información y la organización global del texto por sobre la marca de errores gramaticales y de ortografía.

Frugoni (2006), en su propuesta didáctica para la escuela secundaria, también advierte que no deben corregirse aspectos que no se relacionen con las consignas y observa que el problema de la corrección no es sólo "marcar errores", sino, antes bien, alejarse de los términos "acierto-error" o "bien-mal" para producir comentarios de textos, cuyos modelos serían los comentarios propios de los talleres literarios. Como inscribe su propuesta didáctica en la continuidad con los talleres de escritura de invención, cuya tradición en Argentina ubica en la línea de *Grafein,* Gloria Pampillo y Maite Alvarado, Frugoni señala el necesario equilibrio de la corrección como intervención que realiza un docente para mejorar los textos escritos por sus alumnos (el comentario) frente a prácticas no intervencionistas por un lado, y a prácticas escolares usuales, por otro. Postula que las primeras, las prácticas en las que los docentes no intervienen corrigiendo las producciones de escritura creativa de los alumnos, nacen de un supuesto sobre la escritura que se sintetiza en la frase: "La poesía no se corrige" (*op. cit.:* 73-76) y tienen la consecuencia de no proponer un trabajo serio y reflexivo sobre la escritura en la escuela. Para Frugoni, esto desplaza el papel del docente "a ser casi un espectador de la clase" (*ibídem*: 75). En segundo lugar, identifica como prácticas usuales en la escuela las correcciones que jerarquizan excesivamente la normativa que derivan en que la evaluación de las actividades de lengua se haga desde los parámetros de la sintaxis y la ortografía.

Iturrioz (2006), Neumann y Gajardo (2009) y Finocchio (2009) coinciden en definir la corrección como una tarea específica del docente, asociada con valorar a través de marcas, observaciones y calificaciones los textos de los alumnos, que se restringe a los aspectos más superficiales de los escritos y que genera insatisfacción en función de los tiempos destinados a ella comparados con los escasos logros alcanzados.

Para Iturrioz, corregir o no corregir es una disyuntiva del profesor de lengua que refleja el conflicto entre el respeto por la lengua que manejan los alumnos y la necesidad de la escuela de enseñar la lengua estándar. Inserta esta cuestión, pues, en un problema sociolingüístico. Propone (como lo hace Finocchio) trabajar con la revisión y las reescrituras en el orden de relevar problemas comunes y planificar aspectos de manera secuenciada a través de diferentes consignas.

A partir de la investigación acerca de las representaciones sociales sobre la escritura de docentes y alumnos en Chubut, Neumann y Gajardo afirman que las prácticas de corrección tradicionales en la escuela distorsionan la percepción de lo que la escritura significa e impiden trabajar sobre la revisión, puesto que acentúan la importancia de la normativa para los docentes, a la par que los alumnos se resignan frente a la existencia de errores ortográficos: ..."todas estas prácticas habituales de la corrección, que se trasladan de la escuela a otros niveles educativos, construyen una representación cristalizada de la instancia de revisión y reescritura, tanto en el que escribe como en el que lee los escritos de otros" (*op. cit.*: 831).

Finocchio adscribe a la línea que propone renovar, mediante el concepto de revisión, la idea de corrección tradicional. El marco teórico de su propuesta son las investigaciones provenientes de la psicología cognitiva; desde allí señala, en coincidencia con lo postulado por Camps, que la revisión se refiere al proceso con el cual quien escribe vuelve sobre su texto para evaluar su progresión –durante– y su resultado –una vez finalizado–. En la corrección, quien asume la responsabilidad es el docente; en la revisión, el alumno. Aventura la hipótesis de que la corrección tiene bajo impacto en la escritura de los alumnos, porque, para la autora, las correcciones superficiales redundan en aprendizajes superficiales que los llevan a suponer que escribir es "escribir sin errores de ortografía". Su propuesta concluye en que el docente debería ceder su lugar de corrector al alumno, con el objeto de que éste asuma su autocorrección, para lo que sería necesario que se enseñara a revisar los escritos.

Contreras (2010), por su parte, analiza una serie de comentarios que dos docentes de la carrera de Letras de la Universidad Nacional de La Plata realizan en doce textos de alumnos ingresantes, poniendo en relación una primera versión del texto y su reescritura. Considera que los comentarios de los docentes son complejos o escuetos y "no son productivos para los alumnos" (*op. cit.*: 7) porque responden, según la autora, a lo que los profesores creen que la escritura debería ser, sin darles oportunidad a los alumnos de apropiarse de esa escritura. Enmarca estos conceptos en las representaciones sociales sobre la escritura, sin explicitar la metodología de análisis. Tampoco distingue entre corrección y evaluación, términos usados como sinónimos en su texto.

En síntesis, puede afirmarse que corrección, norma lingüística y evaluación no se diferencian con claridad en la mayor parte de las propuestas didácticas anteriores que, por otra parte, ponen en duda los efectos formativos de las interacciones entre docentes y alumnos a través de las correcciones. Una de las razones a la que atribuyen la pretendida falta de eficacia de las correcciones es que éstas se restringen a la corrección gramatical. No obstante, faltan datos de investigaciones que puedan argumentar tales hipótesis.

La carencia de investigaciones de las correcciones enfocadas específicamente en la enseñanza del español lengua materna en Argentina no ha obstaculizado empero la difusión de propuestas didácticas donde se alienta la revisión y la autorregulación por parte de los alumnos. La premisa de estas propuestas sería que los alumnos conocen en forma completa y acabada su lengua y poseen, por lo tanto, los conocimientos de la técnica que es la lengua, para mejorar sus producciones. La asunción de tal modelo impediría hacer visible y explicar la acción de los docentes al corregir.

Por otra parte, partir del conjunto de procesos que realiza un escritor "experto" para explicar la enseñanza de la textualización supone abstraer que dicha enseñanza se produce en situaciones didácticas de clase, por su naturaleza, distintas de las que rodean a un escritor profesional. En este sentido, las propuestas que abrevan de modelos cognitivistas sobre la escritura ubican la acción del docente como garante de las condiciones de escritura en el aula y, de forma coherente con este rol secundario asignado al docente, explican la corrección en términos negativos, como tarea que no puede redundar en beneficios para los estudiantes. ¿Cómo puede explicarse una práctica que se hace y se continúa haciendo si se considera, *a priori*, que la misma no puede tener efectos positivos en sus destinatarios?

Finalmente, la confusión entre corrección y evaluación desde la Didáctica de la Lengua impide dar cuenta de las interrelaciones entre ambas. Las correcciones se realizan sobre textos, productos de acciones de lenguaje (Bronckart, 2004). Al no deslindar corrección de evaluación, las propuestas didácticas cuyo objetivo es la evaluación formativa parecerían despojar de complejidad a esta última para vaciarla de sentido y transformarla en un lema.

## 2. Antecedentes de investigaciones sobre la corrección

Los antecedentes de investigaciones sobre corrección son dos y ninguno de ellos se inscribe en la didáctica del español como lengua materna: Litwin *et al.* (2003), desde la didáctica general, enfocan las interacciones de los docentes con los alumnos mediante las correcciones durante los procesos de evaluación. Ruiz (1998) estudia las correcciones enfocando la lingüística textual como disciplina aplicada a la enseñanza del portugués lengua materna.

Litwin *et al.*, en *Corregir: sentidos y significados de una práctica docente* (2003) delimitan como objeto de estudio la escritura de los docentes en la evaluación, a la que se refieren como *correcciones*: "señalamientos que realizan los docentes en las producciones escritas de los estudiantes", "prácticas evaluativas" y "mensajes didácticos capaces de transparentar la concepción de enseñanza y aprendizaje del profesor" (*op. cit.*: 85). Estas escrituras pueden inscribirse en "prácticas de buena enseñanza" (en un sentido ético y moral, Litwin, 2008) y se insertan, para las autoras, en los géneros discursivos propios de la evaluación.

> La producción de estos enunciados concretos implica la apropiación de un lenguaje social y un género discursivo, que a su vez, están situados socioculturalmente y, por lo tanto, el significado se encuentra íntimamente ligado a los escenarios históricos, culturales e institucionales... el lenguaje social estaría dado por los discursos de los docentes y alumnos, el género discursivo por la evaluación y el escenario por la institución escolar y el espacio áulico (*ibídem*: 36).

La investigación dirigida por Litwin se inició, metodológicamente, con la búsqueda de trabajos corregidos en las carpetas de los alumnos de nivel medio en escuelas públicas ubicadas en las ciudades de Cipolletti y General Roca de la provincia de Río Negro para "identificar modalidades en la escritura que los docentes imprimen, a modo de rúbrica, en las producciones escritas de los estudiantes" (*ibídem*: 79). La unidad de análisis fueron las correcciones que realizaron docentes del área de Ciencias Sociales. A partir de ellas se elaboraron protocolos de entrevistas para docentes y para alumnos, estructuradas en torno a las cuestiones: "qué, cómo y para qué corrigen", "cómo les gustaría corregir" o "cómo les gustaría que les corrijan". Las entrevistas buscaban recabar las significaciones que docentes y alumnos otorgan a los mensajes o señalamientos que los docentes realizan en los trabajos que corrigen.

Después de vincular los mensajes didácticos plasmados en las carpetas con las categorías construidas a partir de las entrevistas, las correcciones fueron resignificadas por las autoras como "escritura evaluativa" ya que el objeto de estudio inicialmente planteado como marca o señalamiento de escritura se observó inserto en un sistema donde lo escrito públicamente en las producciones de los alumnos se complementaba con lo no dicho (lo escrito por los docentes en sus cuadernos o libretas personales), que usualmente ponderaba actitudes y valores considerados significativos en la formación de los alumnos. Según las autoras, estos registros constituyen la "nota conceptual", un criterio explícito para los docentes pero oculto para alumnos, padres e institución, una modalidad de registro que implica un "ocultamiento". Sostienen que:

> … fue posible interpretar que los mensajes didácticos de los docentes se fundamentan en la conjugación de criterios explícitos e implícitos que constituyen un sistema de justificaciones. La incorporación de lo dicho públicamente, es decir, lo escrito en las producciones de los alumnos, como así también lo no dicho, es decir, lo escrito en cuadernos o libretas personales, nos permitió redimensionar el objeto de estudio inicialmente planteado como una marca o señalamiento de escritura en evaluación, hacia una nueva construcción que podría denominarse "escritura evaluativa" (*ibídem*: 82, 83).

El análisis de correcciones se presenta como un analizador del dispositivo de evaluación, privilegiando la interpretación de los datos de entrevistas a docentes y alumnos sobre las correcciones. Por otra parte, aunque hay, a lo largo de la obra, características que permiten diferenciar la corrección de la evaluación, se considera a la primera una modalidad de registro en la escritura evaluativa de los profesores, la "presente en" las producciones de los alumnos, que se complementa con otra modalidad de registro, la propia del "ocultamiento".

Por su parte, Ruiz (1998), en la tesis doctoral *Cómo se corrige redacción en la escuela*, describe cómo se realiza la práctica escolar de corrección de redacciones por parte de un grupo de profesores que trabaja con la reescritura en las aulas. Analiza los resultados de esas prácticas comparando las textualizaciones que los alumnos producen a partir de las correcciones. Supone que la corrección tradicional no es eficaz o no cumple una función significativa para que los alumnos mejoren sus redacciones escritas, por lo que decide seleccionar su corpus únicamente a partir de los trabajos que los profesores corrigen para que los alumnos presenten una reescritura.

La autora se pregunta qué relaciones pueden establecerse entre los procesos de corrección y de revisión y la enseñanza deseada; plantea cuáles son las contribuciones que puede aportar desde la lingüística textual a la práctica de la corrección de textos y a la enseñanza de la redacción en la escuela.

El corpus sobre el que trabajó fueron textos escritos por alumnos de diferentes edades (desde los primeros grados hasta el vestibular) en la materia escolar obligatoria Portugués o en el curso extracurricular de redacción, incluyendo los textos producidos por sus alumnos durante su propia práctica docente. La característica que encuentra la investigadora para definir a las redacciones es la situación de producción en un contexto escolar y las expectativas de los autores sobre un destinatario- profesor como casi único lector (y corrector) de los escritos, aunque por lo demás, señala la heterogeneidad de su corpus:

> Quanto às atividades desenvolvidas com textos escritos, os depoimentos eram os mais variados possíveis. Propõe-se o exercício de produção de textos a propósito não só de uma diversidade de temas, como também de diferentes gêneros discursivos e tipos de textos, apesar de os clássicos (narração, dissertação/argumentação, descrição) predominarem. Como, porém, na esmagadora maioria dos casos (com exceção da escola de redação), os textos por mim analisados tinham chegado desacompanhados de suas respectivas propostas de produção-já que nem sempre a sistemática em sala de aula era registrá-las por escrito no caderno/folha em que eram produzidos - meu acesso às propostas de atividades com textos ficou restrito aos depoimentos orais dos professores-sujeitos e ao que é possível inferir das próprias redações (*op.cit.*: 10).

**Corrección**, según Ruiz, es un texto que el profesor pone por escrito en (o de modo superpuesto a) el texto de un alumno para llamar su atención acerca de algún problema de producción o de alguna "infracción" textual, delimitando por tal lo que en la escuela se llama habitualmente "error". La **revisión**, en cambio, es definida como la etapa simultánea a otras etapas de la génesis textual durante la cual el escritor controla el texto que está produciendo; para su investigación, Ruiz circunscribe la revisión a la etapa posterior a la escritura, como la reformulación hecha a un texto ya escrito y cuyo producto es una versión nueva del mismo.

Distingue dos modos de corregir por el espacio en el que se colocan las correcciones: uno que no se superpone en el texto de los alumnos, sino que utiliza márgenes y espacios en blanco al final; y otro superpuesto e imbricado con el texto de los alumnos.

Categoriza las diferentes formas de intervención de los docentes según sean "estrategias resolutivas" y "estrategias indicativas": mientras que con el primero de estos nombres se refiere a las formas en las que el docente modifica directamente el texto de los alumnos, con el de "estrategias indicativas" identifica el modo en que señala un problema o una infracción. Dentro de las estrategias indicativas, una forma de corregir, la "clasificatoria", consiste en colocar la abreviatura (a menudo la letra inicial) de un término metalingüístico referido al problema encontrado en el texto (por ejemplo, "P", por "puntuación"; "DS" por "división silábica"; "IV", por "impropiedad del vocabulario"). Este código, conformado por más de cuarenta símbolos, parece ser el más usado entre los profesores que corrigen las redacciones que integran su corpus.

Ruiz propone además la categoría de corrección "textual-interactiva" o "bilhetes" (en el sentido de cartas breves o "esquelas") para referirse a las anotaciones que los docentes realizan debajo de los textos de los alumnos.

La teoría de los géneros, atribuida a Bajtín en la forma de géneros discursivos, constituye un marco teórico desde el cual afirma que las correcciones pertenecen a un género textual particular, el género pedagógico:

> … assim como podemos caracterizar o discurso pedagógico como um *gênero,* de acordo com os postulados bakhtinianos, podemos, igualmente, ver no trabalho interventivo que o professor realiza sobre a escrita do aluno, particularmente formatado de modo mais ou menos estanque (um texto escrito que se sobrepõe ao texto do aluno), a configuração de um *gênero* de caráter bastante peculiar (*ibídem*: 184).

Propone llamar a este género, que califica de secundario, siguiendo a Bajtín, "género correctivo".

Tanto la investigación de Litwin *et al.* como la de Ruiz recortan el objeto de estudio conforme a las disciplinas en las que se inscriben y las problemáticas que las ocupan: para la didáctica general, la corrección se subsume en la evaluación; para la lingüística aplicada, el problema se ciñe a la ausencia, por parte de los profesores y de los alumnos, de conocimientos de la lingüística textual que sean "llevados" o "bajados" (aplicados) a las aulas.

En la primera de las investigaciones, la de Litwin *et al.*, la mirada sobre la corrección enmarcada en la evaluación posibilita entender procesos generales de enseñanza y aprendizaje. Como no se aborda específicamente la enseñanza de la lengua, no se observa el problema de que, para ésta, lo que se corrige y el instrumento con el que se corrige, la lengua, son el mismo objeto de enseñanza.

En la segunda, la de Ruiz, cierta circularidad lleva a que las teorías lingüísticas del texto y del análisis del discurso, que conforman el marco teórico y que se han valorado positivamente como objetos de enseñanza de la lengua, sean, para la autora, igualmente positivas en las correcciones, sin que pueda mostrar cómo operan estas teorías en las reescrituras que realizan los alumnos. De tal forma, a partir de las premisas concluye que la teoría debe ser tanto el objeto de enseñanza como el método de corrección, sin atender ni a la transposición didáctica ni a las consignas de trabajo en la enseñanza de la lengua. Así, Ruiz considera que a los alumnos deben enseñárseles los conocimientos de las disciplinas (sociolingüística, lingüística textual, análisis del discurso) porque de esa forma se garantizaría que los mismos fueran usados por los docentes para corregir y entendidos por los alumnos para revisar sus textos, privilegiando criterios textuales por sobre formas lingüísticas:

> O que proponho é que o trabalho de correção seja feito tomando-se como base as categorias de análise da Lingüística Textual e as contribuições da Análise do Discurso. Seria bastante útil que o professor norteasse o seu trabalho tendo-as como referencial teórico, para poder fazer remissão com mais segurança (ou menor insegurança) àqueles problemas para os quais a Gramática Tradicional não oferece resposta. E mais: para ter a garantia, pelo menos um pouco maior, de que a sua correção vai "funcionar", "dará certo", porque levará o aluno a assumir efetivamente o trabalho que é escrever. Ainda mais porque é esse conhecimento teórico que mobilizará sua prática, no sentido de torná-la menos estática e artificial, mais dinâmica, mais natural, porque interativa (*ibídem*, 193).

Como consecuencia de los campos de procedencia de las dos investigaciones precedentes, en la primera no se atiende al objeto de enseñanza lengua, específicamente, y en la segunda de ellas no se considerarían los procesos formativos en sus dimensiones contextuales más complejas, puesto que no parecen atenderse las diferentes situaciones como niveles educativos y relaciones entre profesor y alumnos.

En este contexto, el objeto de mi investigación apuntaría a entender las correcciones como herramientas didácticas en la enseñanza de la lengua; por ello, se procurará definirlas en su interrelación con los textos de los alumnos, es decir, en una dimensión textual, y en función de lo que los docentes afirman que hacen, esto es, como parte de su trabajo, en el que reconocemos acciones e intenciones didácticas.

# Capítulo 2

## El lenguaje como actividad y sus derivaciones en la didáctica de la lengua para estudiar las correcciones

La concepción del lenguaje como actividad de la que partiremos representa una ruptura sociosemiótica, en términos de Bronckart (2002), porque la hipótesis de que las interacciones humanas se desarrollan en la interacción específica del lenguaje, siendo éste constitutivo del funcionamiento psíquico específicamente humano, supone una explicación radicalmente diferente para las Ciencias Humanas y Sociales, basada en el carácter sociohistórico y cultural de los procesos de hominización.

En este capítulo sondearemos en las coincidencias epistemológicas y conexiones conceptuales en cuanto a posiciones sobre el signo lingüístico y el desarrollo de la conciencia humana articulando la obra de un grupo teórico (Riestra, 2011a), cuyos tres autores principales pertenecen al primer tercio del siglo XX: Saussure, Vygotski y Volóshinov; estos conforman un programa de investigación del interaccionismo sociodiscursivo.

La semiotización origina actividades de lenguaje que se organizan en textos, los cuales, a su vez, se indexan en géneros textuales, constructos históricos correlacionados con las actividades no verbales con las que interactúan, cambiando con el tiempo y con las formaciones socioverbales.

El lenguaje como hacer humano con textos en géneros se realiza mediante signos en una lengua. Ambos son los objetos de estudio de la didáctica de la lengua y la literatura. Esta disciplina en conformación tiene ante sí el objetivo de articular nociones que toma en préstamo de las disciplinas de referencia – las ciencias del lenguaje– con las prácticas sociales de referencia. La articulación comprende conocimientos sobre los sistemas didácticos, para poder transformar, mediante la transposición didáctica, los objetos de estudio en objetos de enseñanza.

De las posibilidades de análisis y concreción de ese objetivo depende poder explicar un aspecto de la formación humana, la enseñanza de las capacidades discursivo-textuales, que atañen no únicamente a la enseñanza de la lengua sino también, indirectamente, a las capacidades de apropiarse y de transformar los signos y los textos con los que los humanos nos definimos en nuestro actuar en el lenguaje.

La complejidad inherente al lenguaje humano nos lleva a revisar sus diferentes dimensiones e implicancias, de otra forma, no resultarían claros cuáles son los objetos de enseñanza en las clases de Lengua. En estrecha relación con esos objetos, las correcciones de los textos de los alumnos dan cuenta de dicha complejidad, por lo que, para estudiarlas, se requiere la delimitación de conceptos teóricos desde los cuales analizarlas.

## 1. El lenguaje como actividad

Definimos al lenguaje como actividad y al ser humano como especie que se realiza **por** y **en** el lenguaje. Esto significa delimitar la concepción del humano como ser histórico-social y las condiciones en las que la transmisión de la cultura y de los conocimientos tiene lugar.

La concepción del lenguaje como actividad supone una ruptura con el representacionalismo imperante en la cultura occidental (Bronckart, 2002; Riestra, 2004) cuyo postulado es que los procesos de noesis preceden a los procesos de semiosis, mecanismos secundarios derivados de aquellos.

El representacionalismo es considerado por Bronckart una forma de comprender la naturaleza de la relación entre el mundo, el pensamiento y el lenguaje que, a partir de las posiciones filosóficas y epistemológicas dominantes, deviene en sentido común en Occidente:

> … para asegurar la fiabilidad de los conocimientos que se pueden expresar en el lenguaje, las corrientes filosóficas dominantes han intentado siempre dotar a este último de un fundamento que se halle fuera de él mismo, o fuera de las prácticas sociales: fundamento que se situaría para Platón en las propiedades naturales de los objetos del mundo, en las estructuras lógicas de ese mismo mundo para Aristóteles, en las estructuras del pensamiento humano para Port-Royal. De ese modo, el lenguaje ha sido regularmente considerado como un mecanismo secundario, de traducción o de reflejo de "otras" estructuras que le determinarían. A partir de Port-Royal, esta posición se concretiza por las tesis correlativas de la primacía e independencia de los procesos de noesis en relación con los procesos de semiosis:

el pensamiento es primero y autónomo; el lenguaje lo único que hace es traducir este pensamiento, y como consecuencia, no desempeña papel determinante alguno en la construcción de los conocimientos humanos. Y esas tesis explican a su vez, los procedimientos de todos aquéllos que han creído poder tratar el problema de las relaciones entre las propiedades del mundo y del pensamiento haciendo totalmente abstracción del papel del lenguaje (*op. cit.*: 390).

Considerar al lenguaje como actividad, en cambio, supone que es la actividad misma la que posibilita, a través de la semiosis, la constitución de procesos de razonamiento y pensamiento.

En procura de articular un paradigma no representacionalista del lenguaje humano, se desarrollan a continuación conceptos teóricos de Volóshinov y de Maturana. A estos se agregarán los aportes de Coseriu y De Mauro, con el objeto de presentar una síntesis de la concepción del lenguaje como actividad que permitirá describir, luego, la línea del interaccionismo sociodiscursivo, marco teórico y epistemológico de esta investigación.

Volóshinov (1929/2009) considera que el lenguaje es creación libre y activa, una generación constante, de la que cada enunciado es una unidad. El enunciado es un producto de la interacción dialógica e ideológica del individuo con su medio: "Todo enunciado, incluso un enunciado escrito y acabado, responde a algo y está orientado hacia algún objeto. Representa tan sólo un eslabón en la cadena ininterrumpida de las actuaciones discursivas" (*op. cit.*: 116). Esta cadena no puede ser comprendida y explicada sino en relación con un contexto, es decir, con una situación concreta de enunciación. Un enunciado es un signo apropiado para ser entendido en una situación dada. El psiquismo humano existe como una consecuencia de la materialidad sígnica "…y no debe analizarse como una cosa sino que debe entenderse e interpretarse como signo" (*ibídem*: 50).

El diálogo es la forma característica de interacción por la palabra, por lo que los enunciados se organizan en función del auditorio y de su respuesta, esto es, la evaluación o valoración compartida con el hablante. De allí la relevancia de la palabra ajena, por la que está conformado cada enunciado y a la que cada uno se orienta. Pero, además, los enunciados se orientan hacia las actuaciones de la comunicación verbal, anteriores en el tiempo, históricas, y de ellas toman sus características.

Maturana y Varela definen al lenguaje como un modo de acoplamiento social humano "que modifica de manera (…) radical los dominios conductuales humanos haciendo posibles nuevos fenómenos como la reflexión y la conciencia. Esta característica es que el lenguaje permite al que opera en él describirse a sí mismo y a su circunstancia" (1984: 139). El operar lingüístico crea un dominio semántico que se conserva como modo de vida de la especie humana y que es, a la vez, generador de la conciencia. Así, en el dominio del lenguaje se producen recursiones descriptivas; una de ellas, continua, llamada "yo", permite conservar la coherencia operacional lingüística del individuo y se experimenta como conciencia o mente: "…lo mental no es algo que está dentro de mi cráneo, no es un fluido de mi cerebro: la conciencia y lo mental pertenecen al dominio de acoplamiento social y es allí donde se da su dinámica" (*op. cit.*: 154).

A partir de la definición de los seres vivos como sistemas autopoiéticos (Maturana y Varela, 1994) cuyos cambios estructurales están gatillados (no determinados) por la acción con el medio, Maturana caracteriza a cualquier sistema social como una organización de miembros de un conjunto de seres vivos que operan en una red de interacciones recurrentes, la cual, a su vez, conforma su medio. El medio que define a la especie humana son las redes de conversaciones posibles por la existencia del lenguaje y de la emoción que lo fundamenta: el amor (entendido como "la emoción que constituye el espacio de acciones de aceptación del otro en la convivencia", Maturana, 1995: 97). Cada red de conversaciones o cultura conforma un modo de vivir propiamente humano, conservado y aprendido por los individuos, que entrelaza lenguaje y emociones.

La razón no es considerada el elemento por antonomasia de la especie humana, sino que, según Maturana, es una distinción del observador, quien gracias a la reflexión que le posibilita el lenguaje, construye sistemas coherentes para defender o justificar sus acciones a partir de una serie de premisas. Es decir, lo racional es un dominio derivado de un acto de distinción, que separa a lo señalado como distinto entre un "fluir en las coherencias del discurso en el lenguaje" (*op. cit.*: 107) y depende de las emociones por las cuales han sido aceptadas *a priori* un conjunto de premisas básicas. Por ello, esta teoría conforma lo que Riestra describe como un planteo epistemológico coherente porque, al identificar al lenguaje como ser vivo, proporciona un modelo desde la biología que "enmarca el campo psicológico, sin abordarlo y, por lo tanto, que abre puertas a posibles articulaciones" (2004: 20).

Las derivaciones de entender al lenguaje como modo de vida que se transmite generacionalmente y al dominio de lo racional como una consecuencia del lenguaje y de las emociones, según Maturana, son consecuentes con la ruptura epistemológica señalada por Riestra (*op. cit.*) como quiebre de la concepción representacionalista y con la necesidad de articulación de diversas disciplinas para explicar el lenguaje. Para esto último aborda las articulaciones posibles entre la psicología y la biología de Maturana mediante la especificación de los conceptos de acción (Vygotski/Leontiev), acción comunicacional (Habermas/Bronckart), ontogenia y desarrollo (Vygotski), construyendo un marco teórico que se inscribe en las aperturas o en los bordes disciplinares (Morin, 1998) y que halla su fundamento en la complejidad del objeto abordado.

La coincidencia entre concebir a las conversaciones como medio de vida constitutivo de lo humano (Maturana) y como principio generador de la conciencia (Volóshinov) da cuenta de una relación dialéctica y dinámica entre el individuo y la sociedad. Así, para Volóshinov, la conciencia debe explicarse como proceso social, en tanto el desarrollo del hombre es sociohistórico, en su medio: "Su lugar auténtico [el de lo ideológico] se encuentra en el ser: en el específico material sígnico y social creado por el hombre. Su especificidad consiste justamente en el hecho de situarse entre individuos organizados, de aparecer como su ambiente, como un medio de comunicación" (*op. cit.*: 32). Esta noción articula la idea de conciencia, social e individual a la vez, ya que se trata del medio construido con palabras en el proceso de comunicación social (Riestra, 2010a).

Volóshinov considera al medio social como ambiente que "tiene poco que ver con lo que entendemos hoy por 'ambiente social': es más un medio en el sentido biológico, o más bien ecológico, de medio ambiente. Igual que el pez no puede vivir fuera del agua, el locutor no puede expresarse fuera de la situación social (definida como intercambio entre pares)" (Sériot, 2003). Este concepto de medio ambiente no debe entenderse en el sentido de un entorno del que el individuo es ajeno, sino de un principio dinámico de relación medio-individuo. En la interacción con los otros específica del vivir humano, el lenguaje se presenta como una actividad creadora, como señalan Coseriu y De Mauro.

Para Coseriu (1991, 2007), el lenguaje, como hablar general o actividad creadora (para caracterizarlo, utiliza el término *energeia*, de la filosofía aristotélica), se presenta en dos planos en la vida del hombre: en un plano **biológico** es la facultad de hablar fisiológicamente condicionada, esto es, un mecanismo psicofísico para producir el lenguaje, mientras que en un plano **cultural**, el lenguaje es un saber hablar en sus modalidades materiales y semánticas: "Es un conocer los signos y sus combinaciones y saber hablar *con* ellos" (2007: 140). Las características universales del lenguaje humano son la semantización, la alteridad (el ser-con-otro, o el hablar para otro), la creatividad, la materialidad y la historicidad. El lenguaje supone la historicidad porque no es actividad de un ser absoluto, sino de un ser histórico (un sujeto que presupone otros sujetos partícipes de la misma historicidad, una comunidad hablante). Implica semantización porque el hombre crea un mundo de significados. Como se desarrollará luego (2.1), para Coseriu (1991) el lenguaje no se realiza sino a través de lenguas, a las que define como "técnicas históricas", saberes adquiridos y aprendidos en la interacción.

De Mauro analiza la capacidad creativa del lenguaje humano, ya que –sostiene– no existen límites *a priori* para lo decible en una lengua. Entiende por creatividad la "disponibilidad para la innovación, manipulación y deformación de las formas codificadas para su transformación *rule-changing*" (1986: 61, en itálicas en el original). El lenguaje se define como entender y proyectar signos, en base a una semiótica particular (cada lengua), cuyas características –en comparación con otros lenguajes, como el cálculo– son: (1) la no no-creatividad, la libertad para generar, y (2) el anclaje o límite de la libertad, la autorreferencia, por la cual es posible hablar de una lengua con la misma lengua (De Mauro, 2005). Estas características permiten la mutua comprensión de los participantes de la interacción.

El interaccionismo sociodiscursivo (Bronckart, 2004), marco teórico y epistemológico en el que se inscribe esta investigación, postula, siguiendo a Vygotski, que el origen de las propiedades de la conducta y de la conciencia humana radica en la actividad del lenguaje como la posibilidad de producir signos y significados en tanto instrumentos semióticos en el proceso histórico de la socialización. Afirma que la construcción del pensamiento consciente humano se debe considerar en articulación con la construcción del mundo de los hechos sociales y de las obras culturales. El desarrollo humano se presenta en dos aspectos conjuntos y complementarios, los procesos de socialización y los procesos de individuación.

Heredero del interaccionismo social y de las tesis de Vygotski sobre la apropiación y la internalización del signo externo, que reorganiza las formas psíquicas de la etapa biológica del desarrollo (se expondrá en 1.2), el interaccionismo sociodiscursivo propone un programa descendente de trabajo que consta de tres niveles. El primer nivel se refiere a los preconstructos históricos humanos y sus modalidades particulares de funcionamiento. El segundo nivel se ocupa de la transmisión y reproducción de esos preconstructos. En un tercer nivel, se atienden los efectos que la transmisión de los preconstructos colectivos ejerce en la constitución y el desarrollo de las personas.

A su vez, Bronckart distingue diferentes dominios en cada uno de los tres niveles. El primer nivel contempla el análisis de las actividades colectivas, que utilizan instrumentos o herramientas y producen objetos y obras; el análisis de las condiciones de emergencia y funcionamiento de las formaciones sociales, que crean instituciones, normas, reglas, valores, etc.; el análisis de las propiedades y de los efectos de los textos y discursos como manifestaciones de la actividad comunicativa humana y el análisis de las propiedades de los mundos formales de conocimiento.

El segundo nivel abarca el análisis de los procesos de los adultos para integrar a los recién llegados a las redes de preconstructos colectivos (mediante actividades conjuntas y explicaciones verbales), el análisis de las características de los procesos de educación formal y sus dimensiones didácticas y pedagógicas y el análisis de los procesos de transacción social empleados en las interacciones cotidianas entre personas dotadas de un pensamiento consciente.

En el tercer nivel se consideran: el análisis de los procesos que constituyen el trasfondo sobre el que se construyen las propiedades específicamente humanas (las estructuras y procesos de los organismos vivos), el análisis de las condiciones de manifestación del pensamiento consciente, el análisis de las condiciones de desarrollo de las personas en el transcurso de sus vidas y el análisis de los mecanismos con los que cada persona colabora para la transformación de los preconstructos colectivos.

El modelo precedentemente descripto ubica a la **acción** como unidad del psiquismo humano y a la **actividad** como unidad de las formaciones sociales. La actividad colectiva integra las características sociales (de interacción) y las individuales (cognitivas) de la conducta. La cooperación social (el trabajo) que se entabla en la actividad se realiza mediante instrumentos (entre ellos, principalmente, los signos verbales) cuya interiorización progresiva construye el pensamiento consciente, el cual, a su vez, regula otras funciones psíquicas (Vygotski, referido en Bronckart, 2008a). Los signos, como explica Bronckart (2001, 2004) son negociados en el marco de una lengua natural y de su orientación semántica global, "…y más concretamente aún, en el marco de las orientaciones semánticas particulares que emanan de los géneros textuales operativos en una formación socioverbal dada" (2004: 32).

## 1.1. La acción verbal y el texto como producto empírico

Como se indicó con anterioridad, el interaccionismo sociodiscursivo concibe el actuar humano como la unidad organizadora del funcionamiento psicológico y sociológico, siendo los procesos de socialización y de individuación dos aspectos complementarios del desarrollo humano (Bronckart, 2007a).

La acción, considerada desde una perspectiva externa, es el resultado de "las evaluaciones socioverbales de la actividad colectiva. Estas evaluaciones recortan porciones de esta actividad y le imputan una responsabilidad (los motivos, las intenciones y el poder hacer) a los individuos, erigiéndolos en *agentes* de la porción de actividad implicada" (*op. cit.*: 73, en itálicas en el original). Si se considera la acción desde la percepción interna, los individuos se dotan de una autorrepresentación de su estatus de agente y de sus propiedades de acción en tanto que, por ser participantes del proceso de evaluación socioverbal, interiorizan y tratan las evaluaciones que les conciernen. En el mismo sentido, la acción de lenguaje es una parte de la actividad de lenguaje "cuya responsabilidad es atribuida (por vía interna o externa) a un individuo singular que deviene el agente o el *autor*" (*ibídem*: 74).

Los productos de la actividad del lenguaje son los **textos**. En este sentido,

> … la noción de texto designa toda unidad de producción verbal que vehicula un mensaje lingüísticamente organizado y que tiende a producir en su destinatario un efecto de coherencia. Y por lo tanto esta unidad de producción verbal puede considerarse como la unidad comunicativa de rango superior (Bronckart, 2004: 48).

El texto, aunque pone en juego unidades lingüísticas, no puede ser reducido a ellas, ya que sus condiciones están determinadas por otros factores (de orden praxeológico o cognitivo). Se distingue a los textos como "los correspondientes empírico/lingüísticos de las actividades verbales de un grupo y un texto como el correspondiente empírico/lingüístico de una acción verbal dada" (2007a: 74).

El interaccionismo sociodiscursivo propone analizar los textos con una metodología descendente que adopta de Volóshinov (*op. cit.*), partiendo desde los géneros textuales como conjuntos de propiedades globales para luego abordar las propiedades de los niveles encastrados de su organización interna; estos niveles dependen de la lengua como técnica histórica particular. La elección del género se relaciona con las actividades prácticas colectivas y las representaciones que los "textualizadores" (hablantes/escritores) tienen sobre cada situación de comunicación en la que se encuentran inmersos, que les permite seleccionar y adoptar un modelo preexistente en el architexto en una comunidad. En cuanto a la **organización interna de los textos**, el análisis de la arquitectura textual comprende tres estratos interrelacionados: la infraestructura general del texto, los mecanismos de textualización y los mecanismos de responsabilidad enunciativa.

La infraestructura general es el nivel más profundo, constituido por el plan general del texto, los tipos de discurso que comporta y las modalidades de articulación entre los tipos de discurso. Por plan general del texto, se entiende la organización del contenido temático que puede percibirse en el proceso de lectura y codificarse en un resumen y su planificación táctica (Bronckart, 2008b). Los tipos de discurso son segmentos infraordenados, configuraciones con regularidades lingüísticas concurrentes en el mismo tipo de discurso. Suponen una organización en dos coordenadas: las que organizan el contenido temático verbalizado y las instancias verbalizadas de agentividad. Las decisiones disyunción/conjunción conforman los órdenes del contar o del exponer, según estén alejadas (contar) o no (exponer) de la situación de producción del agente. Las decisiones de implicación/autonomía indican la relación entre el agente productor y la situación verbal con las instancias verbalizadas de agentividad. De tal forma, el cruce entre ambas coordenadas comporta cuatro actitudes de locución: contar implicado, contar autónomo, exponer implicado, exponer autónomo, que posicionan cuatro tipos de discurso (Bronckart, 2004, 2007a). Por su parte, estos tipos de discurso suelen combinarse, articulándose mediante inserciones o fusiones en los textos heterogéneos (por oposición a los textos homogéneos, ejemplares compuestos por un solo y mismo tipo de discurso), en los que se distingue un tipo mayor o dominante y tipos menores o subordinados.

Los mecanismos de textualización (mecanismos de conexión y cohesión nominal) contribuyen a establecer la coherencia temática de un texto, pues hacen evidente la estructuración del contenido temático, más allá de los efectos de heterogeneidad provocados por la diversidad y la sucesión de los tipos de discurso (Bronckart, 2008b).

Más superficiales por estar ligados al tipo de interacción que se establece entre el autor y sus destinatarios, los mecanismos de asunción de la responsabilidad enunciativa contribuyen a la "clarificación dialógica" (*op. cit.*) porque guían u orientan la interpretación (o las interpretaciones posibles) de un texto, explican las dimensiones de los procesos de enunciación en los que se produce y dan cuenta, a la vez, de las instancias de producción, los criterios y las razones que justifican su formulación y, en consecuencia, del grado de credibilidad que puede atribuírsele. Estos mecanismos se conforman por las voces (las entidades que asumen o a las que se atribuye la responsabilidad de lo que se enuncia) y las modalizaciones. Estas últimas comprenden las evaluaciones que los agentes realizan sobre ciertos elementos de sus enunciados, correspondiéndose con mundos formales del conocimiento, que Bronckart (2004, 2008b) elabora a partir de la teoría de la acción comunicativa de Habermas (2002). Los mundos formales conciernen a tres mundos que los participantes en los procesos de comunicación constituyen conjuntamente como sistemas de referencias. El mundo objetivo refiere a los estados de cosas que existen o pueden presentarse o ser producidos mediante la intervención en el mundo. El mundo social consta de un contexto normativo que fija qué interacciones pertenecen a la totalidad de las relaciones interpersonales legítimas. El mundo subjetivo abarca necesidades en forma de deseos y sentimientos en tanto "...totalidad de vivencias subjetivas a las que el agente tiene frente a los demás un acceso privilegiado" (Habermas, *op. cit.*: 132) y que se traducen lingüísticamente en expresiones evaluativas.

El autor de un texto realiza operaciones psicológicas correspondientes en los tres estratos superpuestos de organización. Estas operaciones son preexistentes en un medio sociosemiótico y constituyen "interfaces dialécticas [...] entre dimensiones histórico-sociales de los géneros, dimensiones semánticas de las lenguas naturales y dimensiones sincrónicas de las representaciones de la situación de acción" (Bronckart, 2004: 70). Cada individuo se ha apropiado de estas operaciones en el proceso de internalizar los signos de su lengua, organizados en textos.

## 1.2. El papel del signo lingüístico en el desarrollo humano

El proceso de socialización fue posible, filogenéticamente, gracias al surgimiento y desarrollo de instrumentos semióticos o signos, que se organizan, en un movimiento dialéctico permanente, en textos.

Las capacidades biocomportamentales específicas de los organismos humanos posibilitaron la realización de actividades colectivas, mediatizadas por instrumentos (herramientas manufacturadas y signos lingüísticos, instrumentos al servicio de la organización colectiva). Este produjo, según Bronckart,

> un mundo económico, social y semiótico, que es parte específica del entorno de los seres humanos; luego, el posterior encuentro con propiedades completamente nuevas del medio, su apropiación e interiorización, transformó progresivamente el psiquismo primario y dio lugar a la manifestación del pensamiento consciente en su estado actual (2007a: 24).

Bronckart plantea que los signos tienen vida en tres lugares inter-dependientes y simultáneamente co-construidos:

> Los signos y sus valores son puestos en obra en los textos, fueron objeto de una apropiación por las personas y son reorganizados por el aparato psíquico de estas últimas según las modalidades singulares (lengua interna); son luego extraídos de ese mismo aparato para ser reintroducidos en nuevos textos, bajo el control de las normas de la lengua epónima (2008a: 9, trad. propia).

La interpretación de los manuscritos de Saussure hallados en 1996 y parcialmente publicados como *Escritos sobre lingüística general* (2004), develan **la doble esencia del lenguaje** atribuible a las características contradictorias inherentes al signo lingüístico: colectivo e individual, arbitrario pero no libre, sujeto a su historicidad y mutable en el tiempo; en el mismo signo está inscripta su transmisibilidad y, por tanto, la dinamicidad de la lengua y de la significación. El signo, unión arbitra-ria de la significación con el significante o expresión, supone lo doble (no el dualismo, como fuera leído incorrectamente en el siglo XX) y la contradicción al mostrarse como dos fenómenos simultáneos del mismo fenómeno. Los signos son ratificados constantemente en la colectividad y en la interacción.

La arbitrariedad de la unión entre significado y significante permite explicar los movimientos que se generan en una y otra cara del signo, lo que origina que una lengua se transforme en el tiempo por la fuerza de la masa social; para Saussure es, por lo tanto, erróneo considerarla una forma fija o convencional, antes bien, "es el resultado incesante de la acción social, impuesto fuera de toda elección" (2004: 98). Como señala Bronckart (2010a), esto supone que existe ontológicamente una unidad en la lengua, cuya característica es la continuidad en la transformación, mediante estados sucesivos.

Es decir, el individuo por sí solo no crea libremente con los signos de la lengua los enunciados con los que interactúa con los otros, y no puede por sí solo modificarlos, sino que, según Saussure, es en la interacción discursiva de la frase, en la combinación, donde se produce la creación:

> La frase es comparable a la actividad del compositor de música (y no a la del intérprete)… Todas las modificaciones, sean fonéticas o gramaticales (analógicas) tienen lugar exclusivamente en lo discursivo. En ningún momento el individuo somete a revisión el tesoro mental de la lengua que tiene en sí ni crea con la cabeza frías formas nuevas […] que se propone (promete) "colocar" en su próximo discurso. Toda innovación ocurre de modo improvisado, hablando, y de ahí penetra en el tesoro íntimo del oyente o en el del orador; pero entonces se procede a propósito del lenguaje discursivo (2004: 95).

Vygotski[1] considera que las funciones psíquicas superiores (la atención voluntaria, la imaginación creativa, la memoria lógica, la voluntad orientada hacia un fin, entre otras formas y funciones superiores) son producto del desarrollo social e histórico, y que el desarrollo cultural del comportamiento se origina en el control de los procesos de conducta propia o la adquisición del control sobre esos mismos procesos. Estas funciones consisten en alteraciones de las conexiones y relaciones intrafuncionales de las funciones primarias, en combinaciones complejas, que se desarrollan a partir del uso de instrumentos psicológicos exteriores como la lengua hablada y escrita, las diversas formas de conteo y cálculo, los recursos mnemotécnicos, el dibujo, los símbolos algebraicos, las obras de arte, los esquemas, mapas; son instrumentos en el sentido de ser elaboraciones artificiales, sociales por naturaleza, destinados al control de los procesos de la conducta propia o ajena (Vigotsky, 1930 y 1931/2008). Por su carácter de instrumentos, son **signos** que se interponen entre un estímulo externo y la manifestación conductual de una persona que busca resolver un problema. Estos signos se dirigen al psiquismo para actuar sobre el mismo psiquismo o sobre la conducta. El desarrollo humano se explica mediante el signo, el medio para realizar una acción psíquica que posibilita el desarrollo de operaciones. Cada función psíquica primaria o biológica se reestructura a partir de la inclusión del signo y se reemplaza por relaciones de una estructura diferente: este cambio constituye una condición obligada para que se desarrollen las funciones psíquicas superiores, específicamente humanas y de naturaleza social (Vigotski, 1998; Vygotski, 2007).

---

1     El apellido oscila, en las numerosas traducciones en nuestra lengua, entre las grafías Vigotski, Vygotsky, Vigotsky, y la empleada, Vygotski, que guarda la forma en la que se menciona al autor en los textos teóricos del interaccionismo sociodiscursivo.

En relación con el concepto de signo como instrumento que permite expresar algo objetivamente, y en un análisis filogenético, Vygotski señala que, a diferencia de los mamíferos superiores y mediante el recurso a estímulos sígnicos, el niño es capaz de realizar operaciones independientes de su campo de acción y suplantar éstas por acciones indirectas, que implican el dominio de su conciencia, primero desde afuera y, a partir de su reorganización, mediante operaciones internas más complejas. La equiparación del signo como instrumento, esto es, como herramienta funcional, se entiende en su contexto del materialismo histórico, ya que la tesis de Vygotski sustenta la modificación del pensamiento y el habla en la modificación del desarrollo mismo, de biológico en sociohistórico.

Si filogenéticamente aceptamos que el signo permite el desarrollo sociohistórico, ontogenéticamente los estudios sobre el desarrollo del niño sostienen que el proceso del reconocimiento del signo, socialmente dado, hacia su interiorización, es un proceso que es, primero, externo, y luego, interno. Al apropiarse de los elementos sígnicos que provienen del medio social, el niño desarrolla simultáneamente la comunicación y su propia conciencia, mediante el desarrollo del lenguaje interior y su progresiva interiorización.

En un sentido más restringido, "signo" y "palabra" son los términos que Vygotski utiliza para referirse a la relación entre pensamiento y lenguaje. Para designar al signo en relación con el lenguaje, Vygotski usa el término "palabra", cuya definición encontramos cercana a la de signo lingüístico de Saussure, puesto que consiste en un significado, unido a un sonido del que no puede aislarse, ya que constituyen una "unidad indivisible": "Una palabra privada de significado no es una palabra, sino un sonido vacío. Por consiguiente, el significado es un atributo imprescindible y constitutivo de la propia palabra. Es la propia palabra considerada en su aspecto interno" (Vigotski, 1934/2007: 426). El significado se presenta como una unidad que refleja la unión entre los procesos de pensamiento y lenguaje.

La palabra, para Vygotski, da realidad al pensamiento, no lo expresa; el significado de la palabra cambia y, en este proceso dinámico, reestructura la conciencia: "El habla no es la expresión del pensamiento consumado. El pensamiento, al convertirse en habla, se reestructura y modifica su aspecto. El pensamiento no se expresa, sino que se realiza en la palabra" (*op. cit.*: 440). Los términos "dependencia" y "determinación" indican la relación entre pensamiento y lenguaje, y por ser éste último en esencia y fundamentalmente social, la conciencia humana es producto del desarrollo histórico, o, en términos de Volóshinov, conciencia social. El medio social y la actividad del lenguaje constituyen, tanto para Vygotski como para Volóshinov, la génesis de la conciencia humana. La palabra es, primero, acción, y en el movimiento dialéctico permanente en el que se constituye el desarrollo, subordina la acción.

## 1.3. La relación entre lenguaje y trabajo

El trabajo, para Leontiev (1983), es la condición primera y fundamental de la existencia del hombre porque ha permitido la hominización del cerebro y el desarrollo de los órganos de los sentidos. Leontiev sigue en su exposición a Engels para afirmar que lenguaje y trabajo se generan como formas interdependientes de la fabricación de instrumentos (que, en el caso del lenguaje son los signos, como viera Vygotski) y de la constitución de la sociedad. Debido a que en el trabajo el principio del desarrollo de la sociedad humana implica una división en la producción del proceso de la actividad, la actividad misma es profunda y radicalmente modificada en su estructura, separándose en acciones:

> Visiblemente, la acción no es posible a no ser en el seno de un proceso colectivo que actúe sobre la naturaleza. [...] Genéticamente (es decir, en su origen) la separación entre el motivo y el objeto de la actividad individual, es el resultado de la división, en distintas operaciones, de una actividad compleja, inicialmente "polifásica", pero única. Estas diversas operaciones, que absorben en lo sucesivo, todo el contenido de la actividad del individuo, se transforman para él en acciones independientes (Leontiev, *op. cit.*: 60).

Lo humano se constituye como forma material exterior de acumulación y transmisión de la experiencia histórica gracias a la actividad productiva y creadora del trabajo, que modifica la naturaleza en función del desarrollo de las necesidades de los hombres.

Esta posición sociohistórica entiende a la conciencia como una forma específicamente humana de reflejo de la realidad causada por relaciones y asociaciones sociales desde el origen de la actividad. Es un reflejo consciente en tanto que la realidad se presenta como estable y autónoma de la relación subjetiva que el hombre mantiene con ella:

> La significación es aquello que, en un objeto o un fenómeno, se descubre objetivamente dentro de un sistema de relaciones, de interacciones y de relaciones objetivas. La significación se refleja y fija en el lenguaje, lo que le confiere su estabilidad.

En forma de significaciones lingüísticas, constituye el contenido de la conciencia social. Al entrar en el contenido de la conciencia social, se convierte también en la "conciencia real" de los individuos, objetivando en ella el sentido subjetivo que lo reflejado tiene para ellos (*ibídem*: 73).

Filogenéticamente, la conciencia es inseparable del lenguaje, ya que nace con éste dentro del proceso de trabajo. En coincidencia con el planteo de Volóshinov, para Leontiev la conciencia social constituye el origen de la conciencia individual, en oposición a las posiciones subjetivistas e idealistas que ambos autores criticaron: "…la conciencia individual del hombre no puede existir a no ser que exista la conciencia social. La conciencia es el reflejo de la realidad refractado a través del prisma de las significaciones y conceptos lingüísticos elaborados socialmente" (*ibídem*: 68). La conciencia del hombre es, primero, social y luego, individual, histórica en tanto producto de las particularidades diversas según las condiciones sociales de la vida. El hombre se apropia de un sistema de significaciones fijadas o estabilizadas en forma de conceptos, saberes o habilidades ("modo de acción" generalizado, norma de comportamiento, etc.) a condición de que exista:

a) el ejercicio de una actividad efectiva sobre el mundo de los objetos que lo rodean, y

b) una relación con otros hombres.

La primera condición (a) implica que el niño no está situado únicamente ante el mundo de los objetos humanos, sino que debe actuar activamente para que los objetos y los fenómenos objetivos ideales creados por el hombre, como la lengua, los conceptos y las ideas, sean asimilados. La segunda condición (b) se refiere a la comunicación: "El individuo, el niño, no es arrojado pura y simplemente al mundo de los hombres; es introducido en él por otros hombres que lo rodean y guían" (*ibídem*: 191). La comunicación es condición necesaria y específica para el desarrollo del hombre en la sociedad porque mediante ella le son planteados los conocimientos adquiridos durante el desarrollo histórico de las aptitudes humanas. El proceso de educación garantiza la pervivencia de la cultura mediante la "transmisión a las nuevas generaciones de los conocimientos adquiridos por la cultura humana" (*ibídem*: 220).

El lenguaje, por su carácter desdoblado, que Bronckart (2001) atribuye a la propiedad de los signos lingüísticos de funcionar como etiquetas colectivas que subsumen representaciones colectivas con representaciones idiosincrásicas, permite la coexistencia dual de significación y sentido. La significación es la "forma bajo la cual un hombre asimila la experiencia humana generalizada y reflejada" (Leontiev, *op. cit.*: 73); es un fenómeno objetivo con existencia en la psiquis humana concreta y que refracta lo percibido o lo pensado. El sentido, en cambio, se asocia con el motivo de una acción: el sentido consciente es la relación objetiva entre lo que incita a actuar a un hombre (su objetivo) y aquello a lo cual orienta su acción como resultado inmediato (el motivo). En otros términos, para Leontiev, "para encontrar el sentido personal, hay que descubrir el motivo que le corresponde" (*ibídem*: 76).

El trabajo, como el lenguaje, para Clot (2004) es interpersonal y transpersonal, en tanto que articula lo social como función con los individuos que lo realizan (aunque de modo independiente al individuo). Lenguaje y trabajo permiten un contacto del pasado con el presente, ya que se remontan a la historia de las generaciones que nos precedieron. Numerosos estudios se centran en las relaciones entre lenguaje y trabajo (reseñados en Faïta, 2003a) y en particular, atienden cómo los trabajadores pueden verbalizar las acciones y tareas que conforman su actividad.

Considerar a lo humano como consecuencia del desarrollo de la historia y de la acción en el medio implica una postura epistemológica que somete a consideración las relaciones entre las disciplinas del campo de las ciencias humanas y sociales, en particular, por el tema de esta investigación, de las ciencias del lenguaje y de las ciencias de la educación.

## 2. Las ciencias del lenguaje y las ciencias de la educación en las ciencias humanas y sociales

La opción de concebir a lo humano como producto de su sociogénesis en su devenir histórico y cultural tiene consecuencias epistemológicas por cuanto rompe con el fijismo con el que se conforman las ciencias humanas y sociales en el siglo XIX (Bronckart, 2002). Dentro de las ciencias humanas y sociales delimitaremos dos grandes campos disciplinares, el de las ciencias del lenguaje y el de las ciencias de la educación. Ahora bien, cada uno de los objetos de estudio de estas ciencias requiere de una actitud transdisciplinar que posibilite la observación, comprensión y explicación de los fenómenos usando las distintas dimensiones que los configuran y percibiendo, simultáneamente, los contextos y las interacciones que en ellos se llevan a cabo. Así, como característica inherente común a las ciencias del lenguaje y a las ciencias de la educación señalamos que sus objetos de estudio no pueden ser percibidos sino desde la transdisciplinariedad (Morin, 1998) que para las ciencias de la educación, específicamente, Mialaret (1977) identifica con la intradisciplinariedad y la pluridisciplinariedad (de las disciplinas de las ciencias de la educación entre ellas y con otras disciplinas científicas).

## 2.1. Las ciencias del lenguaje: sus objetos de estudio

Los objetos de estudio de las ciencias del lenguaje, si por tales entendemos a la psicología, la lingüística, la filosofía del lenguaje, la semiología, entre otras, son el **lenguaje** y las **lenguas**. La arbitrariedad del signo lingüístico delimitada por Saussure permite comprender las relaciones de interdependencia entre el lenguaje, las lenguas y el pensamiento humano. La relación entre lenguaje y lengua es, para el lingüista ginebrino, de reciprocidad: "en el acto de lenguaje la lengua obtiene a su vez su aplicación y su fuente única y continua y ... el lenguaje es a la vez aplicación y generador continuo de la lengua" (2004: 119). El lenguaje es producción y reproducción, puesto en acto y posible mediante la lengua, "conjunto de formas concordantes que toma este fenómeno [el lenguaje] en una colectividad de individuos y en una época determinada" (*op. cit.*: 119). Saussure define la lengua como una convención concreta y arbitraria pero, simultáneamente, un producto no-libre de hechos. Esto es, la lengua, como sistema, no depende más que del hecho social convencional y es en este sentido mutable, ya que la masa social y el tiempo pueden modificarla, mientras que en su estado es "producto no arbitrario y no libre de lo que le ha precedido en el tiempo" (*ibídem*: 181). Los hechos del lenguaje suponen pues, modificación a la vez que continuidad en el tiempo con los estados de lengua precedentes. Si tal continuidad no existiera sería imposible la significación en la comunicación humana, es por eso que "cada palabra se halla en la intersección del punto de vista diacrónico con el sincrónico" (*ibídem*: 112). Saussure procura diferenciar dos puntos de vista para el estudio de la lingüística, el punto de vista histórico (a través del tiempo) del punto de vista del estado momentáneo (sincronía) ya que, al no haber en los signos más que relaciones de arbitrariedad (es decir, el objeto no está dado de antemano), el punto de vista crea el objeto. Esta distinción epistemológica resulta de la necesidad de deslindar las confusiones que Saussure notaba en la gramática comparada, no obstante, no supone una dicotomía, como fuera entendida a partir del *Curso de lingüística general* (1916), compuesto por Bally y Sechehaye.

Volóshinov critica la reducción atribuida a Saussure por haber postulado una teoría lingüística a la que descalifica como "objetivismo abstracto", cuya base es un sistema de la lengua "muerto", sin contacto con la realidad viva del lenguaje. El objetivismo abstracto deviene de una lectura reduccionista del *Curso de lingüística general* (1916) que no coincide con las tesis desarrolladas en los manuscritos de Saussure. La lectura esquemática del *Curso* prescindió de la visión filosófica de la lengua como entidad colectiva e individual a la vez, al tiempo que identificó al lenguaje como reflejo del pensamiento, en clara oposición con lo que pudo observarse en los *Escritos sobre lingüística general* del propio Saussure (Riestra, 2010a). Bulea (2010) destaca que las *Conferencias* de Saussure refutan la tesis a él atribuida de que las lenguas son sistemas cerrados, autosuficientes, fijos e inmutables y que, en el conjunto de las relecturas necesarias de los textos del ginebrino, puede observarse que las lenguas naturales no son estructuras ni productos sino "…estructuración efectiva en tanto que proceso" (*op. cit.*: 40), como también sostuvieran Humboldt y Coseriu.

Volóshinov considera que la forma en que el objetivismo abstracto concibe al lenguaje, se orienta en el estudio de lenguas muertas y ajenas que, por lo tanto, percibe al enunciado únicamente en su aspecto monológico, lo desmiembra en su forma abstracta y no da cuenta de la interacción permanente de los enunciados en la creación ideológica y en el intercambio entre los interlocutores. Para Volóshinov, en cambio, el enunciado se construye entre dos personas socialmente organizadas, cada palabra se organiza según el medio social que rodea al individuo. Las palabras que conforman el enunciado son siempre para un interlocutor: "La palabra representa un acto bilateral (…) En la palabra me doy forma a mí mismo desde el punto de vista del otro, al fin de cuentas desde el punto de vista de mi colectividad. La palabra es el puente construido entre el otro y yo. Si un extremo del puente está apoyado en mí, el otro se apoya en mi interlocutor" (*op. cit.*: 137). Ninguna interacción en el lenguaje puede comprenderse aislada y fuera del diálogo con el otro.

El lenguaje, en el nivel del hablar en general o nivel "universal", según Coseriu, se caracteriza por ser producción, por su posibilidad, en su carácter sígnico, de referirse a la realidad extralingüística y por la facultad que todos los hablantes poseemos, independientemente de las determinaciones históricas (con autonomía, entonces, del nivel de las lenguas). El lenguaje se realiza mediante un saber adquirido como tal (aprendido): una lengua. La lengua, para Coseriu, consiste en un saber tradicional de una comunidad (saber idiomático), una "técnica abierta" e histórica. Las lenguas son "sistemas de significación", "modalidades particulares del lenguaje en cuanto determinado históricamente" (1991: 63 y 21). La lengua no se impone al hombre como limitación de su libertad, sino que es

> la dimensión histórica del lenguaje que coincide con la historicidad misma del hombre. Por otra parte, la libertad humana no es arbitrio individual, sino libertad histórica y, de todos modos, la lengua no se "impone" al individuo (como tan a menudo se dice): el individuo dispone de ella para desplegar su libertad expresiva. Y esta libertad es casi ilimitada en el plano del texto, donde los sentidos, aunque no los significados, pueden ser y son siempre nuevos (Coseriu, 1981: 288).

La lengua es un sistema para crear, una suma de posibilidades sistemáticas y dinámicas del lenguaje.

## 2.2. Las ciencias de la educación: los procesos formativos como objeto de estudio

El nombre ciencias de la educación, en plural,[2] sugiere la coexistencia de múltiples disciplinas para abordar un objeto de estudio complejo. Al clasificar las disciplinas que integran las ciencias de la educación en tres categorías (las disciplinas que estudian las condiciones generales y locales de la educación, las que estudian la situación educativa y los

---

2   Zambrano Leal (2006) sintetiza los debates que implicaron el uso del término en singular o en plural, "Ciencia" o "Ciencias" de la Educación, en la conformación disciplinar. Según este autor, a comienzos del siglo XX, en la constitución de este campo de saber sobre la educación, el uso en singular de "ciencia" agrupaba a quienes sostenían la primacía de la Pedagogía: "...provenían de la psicología positivista, participaban en grupos organizados en las universidades y eran proclives a ver la 'pedagogía' como la ciencia de la educación... [para ellos] la ciencia de la educación prescribía el conjunto de técnicas necesarias en el 'desarrollo de la inteligencia'. En cambio, quienes defendían el plural del término, seguidores de Durkheim y formados en la sociología y la filosofía, lo hacían desde la convicción de que el uso de "Ciencias" representaba la complejidad del hecho y el acto educativo. Para ellos, "...el acto de educar no se limitaba a tal desarrollo, sino que abarcaba todo el conjunto de instituciones, las prácticas, modos y formas como la sociedad adulta educaba a las generaciones más jóvenes", en la "confluencia entre psiquis y cultura".
    Lo que se ponía en juego en estos debates, para Zambrano Leal, era: "...la complejidad del hecho educativo, la necesidad de relacionar las prácticas escolares y de fundar un saber plural cuya capacidad se constituiría en un factor positivo para vincular el sistema escolar, el sistema de la producción y el sistema de valores".

hechos educativos y las de la reflexión y la evolución), Mialaret (1977) define a las didácticas de las diferentes disciplinas como ciencias, que ubica, junto con las teorías de los programas, en un campo de estudio relacionado con muchos otros campos de estudio.

Hofstetter y Schneuwly (2002) ubican el proceso de emergencia y "disciplinarización" de las ciencias de la educación en Europa hacia los años 1960-1970, cuando en varios países europeos se crearon o incrementaron institutos de investigación, carreras universitarias, puestos académicos, asociaciones de investigadores, congresos y seminarios, revistas y colecciones científicas dedicadas a la investigación en el dominio de la educación, a la par que se revisaban objetos de estudio, métodos y enfoques, lo que conforma una diferenciación progresiva con otras disciplinas constituidas. Con el término "disciplinarización" designan el proceso a través del cual una disciplina se constituye y se desarrolla principalmente en referencia a un campo social o profesional preexistente. Como señala Riestra (2003), de la definición de disciplina asumida por Hofstetter y Schneuwly se infiere que las ciencias de la educación tienen formas institucionales y constituyen una disciplina, lo que no excluye, a la vez, la posibilidad de que esté constituida por disciplinas en una "intersección parcial", no obstante, sus objetos de estudio y sus enfoques suscitan controversias. Los autores plantean que las controversias son inherentes al proceso de disciplinarización, en tanto que operan dos tensiones simultáneas:

1) la tensión entre el movimiento de progresiva autonomización de las disciplinas de referencia (filosofía, psicología y sociología, especialmente, entre otras ciencias sociales) y el desarrollo pluridisciplinario de nuevos dominios y problemáticas propios, a partir de saberes e interacciones de otras ciencias sociales; y

2) la tensión entre la búsqueda del reconocimiento científico (que implica una suspensión de los fines prácticos o de la eficacia praxeológica) y el ajuste a las demandas sociales ligadas al espacio educativo y al campo socioprofesional.

Afirmar que la ciencia de la educación se trata de "una" ciencia, supone la existencia de un único objeto percibido de diferentes maneras. Bronckart (2001) inscribe a la didáctica de la lengua en la ciencia de la educación (en singular) por una parte, para prevenir la aplicación directa de las disciplinas de referencia de las ciencias del lenguaje (tema que se abordará en 3.2); por otra parte, para evitar la aplicación directa de las teorías psicológicas sin mediación del análisis y la conceptualización de los parámetros específicos de los procesos formativos. Estos parámetros (políticos, económicos, históricos, sociológicos) son identificados, analizados y conceptualizados por la ciencia de la educación, y constituyen una garantía para evitar aplicacionismos de distintas índoles. A su vez considera que la ciencia de la educación requiere de un replanteo de la totalidad del marco de las ciencias humanas y sociales que vuelva a conferir un carácter específicamente ligado a la historia y la cultura a estas disciplinas, por una parte, y que, simultáneamente, redefina la centralidad de los procesos de formación humana. Lo primero implica concebir a las actividades humanas como la consecuencia de la organización grupal siendo el lenguaje mediador de la actividad. Las huellas de esa actividad son:

a) obras materiales y sociales,
b) textos que remiten a la significación de las obras, organizados en lenguas de extrema diversidad.

Desde allí Bronckart se propone un esquema descendente que tenga en cuenta esas obras y esos textos en tanto preconstructos sociales trasmitidos de generación en generación, lo cual conforma la historia del grupo. Bronckart afirma que "la emergencia de un sistema formativo es una especificidad humana tan decisiva como la de la sociohistoria, a la cual está indisolublemente unida" (2007b: 223): sólo recuperando el lugar y el papel de los procesos de educación-formación en el seno de las ciencias sociales, y en tanto confieren a la dinámica humana un carácter de intencionalidad, es posible considerar qué teorías son necesarias en educación. Este carácter intencional o meta puede considerarse como lo que Del Río y Álvarez (2002) –retomados por Riestra (2007)– llaman planificaciones conscientes de diseño cultural.

Bronckart distingue como "sistema formativo" el "conjunto de actividades sociales dirigidas a la transmisión de las adquisiciones colectivas, es decir, las iniciativas deliberadas de intervención en el desarrollo de las personas" (*op. cit.*: 223) que implica dos vertientes: una vertiente "instrucción", consistente en poner a disposición de las personas algunos aspectos de los preconstructos sociohistóricos y una vertiente "educación", cuyo objeto es proveer de los instrumentos que permiten a la personas contribuir en la transformación permanente de esos preconstructos.

Centrándonos en la relación entre las disciplinas, volvemos a Mialaret, quien explica que las relaciones entre la disciplina de referencia y la disciplina aplicada a la educación puede presentarse de dos maneras: una de ellas consiste en ver al campo de la educación como mero espacio de "aplicación de métodos y técnicas de la disciplina madre"; otra forma es entender que el campo de la educación, analizado con los instrumentos de la disciplina de referencia, revela desde su especificidad, problemas que aportan al conjunto de las disciplinas. Esta última opción adoptada por Mialaret se relaciona con lo que Bronckart y Schneuwly (1991/1996) auspician como un movimiento doble que va de las disciplinas de referencia a las didácticas de las materias escolares y de éstas nuevamente a aquéllas, en tanto que consideran que las didácticas no sólo toman préstamos de las disciplinas de referencia, sino que deben "restituir el préstamo con un interés" (*op. cit.*: 22) al proveer de informaciones que deberían poder integrarse al saber de las disciplinas de referencia.

## 3. La didáctica de la lengua entre las ciencias del lenguaje y las ciencias de la educación: un campo en proceso de formación

La didáctica de la lengua es un campo de carácter relativamente reciente que pertenece al área de las ciencias sociales, en función de las ciencias que le sirven de referencia, y cuyo objeto de estudio son las interacciones en el lenguaje. Además de ubicarla como campo dentro de las disciplinas que conforman las ciencias del lenguaje por los contenidos que se desarrollan en las materias escolares, cabe preguntarse por su integración con la didáctica general y entre las ciencias de la educación.

Bronckart y Schneuwly (1991/1996) establecen los fundamentos del campo y, en principio, califican de disciplina a la didáctica de la lengua, aunque, consideran, no alcanza la existencia de una serie de problemas para definir un objeto de estudio, de allí su carácter de disciplina incipiente aunque destinada a ocupar un lugar central en las ciencias de la educación.

Camps (1993) coincide en que la didáctica de la lengua se define como un campo con subsistemas implicados y con la aportación de campos de conocimientos diversos que requieren de una articulación, cuya elaboración es incipiente. Distingue tres instancias históricas de constitución de la didáctica de la lengua (entre las que debería definirse) como aplicacionismo: la pedagogía de la enseñanza, la lingüística aplicada y la psicología aplicada. Observa que por sus instrumentos metodológicos, comunes a otros campos científicos, y por su marco epistemológico compartido con otros campos, su especificidad proviene de las interrelaciones en el complejo sistema didáctico en funcionamiento.

Dolz, Gagnon y Mosquera (2009) definen a la didáctica de la lengua como una "disciplina en proceso de construcción", en tanto que sostienen que su estructuración "aún requiere la elaboración de un sistema conceptual y una reflexión sobre las relaciones establecidas con las diversas disciplinas contributivas" y, en particular, de las investigaciones para desarrollar, por una parte, conceptos y saberes autónomos en relación con las ciencias de referencia, y, por otro lado, metodologías específicas para el estudio de los fenómenos de enseñanza/aprendizaje de las lenguas.

Si consideramos las articulaciones de la didáctica de la lengua y la literatura con las ciencias de la educación, principalmente, con la didáctica general, es debido al carácter incipiente, ya señalado, de aquélla, donde situamos la búsqueda por diferenciarse como disciplina.

Davini (1996) advierte la fragmentación en ciencias de la educación como uno de sus conflictos y en particular, señala la peligrosa construcción de las didácticas especiales como contenidos de instrucción, teorías "diafragmáticas" que desligan sus conocimientos de la didáctica general y de las ciencias de la educación para solidarizarse con las disciplinas de referencia. Sospecha que se trata de un movimiento que no se justifica en lógicas inmanentes a los objetos de estudio, sino en "problemas derivados de conflictos de campos académicos y de las pujas por el dominio del financiamiento de la investigación o de la producción curricular" (*op. cit.*: 60). Concluye en que las didácticas especiales y la didáctica general son "campos cooperativos" que se retroalimentan –o sería deseable que lo hicieran– para orientar la acción de los docentes. En el mismo sentido, Steiman, Misirlis y Monteros (2005) coinciden en alertar acerca de las consecuencias de la ultrafragmentación: el cerramiento de las didácticas sobre las disciplinas de referencia específicas deja de lado la didáctica general; se obstaculiza así la consideración de la enseñanza como práctica social y se restringe la acción de la educación (la dimensión pedagógica), reducida a la comunicación de contenidos. En esta descripción se han usado las expresiones didáctica "especial" y didáctica "específica" manteniendo el criterio de los autores, ahora bien, como plantea Cuesta (2011) los nombres dan cuenta de las transformaciones sujetas a los debates políticos e históricos entre quienes, desde la didáctica general, disputan el lugar de privilegio de los "contenidistas" y quienes, desde las didácticas de las materias escolares, postulan la construcción de un campo, en el transcurso de la última década del siglo XX y la primera del siglo XXI. Señala Cuesta que estas discusiones se centraron en cuestiones de incumbencias, campos y contenidos; creo que dan cuenta de las tensiones de un proceso de disciplinarización (concepto ya desarrollado que retomamos de Hofstetter y Schneuwly, 2002) de la didáctica de la lengua y la literatura en Argentina, del que señalamos un conjunto de hitos, sin pretensión de exhaustividad:

a) La consolidación de carreras de posgrado. Si bien los doctorados en el área se siguen enmarcando como doctorados en letras, lingüística o en ciencias de la educación (Riestra, 2012), pueden señalarse maestrías y especializaciones en didáctica de la lengua y la literatura, como la Maestría en Enseñanza de la Lengua y la Literatura de la Universidad Nacional de Rosario, creada por resolución que data de 1996; la Especialización en Enseñanza de la Lengua y la Literatura de la Universidad Nacional de Córdoba (iniciada en 1998); la Maestría en Didácticas Específicas con Orientación en Didáctica de la Lengua y la Literatura, de la Universidad Nacional de la Patagonia San Juan Bosco, cuya resolución de creación es de 2009.

b) La circulación de revistas especializadas. *Lulú Coquette. Revista de Didáctica de la Lengua y la Literatura*, dirigida por G. Bombini, fue editada por primera vez en septiembre de 2001. Su propósito de instalación del campo disciplinar se explicita en el primer número: "Desde *Lulú Coquette. Revista de Didáctica de la Lengua y la Literatura*, creemos necesario advertir que la lengua y la literatura en tanto saberes y prácticas que son objetos de enseñanzas y de aprendizajes, merecen un lugar delimitado, un espacio particular, un universo disciplinario en el que proliferan experiencias de formación, desarrollos de investigación, jornadas, congresos y otros eventos científicos y, por cierto, publicaciones" (Bombini, 2001: 3). *El toldo de Astier. Propuestas de estudios sobre enseñanza de la Lengua y la Literatura*, se define como "revista virtual semestral de divulgación". Dirigida por C. Cuesta, su primer número es de octubre de 2010 y convoca a "...todos los interesados en dar a conocer desarrollos de prácticas profesionales y/o de investigación vinculados con la enseñanza de la lengua y la literatura. Ya sea en la educación formal –en cualquiera de sus niveles y perfiles–; no formal –en cualquiera de sus modalidades–; políticas y proyectos educativos en sentido amplio, trabajo editorial, de formación profesional, trabajo social que incluya acciones educativas, entre otros"; como puede observarse, tanto la investigación como las prácticas están contempladas, objetivo amparado por el género divulgación en el que se inscribe la revista.

c) La existencia de congresos, jornadas y eventos científicos específicos y la publicación en actas de la vasta producción en ellos expuesta. Dos ejemplos lo constituyen el Congreso Nacional de Didáctica de la Lengua y la Literatura, organizado desde el año 1995 con frecuencia casi bienal (Bombini, 2007) –en el año 2015 se llevó a cabo el Octavo Congreso Nacional, en la Universidad Nacional de Tucumán–, y las Jornadas Internacionales de Investigación y Prácticas en Didáctica de las Lenguas y las Literaturas (organizadas por el Grupo de Estudios en Interaccionismo Sociodiscursivo en Educación, desde el año 2008, con frecuencia bienal). Asimismo puede señalarse la conformación de mesas temáticas específicas en congresos y jornadas, entre ellas, las ponencias que se agrupan bajo el eje temático "Enseñanza de la Lengua" en el XI Congreso de la Sociedad Argentina de Lingüística de 2008. A partir del XII Congreso de la Sociedad Argentina de Lingüística, en 2010 y sucesivamente en los congresos bienales siguientes, se consolida este eje temático con el nombre "Didáctica de la Lengua".

Estos conforman ejemplos de lo que consideramos un proceso de institucionalización de la disciplina llevado a cabo en las últimas dos décadas, que no obstante, como se señaló, es incipiente y por lo tanto conlleva una serie de tensiones: 1) en el reconocimiento de la disciplina como tal, y 2) como inherentes a sus necesidades de autonomización y de delimitación de sus objetos de estudio.

Sobre la falta de reconocimiento de la disciplina, también a modo de ejemplo, se puede señalar que en el Programa de Incentivos a los Docentes Investigadores de la Secretaría de Políticas Universitarias, las disciplinas en las que se insertan los proyectos de investigación no contemplan como tal "Didáctica de la Lengua". Los investigadores pueden señalar como disciplina "Aplicaciones (enseñanza)" en el área de lingüística o bien "Didáctica (C. de la Enseñanza)" en el área de educación. Al respecto, es interesante observar la diferencia con "Matemática (C. del aprendizaje)", que sí es una disciplina reconocida dentro de educación y no dentro del área "Matemática". Como señala Galarza (2007), dentro de la disciplina que se considera "Didáctica (C. de la Enseñanza)" en el área de educación podrían estar incluidos proyectos de las didácticas específicas, lo que dificulta identificar y cuantificar cuántos investigadores corresponden a cada campo.

Consideramos que nos encontramos con una didáctica, la "Didáctica de la lengua y la literatura", sin embargo, desde otras perspectivas podría plantearse la fragmentación en dos didácticas distintas, la "didáctica de la lengua" y la "didáctica de la literatura"; asimismo, se han deslindado objetos de investigación como "didáctica de la literatura infanto-juvenil", "didáctica de la escritura" (Cuesta, 2011).

Una tensión igualmente asociada a los objetos de estudio es la que Riestra (2006a, 2011b) identifica como dimensión política, al observar que la praxis se desarrolla mediando situaciones económicas, políticas y sociales. La didáctica de la lengua "se trata de una disciplina que investiga la praxis escolar desde el punto de vista de la enseñanza y, a la vez, recibe de los campos disciplinares o áreas de conocimiento de referencia entre los que se originan los paradigmas científicos, la presión social para que los objetos discursivos lleguen a la enseñanza, es decir, se divulguen" (2006a).

Atribuimos estas tensiones al proceso de constitución de una disciplina, que podría concretarse como una ciencia del desarrollo humano (Bronckart, 2013; Friedrich, Hofstetter y Schneuwly, 2013).

### 3.1. El objeto de estudio de la didáctica de la lengua: la transposición didáctica

Delimitamos el objeto de estudio de la didáctica de la lengua como el conjunto de acciones didácticas que posibilitan el desarrollo de las capacidades discursivo-textuales, que Bronckart sintetiza como prácticas eficaces de lectura, de escritura y de expresión oral en diversos géneros textuales, y un dominio del funcionamiento de la lengua en las situaciones concretas y reales (en Riestra, 2002a).

En términos didácticos diferenciamos los dominios de los objetos de enseñanza como (1) el hacer en el lenguaje, cuyas actividades consisten en leer, escribir, exponer oralmente y (2) el dominio de la lengua y la reflexión metalingüística como conocimiento técnico.

Como señalan Bronckart y Schneuwly (*op. cit.*) el campo de la didáctica de la lengua es asimilable a una ingeniería o una tecnología por cuanto propone un sistema de acción en el que se articulan las ciencias de la educación en interacción con las disciplinas de referencia y con las prácticas sociales de referencia. Se trata, por tanto, de una disciplina de intervención centrada en los procesos de enseñanza y de aprendizaje efectivos, que focaliza su problemática en función de los saberes que se transmiten para ser apropiados –eventualmente transformados– por las personas en su rol de aprendientes, y de modo indirecto, contribuir a la formación de esas personas. La didáctica de la lengua consiste en un trabajo de praxis dentro del campo científico y fuera de él, en el campo social y de las prácticas de lenguaje.

Por una parte, de las disciplinas de referencia entre las ciencias del lenguaje, especialmente de la lingüística y la psicología, se toman préstamos que es necesario integrar y articular coherentemente mediante la transposición didáctica, para que sean objetos de enseñanza en las clases de lengua.

La transposición didáctica (Chevallard, 1991) como sistema didáctico, que organiza una relación entre el saber a transmitir, el docente y el alumno en una temporalidad (tiempo didáctico), se define como las transformaciones de un objeto de saber en un objeto a enseñar y en un objeto enseñado. Este sistema es admitido por Bronckart y Plazaola Giger (1998) para todas las didácticas, más allá de las materias de enseñanza; pero cuestionan el papel asignado por Chevallard a los "saberes sabios", por una parte, porque su enfoque no explica otras fuentes de préstamo que, en particular, para las lenguas, son las prácticas sociales (*infra*, 3.2). Por otra parte, Bronckart y Plazaola Giger consideran **aplicacionista** o descendente este enfoque, ya que va de las disciplinas científicas hacia las prácticas educativas, dejando de lado los problemas derivados de los sistemas didácticos y los problemas previos a ellos. Frente a estos cuestionamientos, proponen el estudio de las condiciones de intervención didáctica, que incluye: análisis de la historia de la enseñanza, análisis del contexto institucional en el que la práctica tiene lugar y análisis de las condiciones de los agentes de enseñanza, poseedores de una formación determinada y de un conjunto de representaciones sobre la práctica de enseñanza y sobre los alumnos.

La transposición didáctica debería evitar la aplicación de un modelo sin cuestionar su efecto formativo ni su validez, ya que un potencial objeto de saber no es *a priori* útil para la elaboración de un contenido de enseñanza ni para su programación (Bronckart y Schneuwly, *op. cit.*), ni es necesariamente el que mejor se adapta a la didactización para alumnos de un determinado nivel. La transposición supone una selección y una adaptación al nivel presumible de los alumnos. Para ello, es necesario solidarizar los saberes de las disciplinas de referencia atomizadas –la lingüística o quizás sea mejor considerar las lingüísticas– (estructuralismo, generativismo, pragmática, teorías del discurso). Por solidarización, los autores entienden que, frente al fraccionamiento extremo de las ciencias del lenguaje, escindidas en numerosas disciplinas y subdisciplinas, el didacta ha de construir una teoría unificada y coherente sobre el lenguaje y las lenguas que permita superar las visiones compartimentadas en la enseñanza de la lengua materna. Asimismo, es tarea de los didactas trabajar por la desacralización de los saberes (por eso Bronckart evita el uso del término "saberes sabios") y denunciar los procesos de reificación y naturalización con los que se olvidan el carácter hipotético, provisorio de las disciplinas de referencia de la enseñanza de las lenguas. Y, por otra parte, sin ocultar la dimensión política de la didáctica, los autores le asignan a la escuela pública el rol de producir y reproducir los saberes de una forma más democrática que la que se desarrolla en las esferas científicas y tecnológicas.

Pero no sólo se enseñan saberes o contenidos, sino que centralmente se enseña un saber hacer práctico y actitudes (un saber ser), ya que los objetivos de la enseñanza de la lengua tienen relación con las prácticas en géneros orales y escritos, con actitudes (normas) y con la transmisión del patrimonio cultural que constituye la literatura.

Es por ello que, en la didáctica de la lengua, se presenta una problemática de articulación entre dos lógicas: una praxeológica (del saber hacer) y una epistémica (del saber de la lengua). Estos son los dos aspectos que se abordan a continuación.

### 3.2. Las prácticas de referencia en la transposición didáctica: los géneros textuales

Los saberes son puestos en circulación, semiotizados y transmitidos en textos orales y escritos que se corresponden con actividades de lenguaje, por lo tanto, suponen géneros de textos. Las actividades humanas se desarrollan en un movimiento dinámico permanente de articulación entre lo colectivo y lo individual, con el dialogismo como dimensión fundamental de todo enunciado, concepto que Volóshinov (*op. cit.*) amplió a partir de los desarrollos de Jakubinski. El dialogismo es una característica constitutiva del signo lingüístico, ya que por su arbitrariedad radical, los signos son esencialmente interactivos, es decir, originan una actitud de respuesta activa inherente a todos los niveles del lenguaje. La generación de los enunciados está orientada hacia la palabra ajena y hacia las actuaciones de lenguaje previas, de las que toman sus características. Es por eso que se pueden agrupar los enunciados en géneros, que presentan regularidades en el tratamiento comunicativo, regularidades de contenido y regularidades lingüísticas. Son relativamente estables por su inscripción en actividades colectivas concretas que los determinan y que definen sus parámetros: finalidades, destinatarios, contenidos.

Estos géneros de texto o modelos textuales que organizan, planifican y evalúan las actividades humanas en contextos históricos y culturales diferentes se consideran prácticas de referencia que actúan en la transposición didáctica.

Teóricamente pues, es preciso estudiar el papel de la práctica de los géneros en el desarrollo de las capacidades de pensamiento y de razonamiento, derivado de ello, la enseñanza de las actividades de lenguaje en géneros, en el ámbito de la educación formal. Es una posición epistemológica que permite recortar de forma coherente un objeto a enseñar, tanto en la investigación en didáctica de la lengua como en propuestas áulicas que buscan el desarrollo de las capacidades discursivas y textuales de los alumnos.

Schneuwly especifica la condición de los géneros textuales de ser mega-herramientas para el desarrollo de las personas:

> … son el verdadero nivel donde el niño se confronta con las múltiples prácticas de lenguaje. Los géneros dotan de instrumentos al niño (aquí se plantea todo el problema de la enseñanza y el desarrollo; el problema de las interacciones sociales en el aprendizaje) y le permiten actuar eficazmente en situaciones nuevas (la herramienta se convierte en instrumento de la acción) (Schneuwly, 1994; trad. propia).

Asimismo, los géneros constituyen "las primeras unidades de construcción de las progresiones en los planes de estudio" (Dolz y Schneuwly, 1997: 87), ya que pueden abordarse en forma espiralada, tanto en un nivel de complejidad cada vez mayor a lo largo de un curso escolar, como en grados de profundización progresiva a lo largo de la escolaridad.

En la producción textual, la elección de un género de texto se realiza a partir de un género preexistente en el architexto en una comunidad y de las representaciones que los hablantes tienen sobre la situación de comunicación en la cual se encuentran inmersos (Bronckart, 2004, 2007a, 2010b). Riestra observa que la derivación en la didáctica de las lenguas consiste en utilizar el mismo método descendente para partir de la situación comunicativa y desde el texto, descontextualizar las formas lingüísticas para mostrar el mecanismo de la lengua y desmontarlo en su carácter de mecanismo; de esta forma se podría "entender la lógica del sintagma y reconstruir el sentido en otro proceso de semiosis" (Riestra, 2010a: 149). Así se articula un tránsito "del uso a la forma del texto que sólo su sentido permite descontextualizar y recontextualizar para poder enseñar a manejar la herramienta de la lengua" (*op. cit.*: 156).

En cuanto a la enseñanza de la lengua materna en la Argentina, el diagnóstico de Riestra (2010b) sobre las dificultades de los alumnos en las actividades de lectura y escritura al finalizar su escolaridad media y en los cursos preparatorios a la universidad muestra las consecuencias formativas de los primeros años de la formación escolar, producto, asimismo, de la formación de los maestros y profesores en ámbitos terciarios y universitarios.

Los enfoques hegemónicos en la década de 1980 produjeron cambios epistemológicos en tanto implicaron la sustitución de la gramática como objeto de enseñanza (Riestra, 2004, 2005) por propuestas textualistas, pragmáticas o espontaneístas. La gramática estructural sistémica de los años sesenta, subsidiaria de la gramática tradicional de Amado Alonso y Pedro Henríquez Ureña, fue un conocimiento objetivado mediante el análisis gramatical y apropiado por varias generaciones, para las que opera como un saber en sus procesos mentales, aunque, en muchos casos, sin atender las acciones de lenguaje que producen textos concretos (Riestra, 2007). En cambio, y aunque fueran en principio auspiciosas porque resituaron al hacer (como actividades de lectura y escritura) en las clases de lengua, muchas de las propuestas didácticas ancladas en los enfoques comunicativos no produjeron el efecto esperado en el desarrollo de las capacidades discursivo-textuales de los alumnos, probablemente, porque significaron la aplicación directa de modelos y la ubicación de la gramática en un espacio marginal.

Por una parte, Riestra identifica la diversidad de disciplinas que se subsumen en las ciencias del lenguaje (como la lingüística textual, la lingüística cognitiva, el análisis del discurso, la sociolingüística, entre otras) cuyas nociones han sido transpuestas casi inmediatamente al campo de la enseñanza, provocando la dispersión y la confusión en cuanto al objeto de enseñanza. Señala:

> Los aportes de contenidos extraídos de la lingüística textual respecto de categorías descriptivas (texto y contexto) y de la pragmática respecto del estatuto del lenguaje (actos de habla), no tuvieron el efecto formativo esperado; a pesar de ser

reconocidos por la mayoría de los profesores, estos conocimientos lingüísticos no han logrado constituir un objeto de enseñanza eficaz para la comunicación escrita en los diferentes niveles de la escolaridad (2010a: 131).

Asimismo, indica que no ha sido considerado, en la formación de formadores, el papel de la psicología como parte de las ciencias del lenguaje y en su análisis del desarrollo humano.

Del mismo modo, para la autora, se desdibujaron los objetos de enseñanza que fueran el marco referencial de la disciplina y, en consecuencia, dejaron de enseñarse como contenidos de la asignatura Lengua las nociones escolares sistematizadas de los procedimientos morfológicos sintácticos con manipulación de categorías gramaticales y las normas ortográficas del castellano.

Riestra observa que la ausencia de políticas de Estado en materia formativa en la década de 1990 acrecentó la aplicación de proyectos individuales de enseñanza de la lengua materna (2010b), favoreció el aplicacionismo de propuestas derivadas de investigaciones lingüísticas y psicológicas, estimuló una formación docente centrada en teorías lingüísticas que anclaron las prácticas en una posición conservadora o, en otros casos, espontaneísta (2012) y a través de divulgaciones realizadas en los textos producidos para la enseñanza, para los alumnos (los manuales escolares), donde la gramática se presenta a partir de criterios de autoridad y en una colocación marginal, se acentuó la atomización del objeto de estudio de la lengua. En relación con las prácticas espontaneístas, las atribuye tanto a la visión de la "lengua por inmersión" (2005) como a la simplificación reduccionista del "enfoque comunicativo" (2012) y la aplicación de modelos que funcionan como taxonomías (entre ellos, los de los tipos de textos, 2010b).

Analiza dos lógicas disociadas en muchas propuestas didácticas: el lenguaje como interacción y el funcionamiento de los mecanismos lingüísticos (o, según identificó Bronckart, la lógica praxeológica y la lógica epistémica, respectivamente), como dos lógicas disjuntas que no logran articularse para estudiar los formatos lingüísticos en los textos (2010b). Sintetiza dos aspectos del problema: qué contenidos gramaticales elaborar como objetos a ser enseñados y cómo realizar transposiciones didácticas de los contenidos gramaticales instrumentándolos para las actividades de lectura y escritura, que no otorguen a la gramática un papel complementario ni tampoco se remita su enseñanza al análisis sintáctico desarticulado del sentido textual. De allí la pregunta por cómo enseñar la intersección entre la acción y la lógica formal, "la articulación posible y efectiva entre el enunciado y la proposición, que estaría delimitando el espacio de la actividad verbal" (2005: 13); ya que los niveles del lenguaje que conforman enunciados y proposiciones en los tipos de discurso (nivel de la infraestructura) se determinan mutuamente: el primero de estos niveles se corresponde con el sentido, el segundo, con la construcción lógica-sintáctica (forma), en un texto o acción de lenguaje concreta (uso).

Estas cuestiones de la transposición didáctica no dejan de remitirnos a las históricas preguntas de Comenio acerca de qué y cómo enseñar "que continúa siendo el horizonte del campo o, dicho de otro modo, aún estamos planteándonos como problema la enseñanza del leer y el escribir en la articulación entre el pensamiento y el lenguaje" (Riestra, 2008: 63). Inscriptas en esta preocupación, las preguntas sobre qué y cómo corrigen los docentes de Lengua requieren precisar qué entenderemos por corrección en este marco teórico.

## 4. Definición de corrección y deslindes del concepto

La **corrección** se define en esta investigación como acción didáctica que conforma una parte del trabajo docente, y como un instrumento que despliega una acción verbal sobre un enunciado realizado por el alumno/los alumnos para interactuar con él/ellos en su proceso de aprendizaje.

Consideraremos **correcciones** los enunciados, las marcas verbales, las marcas gráficas o la combinación de todos ellos que los docentes realizan en los textos escritos por sus alumnos (en el contexto de una tarea) con fines de evaluar (en sentido amplio del término, como formulación de un juicio o de una valoración) las actividades y de comunicar información sobre contenidos de enseñanza. Entendemos por **tareas de los alumnos** las acciones de lenguaje que los estudiantes desarrollan a partir de las consignas de trabajo en las clases de lengua (Riestra, 2004).

Como circunscribimos la investigación a las correcciones que los docentes realizan sobre los trabajos escritos por los alumnos, la definición que adoptamos abarca marcas lingüísticas y no lingüísticas en el espacio de trabajo de los alumnos que se conforma en la zona sincrética de representación (Del Río, 1990), escenario psicológico en el que pueden llevarse a cabo las actividades que propician el desarrollo de las funciones psíquicas superiores (ver 4.1).

Con el objeto de entender las correcciones de los textos escritos por los alumnos en los ámbitos educativos, propongo definirlas como acciones realizadas por los docentes, en el marco de una actividad de lenguaje y en una situación de mediación formativa, llevadas a cabo con instrumentos –signos y marcas que corresponden a un código lingüístico y no lingüístico– en un espacio sincrético.

En la actividad de lenguaje en la que se insertan, enfocadas desde la didáctica de la lengua materna, las correcciones se orientan hacia el enunciado ajeno con un fin: regular un producto de la actividad de lenguaje en su condición de texto realizado con una lengua. En este sentido, las correcciones, regulaciones de acciones de lenguaje, funcionarían en la *zona de desarrollo próximo* de los alumnos (como una marca semiótica concreta en la *zona de trabajo* que conforma la zona sincrética de representación, Del Río, *op. cit.*).

Las correcciones como signos sociales (Vygotski, 2007) intervienen sobre las capacidades de semiotizar de las personas, en otras palabras, son signos dados por un docente, para acortar la distancia entre la lengua externa o normada que los alumnos están aprendiendo y la lengua interna que los alumnos ya han desarrollado como propia.

El carácter espacial de las correcciones y su potencialidad para ser instrumentos fue un eje para interpretarlas en el transcurso de esta investigación y para delimitar las correcciones de otras prácticas que realizan los docentes. En los siguientes apartados desarrollaremos los tres aspectos que fundamentan la definición de corrección adoptada.

## 4.1. El espacio de las correcciones: la Zona de Trabajo

Para caracterizar la corrección y en referencia a su materialidad en el espacio, recurro a la noción de *zona sincrética de representación* elaborada por Del Río (1990), a partir del concepto vygotskiano de *zona de desarrollo próximo* (Vigotsky, 1934/2008 y 1934/2004).

Como se mencionó con anterioridad (ver 1.2), para Vygotski, la internalización de los signos e instrumentos de la cultura por parte de un individuo genera cambios estructurales en su psiquismo. En este sentido, el desarrollo es consecuencia de la enseñanza y del aprendizaje; se realiza mediante instrumentos y signos externos, gracias a la cooperación y guía de un adulto hacia un niño.

El intercambio con el adulto genera la zona de desarrollo próximo:

Gracias a la imitación, dentro del marco de una actividad colectiva y bajo la dirección de los adultos, el niño se halla en condiciones de realizar mucho más de lo que es capaz de lograr de manera autónoma. La diferencia entre el nivel de solución de problemas, bajo la dirección y colaboración de los adultos, y el nivel que se alcanza de manera independiente, define la zona de desarrollo próximo (Vigotsky, 1934/2008: 87).

Así, el desarrollo de las funciones psíquicas superiores es el fruto de la cooperación del adulto con el niño. La enseñanza, por su parte, se explica como lo que antecede al desarrollo y lo dirige: "La teoría de la zona de desarrollo próximo se traduce en una fórmula que es esencialmente contraria a la orientación tradicional: *Sólo es buena aquella enseñanza que se adelanta al desarrollo*" (*ibídem*: 89, en itálicas en el original).

La *zona sincrética de representación* permite dotar de materialidad y espacialidad a los procesos mentales de la zona de desarrollo próximo ya que constituye: "…un modelo operacional de su mecanismo fronterizo entre la psique individual y el contexto físico-social" (Del Río, *op. cit.*: 211). Es definida como un "espacio mixto", el escenario psicológico (individual y social, interno y externo a la vez) en el que tienen lugar los sistemas de actividad (con sus aspectos intencionales, sociales e instrumentales) que hacen posible el surgimiento de las funciones psíquicas superiores (Del Río y Álvarez, 1994).

Las actividades de enseñanza tienen lugar con componentes externos de la zona sincrética de representación: la zona de trabajo y las mediaciones sociales e instrumentales que se sitúan en ella (Del Río, *op. cit.*; Álvarez, 1990). La zona de trabajo (ZT) es:

> Escenario o marco que incluye las representaciones externas y que permite a la vez la actuación, directa sobre los hechos, o mediada sobre los operadores o estímulos-medio que controlan o representan los hechos. Una ZT puede incluir diversas subzonas o diversos marcos y cada uno de ellos tiene sus operadores o elementos de mediación (Del Río, 1990: 233).

Para el autor, no se trata de un modelo o de una metáfora mental, sino de un marco y modelo cultural específico.

¿A qué se considera zona de trabajo? Para Del Río, es variable en su amplitud:

> … la ZT del entrenador de baloncesto incluye la pizarra, el campo y a los propios jugadores, que aparecen dos veces, en la pizarra como símbolos y en el campo como jugadores reales. En una habitación puede haber varias mesas, en una mesa

puede haber una serie de marcos más o menos articulados: un grupo de marcos superpuestos en un taco de apuntes u hojas de papel, y muchos otros montones de marcos –libros, más apuntes, etc.–, un planning sobre un atril, un marco-pantalla de ordenador con su marco-teclado y-o con un marco-tapete con un ratón, y puedo operar sobre ese marco pasando páginas o yendo de documento en documento... Mi memoria a largo plazo puede pasar a mi memoria de trabajo elementos que integro en uno de esos marcos externos o *viceversa*: como cuando un elemento externo activa una asociación mental y recuerdo algo y lo digo en voz alta –el Habla Egocéntrica es aquí un elemento que, desde la MT se "pone" en la ZT para reforzarlo y extenderlo– para que opere como nuevo elemento de fuera a adentro; o como cuando hago un gráfico de mis movimientos mentales en una reunión; o cuando miro una cita en mi agenda, cierro los ojos y reestructuro mentalmente mi plan. [...] La ZT se define en función del "foco" atencional-enactivo en que estructuro mi actividad: puede ser la habitación entera si soy hiperactivo y mi primer bloque funcional me pide activarme posturalmente así ante el trabajo intelectual; al margen de ese primer bloque puede serlo sólo la mesa de trabajo si mi segundo bloque funcional está adaptado estrechamente al trabajo exclusivo sobre esa superficie; y al margen del primero y del segundo, mi tercer bloque puede precisar de una suplementación social en el programa secuencial y entonces saldría del despacho para ir a buscar el criterio de otra persona. La ZT habitual en un aula es la totalidad del aula, aunque el maestro puede pensar implícitamente que sólo es relevante la pizarra o el pupitre, o sólo el cuaderno del escolar (*ibídem*: 233).

La zona de trabajo es el espacio –un espacio variable, un marco más o menos amplio– donde se desarrollan las mediaciones sociales y las mediaciones instrumentales.

Del Río identifica las mediaciones sociales con la función organizadora del adulto para el niño, siguiendo a Vygotski, que asume tres formas iniciales: la formación de la emoción en relación con la dirección de la actividad, la estructuración del espacio como zona de trabajo o contexto y "la formación de la regulación y planificación de la conducta, de la estructura secuencial de la actividad y el significado" (*ibídem*: 233). Estas formas iniciales de la relación con el otro varían, por una parte, a lo largo del tiempo en la vida y el desarrollo de las personas y por otra parte, según el papel que el adulto asuma o no en cada cultura y en función de sus concepciones y medios.

Las mediaciones instrumentales son:

... los estímulos-medio y los signos, o los instrumentos psicológicos en general, que se ponen y están a disposición de los sujetos en la ZT y que desempeñen realmente ese papel mediador a nivel efectivo (un libro cuando no se sabe leer, o un semicírculo graduado para un niño que no sabe lo que es un grado difícilmente pueden considerarse mediaciones instrumentales) es decir, cuando la mediación facilitada está en la ZDP del sujeto o sujetos. Este carácter mediador no puede establecerse pues sin un diagnóstico preciso de la estructura funcional interna y externa del sujeto en relación con la actividad" (*ibídem*: 234).

No por la existencia misma del signo se produce una mediación instrumental sino que, para que tal mediación social tenga lugar, es preciso que tenga relación con la zona de desarrollo próximo del individuo que recibe tal mediación.

Los papeles de los alumnos (hojas de carpetas) o los documentos en los monitores que los docentes corrigen son zonas de trabajo en tanto espacio o escenario específico de conciencia en los que pueden operar los signos de las correcciones como mediación social e instrumental.

En este sentido, entendemos las correcciones que realizan los docentes (producto de la acción didáctica de corregir) como mediaciones sociales externas, con signos e instrumentos, que se sitúan en la zona de trabajo de los alumnos. ¿Somos los docentes conscientes de ello?

### 4.2. La relación entre corrección y evaluación

La temática de la evaluación, considerada parte de la agenda clásica de la didáctica consolidada hacia 1970 (Litwin, 1996) y ampliamente estudiada, se aborda aquí en función de precisar el concepto y las relaciones que guarda con la corrección.

En un sentido amplio, desde el marco teórico del interaccionismo sociodiscursivo se entiende que la evaluación es una actividad de lenguaje que permite recortar una porción de la actividad general e imputarle carácter de acción (como se desarrolló en 1.1). En una acción comunicativa, los participantes reclaman validez para sus manifestaciones o comunicaciones en relación con cada uno de los tres mundos representados en que se constituyen sus acciones –el mundo objetivo, el mundo social y el mundo subjetivo– (Habermas, 2002) y que definen el contexto propio del obrar humano.

Para Bronckart:

Al contribuir a la actividad verbal, cada ser humano participa por tanto en las evaluaciones sociales, y en ese marco aplica criterios colectivos de evaluación y "juzga" la pertinencia del obrar de los otros a la luz de los mundos representados.

Al hacerlo, no solamente contribuye a la delimitación externa de las acciones [...] sino que además y sobre todo atribuye a los congéneres propiedades singulares que los erigen en agentes (2004: 31).

Señala que la evaluación social convierte en agentes responsables de sus acciones a los otros. Los seres humanos se apropian de las representaciones de ellos mismos como agentes responsables de las acciones, conformando sus autorrepresentaciones. Éstas tienen un estatuto interno: el ser humano, que participa en los juicios colectivos, se sabe él mismo objeto de las evaluaciones y reconoce sus pretensiones de validez en confrontación con las evaluaciones de los otros. Las evaluaciones colectivas y las pretensiones de validez individuales serán objeto de negociaciones permanentes en el lenguaje humano, en el marco restringido de una lengua natural y más concretamente, en los géneros textuales particulares en una formación social y de lenguaje concreta: "Como producto que son de las evaluaciones socioverbales, la acción y las personas humanas, son pues también el producto de esas semánticas encastradas en cuyo campo se moldean las culturas" (*op. cit.*: 32).

En sentido estricto, conformando los procesos formativos en el marco de la educación formal y centrándonos en las prácticas de enseñanza, la evaluación constituye una parte del proceso didáctico que consiste en realizar juicios de valor para que los estudiantes puedan tomar conciencia de los aprendizajes adquiridos y los docentes puedan interpretar las implicancias de la enseñanza en los aprendizajes adquiridos (Litwin, 1998). De esta forma, la evaluación es (o debería ser) una herramienta que permite comprender y aportar al proceso de enseñanza y de aprendizaje, más que un instrumento de control que compruebe, constate o verifique los aprendizajes adquiridos (Celman, 1998).

Mottier López (2010) releva la perspectiva de la evaluación formativa para los estudios francófonos; considera que suponen una "perspectiva ampliada" en la que, por una parte, la evaluación se integra en las secuencias didácticas y tiene una relación directa con las didácticas de las disciplinas y, por otra parte, se realiza en situaciones fuertemente integradas a las situaciones de enseñanza/aprendizaje, ya que la evaluación puede realizarse por la observación directa del docente de las actividades de los estudiantes, las interacciones colectivas en las que los alumnos exponen acerca de las maneras de efectuar una actividad, la conversación entre alumnos. Mottier López critica la idea tradicional de la corrección como "solución" de las dificultades de aprendizaje y da cuenta de cómo el término ha sido reemplazado por el concepto de regulación.

Según Nicol y MacFarlane (2006) y Anijovich (2010), para que la evaluación sea formativa, y para que el alumno sea partícipe activo del proceso en función de alcanzar la autorregulación, requiere de constantes retroalimentaciones durante el proceso, generadas tanto por el docente como por pares. Además, el docente, durante la evaluación formativa, recoge información del análisis de las producciones, de sus observaciones y de las observaciones de los estudiantes, y puede, con esos datos, ajustar la enseñanza.

Anijovich enmarca su análisis de la retroalimentación en la evaluación formativa de los aprendizajes, cuyos objetivos son contribuir a la mejora de los aprendizajes de los alumnos y maximizar las posibilidades de que todos los estudiantes aprendan. La autora afirma que el término retroalimentación proviene del campo de la ingeniería en sistemas y da cuenta de "informaciones que circulan, de un punto a otro, y a modo de estímulos producen efectos sobre los elementos que componen dicho circuito, y pueden, de este modo, modificar los resultados de un sistema e incluso al sistema mismo" (*op. cit.*: 130). Considera que las prácticas de retroalimentaciones "…han sido aún poco estudiadas y no se incluyen en forma explícita en el currículo y las políticas educativas de escuelas y universidades" (*ibídem*: 130) y analiza siete aspectos que deberían ser investigados:

a) su impacto sobre los alumnos,
b) su distribución en cantidad y calidad,
c) la perdurabilidad que tiene el cambio generado por ellas,
d) las decisiones que toman los alumnos con respecto a la información que reciben,
e) si hay que ofrecerlas grupal o individualmente,
f) los modos en que se ofrecen y
g) su forma en relación con el diálogo.

La autora agrega que las retroalimentaciones pueden ser orales (a las que designa como "devoluciones") o escritas (para estas emplea el concepto de "comentarios"); entre las últimas, reserva el término "corregir" a colocar la forma correcta al lado de un error. La retroalimentación se asocia con la capacidad de monitoreo y autoevaluación de los aprendizajes:

En el caso de los alumnos de nivel medio y superior, podemos afirmar que aquellos que reciben retroalimentación en forma sistemática desarrollan una conciencia metacognitiva más profunda y se van haciendo cargo de la autorregulación de su aprendizaje, lo que les permite constituirse, progresivamente, en aprendices autónomos (*ibídem*: 145).

En este sentido, propicia actitudes de autorregulación de los aprendizajes, con lo que se contribuye a la mejora de los aprendizajes. Estas actitudes, para la autora, son inherentes a una concepción de la evaluación como evaluación formativa.

La crítica de la corrección desde la teoría de la evaluación formativa y su sustitución por el concepto de retroalimentación parte del supuesto de que la corrección es sólo marcar lo erróneo, por lo tanto, no puede dar cuenta de todo lo que el docente escribe sobre o en los textos de cada alumno y que el propio docente, en su práctica, define como corrección (aspecto que se desarrollará en el capítulo 6). Requiere además, de la incorporación del término "retroalimentación", ajeno a las prácticas áulicas, que se toma en préstamo de la teoría general de sistemas (von Bertalanffy, 1968/1976) cuyos modelos son los aparatos emisores y receptores de información de la teoría de la comunicación, algunos fenómenos biológicos y la cibernética, y no personas con capacidad de actuar a partir de la palabra que recibe del otro.

Las referencias a la corrección en los trabajos de Mottier López, Nicol & MacFarlane y Anijovich son ejemplos de un cuestionamiento hacia una práctica escasamente estudiada. Dan cuenta de una postura crítica similar a la que analizamos en las propuestas didácticas (en el capítulo 1), subsumiendo el problema de corregir al de evaluar con escasa delimitación entre ambos. De hecho, resultan manifiestos los intentos por sustituir "corrección" por "regulación" o "retroalimentación", lo que me lleva a preguntarme si tal sustitución podría generar un cambio en las prácticas de los docentes.

Distingo evaluar de corregir de la siguiente manera: la evaluación implica un proceso del que la corrección puede constituir una instancia; corregir, como lo definimos en función de interpretar lo que los docentes de Lengua hacen, no implica únicamente reconocer o sustituir un error, sino realizar enunciados que funcionan como signos externos –sociales–, en textos, pasibles de ser internalizados por los alumnos y, por lo tanto, de generar su desarrollo discursivo y textual.

La evaluación formativa implica la enseñanza y el aprendizaje como procesos, pero el concepto de corrección para la enseñanza de la lengua supone un texto como producto de la acción de lenguaje y una acción de lenguaje nueva sobre ese producto. Para crear ese texto, el alumno ha utilizado el sistema de signos que conforman la lengua, y ambos, texto y lengua, son los objetos de enseñanza de la materia escolar. En el siguiente apartado se desarrollará la relación entre la lengua normada y la corrección, con el objeto de delimitar las conexiones entre estos conceptos.

### 4.3. Corrección y norma lingüística

Al observar la corrección como práctica docente enfocamos un objeto distinto de la corrección entendida como aquello que es gramaticalmente correcto, es decir, lo prescripto por una gramática normativa, que "señala un modelo de lengua, clasificando las formas y construcciones en «correctas» e «incorrectas»" (Coseriu, 1951/1986). No obstante, existe una relación de dependencia entre ambos objetos, porque son las mediaciones formativas escolarizadas, específicamente, las que ocurren en las materias en las que se enseña lengua, donde se transmiten las normas lingüísticas y se explicitan cuáles son los usos que se consideran correctos por oposición a aquellos que no lo son en una época determinada.

La transmisión de una lengua se dirime en la tensión dialéctica entre el cambio y la continuidad. El cambio y la creación son características inherentes a la actividad de lenguaje. La continuidad y estabilidad de los signos, en tanto unidades representativas discretizadas, permiten asegurar la comprensión entre los interactuantes de la actividad de lenguaje.

La lengua es a la vez mutable e inmutable, como definió Saussure (2004), supone simultáneamente un tesoro colectivo dado y la creación individual permanente en la generación del enunciado; este carácter complejo es el que se traslada a la enseñanza y a la acción de corregir, ya que el docente desde la historia y desde la transmisión del sistema, corrige y sistematiza en el enunciado individual creado por el alumno aquello que no es libre, sino que está sujeto a las convenciones aceptadas socialmente por los agentes de la actividad de lenguaje en una época determinada.

Esto es, el corregir se movería entre lo que puede definirse como una alteración individual, estilística o idiosincrásica, en un enunciado particular (creación del alumno), que irrumpe como cambio a lo heredado, sistemático, inmutable, fijo en un momento histórico determinado, que es lo que se considera que ese alumno debe dominar o aprender para insertarse en la colectividad de la vida de los signos, ya que, como dice Saussure, la lengua no es libre, por el principio de continuidad "o de solidaridad indefinida con las edades precedentes" (*op. cit.*: 294).

Es el carácter inherentemente complejo del lenguaje el que se traslada a la enseñanza y por consiguiente, a la acción de corregir, a la que concierne atender simultáneamente a lo propio de la creación usando, a la vez, de las formas ya heredadas y normativas, combinándolas y recreándolas (Coseriu, 1981, 1991, 2007).

Para Saussure, el principio elemental de la continuidad o de la "ininterrupción forzada" es la primera ley de transmisión del lenguaje humano. Como afirma Bronckart (2010a), Saussure insiste en la imposibilidad de rupturas y de sobresaltos en la tradición continua de la lengua. Esta continuidad es posible en la transformación, por lo que Bronckart postula que para Saussure existe una lengua ontológica, única y universal, que posee una serie de recursos fónicos y sintácticos cuya extensión parece limitada y que reside en las prácticas de lenguaje. La transformación es el principio que complementa y garantiza la continuidad ya que, según Saussure:

> No hay ejemplo de inmovilidad absoluta. Lo que es absoluto es el principio del movimiento de la lengua en el tiempo. Movimiento que se hace de modo diverso y más o menos rápidamente según los casos, pero que se hace de manera fatal. [...] ni siquiera en el período más tranquilo se verá jamás que el río de la lengua sea idéntico, tomándolo más arriba o más debajo de un intervalo determinado, y poco importa si hay cataratas entre ambos puntos. Es sacrificar el hecho general al accidente insistir sobre las causas que a veces pueden precipitar el movimiento; basta con el hecho de su existencia imperturbable y natural, por encima de toda circunstancia (2004: 272).

El tiempo produce modificaciones en las lenguas, en tanto sistemas sometidos a la tradición y al azar de lo que ocurre en esa tradición; de allí que las lenguas se modifiquen históricamente, conformando lo que Coseriu llamó "técnicas históricas" (como ya desarrollamos; ver 2.1).

Bronckart subraya asimismo la dimensión praxeológica del lenguaje[3] que Saussure enfoca como el origen de los cambios en la dimensión del

---

3  Bronckart afirma: "Aunque las nociones de 'discurso' o de 'texto' no aparecen una sola vez en el *Curso de lingüística general,* están omnipresentes en las notas de Saussure,

lenguaje: "Toda innovación ocurre de modo improvisado, hablando, y de ahí penetra o en el tesoro íntimo del oyente o en el del orador; pero entonces se produce a propósito del lenguaje discursivo" (Saussure, *op. cit.*: 95).

Por otra parte, al presentar la lengua como una sucesión de estados, Saussure plantea que existe un estado de lengua, depositado como "tesoro" en la "cabeza" o en la conciencia de los sujetos que hablan, al que Bronckart (2010a) denomina "lengua interna" y otro estado de lengua que comparte la colectividad de los hablantes en una época determinada, la "lengua externa" o "lengua normada". Esta última se trata, para Bronckart, del nivel donde se ejerce la actividad normativa de los enunciados de los hablantes, y que intentan describir y aprehender los gramáticos y los lingüistas.

Bota y Bronckart (2010a) analizan que son necesarios dos órdenes del conocimiento del lenguaje, el individual y el colectivo, para la producción de los textos nuevos, e identifican como pregunta a investigar sobre la producción de un texto: ¿cuándo y cómo son movilizados los recursos de la lengua interna y qué rol juega en ese proceso la instancia de control que constituye la lengua normada? Agrego que la corrección apunta a la lengua externa o normada como instancia de control: ¿cómo se ejerce ese control y cómo busca transmitirse, sostenerse y preservarse la lengua normada?

Como afirmamos, siguiendo a Coseriu y De Mauro, el lenguaje es una actividad creadora: las lenguas constituirán a la vez las libertades para crear y los límites que restringen tales libertades. Para poder entenderse, los individuos que realizan una interacción en el lenguaje deben ajustar su comunicación a las normas de la lengua que aseguran su aceptabilidad e inteligibilidad.

Según Coseriu (1988), la lengua es un término o restricción para el hablar pero, en cuanto técnica y material para nuevos actos de hablar libres, más que una restricción, opera como condición de la libertad. Además, el autor de un enunciado puede no conocer la totalidad de la norma y creer que actúa de acuerdo a ella, o bien puede crear, según las posibilidades del sistema, en un acto de creación al que se atribuyen los cambios de una lengua:

> La comunidad, dijimos, nos impone una determinada norma, un determinado sistema; y cada hablante tiene el sentimiento de lo que constituye norma en

---

habiendo dado éste, a lo largo de su obra, una importancia decisiva a la dimensión praxeológica del lenguaje" (2010a: 19, trad. propia).

la comunidad en que se encuentra. Pero el sentimiento del hablante puede ser también un sentimiento equivocado, es decir que puede no corresponder a la realidad objetiva, a la norma más generalmente aceptada; de aquí que el hablante pueda emplear un signo con un significado que no es el generalmente aceptado (cambio semántico), darle un aspecto fónico distinto del que tiene normalmente en la comunidad (cambio fonético), o crear un signo según un modelo distinto del que la comunidad emplea normalmente (cambio analógico) (Coseriu, *op. cit.*: 45).

Por otra parte, siguiendo a Coseriu, el lenguaje se realiza en tres niveles: el hablar universal, el hablar histórico (la lengua) y el hablar individual. El hablar individual sería equiparable a lo que Bronckart denomina lengua interna y no puede ser transmitido porque pertenece a las representaciones idiosincrásicas de cada persona (es decir, guarda relación con el lenguaje interiorizado vygotskiano). El hablar universal es una actividad creadora del hombre (siendo equivalente a lo que Bronckart llama la lengua ontológica) que no puede realizarse sino a través de la lengua normada o el hablar histórico: un saber adquirido como tal, aprendido, que se presenta bajo la forma de hechos objetivos: "La lengua no es nunca producto, puede ser sólo la lengua abstracta, o sea la lengua deducida del hablar y objetivada en una gramática y un diccionario" (Coseriu, 1981: 273). La lengua o saber idiomático es una técnica abierta que se usa para expresarse lingüísticamente y producir textos.

La corrección lingüística es, para Coseriu, la concordancia con la tradición idiomática: "Una expresión es correcta cuando se ajusta a las reglas de un determinado idioma" (2007: 145), mientras que los errores son desviaciones con respecto a las reglas idiomáticas, motivadas por ausencia de saber idiomático o bien por un uso deliberado con valor estilístico que tiene origen en la actividad del lenguaje y la finalidad del texto producido en ella (por ejemplo, en un poema).

Coseriu distingue la suficiencia idiomática (o corrección) y la insuficiencia (incorrección) como "hablar con propiedad", que define como emplear correctamente las palabras y combinaciones léxicas: "emplear correctamente las palabras significa emplearlas dentro de las esferas de significado y de acuerdo con las pautas semánticas que les corresponden en una determinada tradición idiomática" (*op. cit.*: 145).

De Mauro presenta tres características del lenguaje humano: la imitación o mímesis para adentrarse en una lengua y dominarla, la capacidad combinatoria de las formas generales y la capacidad de crear que permite "producir y entender cosas radicalmente nuevas" (2005: 106). La posibilidad de entenderse en las interacciones de lenguaje se basa en la imitación, que permite, en términos vygotskianos, la internalización de los signos y a partir de su combinación, la creación. Las lenguas históricas se caracterizan por la imprecisión sígnica, que afecta tanto al significante como al significado de los signos: "El signo es (…) el instrumento de una actividad alusiva, de un juego orientado a establecer un acuerdo entre usuarios para que con señales entre ellos asimilables se nos dirija, se nos encamine hacia un grupo de sentidos" (1986: 108).

De Mauro contrapone las lenguas históricas a los códigos basados en cálculos. Estos se caracterizan por un requisito de cohesión formal que se manifiesta en tres formas: la no-creatividad (del vocabulario como unidades y del conjunto de reglas ordenadas que dan cuenta de las combinaciones y operaciones entre esas unidades), la concordancia sintáctica de las proposiciones del cálculo y la efectividad de los procedimientos de formación de las proposiciones.

Por oposición a los códigos basados en cálculos, las lenguas históricas son no-no-creativas (ni las unidades ni las reglas de combinación son cerradas) y presentan signos autónomos y reflexivos. La no-no creatividad se explica por las variaciones continuas de significado que experimenta cada palabra con el uso: "La necesidad de expresarse y hacerse entender empuja al significado de cada palabra a ampliarse o hacerse más específico, dibujando nuevos sentidos sobre el tejido que forman los usos" (2005: 97). El uso hace variar las fronteras del significado de cada palabra. Pero esta ampliación de las fronteras encuentra un límite para que sea posible la comprensión en las interacciones de lenguaje. Los límites son la "situación" en la que los enunciados tienen origen (comprende las personas que participan de la interacción realizando y recibiendo un enunciado y sus condiciones materiales, lingüísticas, sociales, antropológicas e históricas) y la gramática como red de reglas sutiles y variables de una lengua que refuerza la cohesión de las partes de un enunciado conformando redundancias para orientar y facilitar la comprensión. Como, para De Mauro, tales límites no alcanzan para disolver la ambigüedad de los enunciados, entre los signos de una lengua están incluidos signos con carácter metalingüístico en relación con la lengua misma y con sus signos. Esto que llama "metalingüisticidad reflexiva", "autonimia" o "autorreferencia" es una posibilidad de cada lengua humana de regresar sobre sí misma:

Contra la regla lógica de la distinción de niveles entre lenguaje y metalenguaje, todas las lenguas humanas son cada una metalengua de sí misma, de reflexionar ella misma y en sí misma, es decir; de usar en forma metalingüística reflexiva cada una de sus partes y sus usos (*op. cit.*: 120).

Para Dolz y Erard, en las clases de lengua se desarrollan actividades metalenguajeras o metaverbales en tanto se producen "intercambios en el aula entre el docente y los alumnos y entre éstos entre sí, cuando están programando la actividad [de lenguaje] o realizan un juicio crítico sobre la misma una vez realizada" (2000: 165) que se transforman en herramientas para alcanzar una reflexión consciente, voluntaria y explícita de la actividad de lenguaje realizada. Estas actividades son externas, observables y, en la medida en que los estudiantes se apropian de ellas en situaciones didácticas, pueden ser interiorizadas e integradas en un funcionamiento autónomo de los alumnos, llegando así a un grado de automatización.

Los autores caracterizan estas actividades externas que transcurren en las clases de lengua por un cambio de propósito que interrumpe la actividad de lenguaje: "Puede ser reconocida a causa de las funciones de regulación, evaluación, planificación o transmisión de una conducta verbal" (*op. cit.*: 167). Delimitan que las mismas pueden ser anteriores o posteriores a las actividades de lenguaje que se producen en la clase. En este sentido, la corrección que los docentes realizan es una actividad metalenguajera producida con posterioridad a las actividades de lenguaje plasmadas en textos por los alumnos.

Dolz y Erard problematizan la posibilidad de definir los mecanismos de autorregulación como interiorización de lo apropiado por los alumnos en situaciones didácticas: "¿Cómo poder discutir de la autorregulación cuando los fenómenos externos de control y las evaluaciones sociodiscursivas son tan poco conocidos?" (*ibídem*: 169).

Consideran que si se desconocen los fenómenos externos de control (entre los que ubico las correcciones) y las evaluaciones sociodiscursivas que se realizan en las aulas (es decir, lo que hemos definido como evaluación en un sentido amplio) y que pueden ser observadas externamente, no pueden sostenerse hipótesis acerca de lo que sucede en la apropiación de los fenómenos internos. Es por ello que estudiar las correcciones tal como se realizan, es condición necesaria y previa a cualquier intento de proponer cómo ellas pueden afectar al desarrollo de las capacidades textuales y discursivas de los alumnos.

Las delimitaciones conceptuales anteriores nos ubican ante la lengua normada como lo que ha de transmitirse mediante la enseñanza de actividades de lenguaje planificadas por consignas. La lengua normada implica el saber o conocimiento de la tradición idiomática y permite la mutua comprensión entre los participantes de las interacciones de lenguaje.

En las correcciones que los docentes realizan –que podemos llamar actividades metalenguajeras– se actualiza sobre los textos de los alumnos la lengua normada pues es, junto con los textos, un objeto de enseñanza de la materia escolar Lengua (y de las materias de ingreso a la universidad). No significa, no obstante, que sea el único objeto que se corrige, antes bien, los docentes realizan enunciados y marcas que comprenden los diferentes niveles de la textualización de los alumnos.

La corrección en tanto acción didáctica se diferencia de la corrección lingüística entendida como lo gramaticalmente correcto: la transmisión de las lenguas con los fenómenos de permanencia y cambio son los límites que posibilitan las interacciones del lenguaje. La norma es enseñada y aplicada mediante correcciones en la escuela porque es una característica de cada una de las lenguas para garantizar los significados entre los hablantes; del mismo modo, la autorreflexividad metalingüística permite explicar que se usen los signos de la lengua para definirse y corregirse.

En síntesis, deslindamos la corrección como acción didáctica de la evaluación y de la corrección lingüística para poder recortar un objeto de estudio complejo, como lo es cualquier fenómeno del lenguaje humano.

# Capítulo 3

# Metodología

La definición de corrección que se asume en esta investigación da cuenta de la complejidad de diferentes niveles de análisis entramados que es preciso deslindar para abordar el objeto de estudio. En primer lugar, la relación entre consignas que guían cada texto escrito y las correcciones realizadas, ya que las acciones verbales desplegadas por los alumnos en sus textos son guiadas por consignas. En segundo lugar, las formas en las que las acciones verbales del docente se articulan con las acciones verbales desplegadas por los alumnos. En tercer lugar, y en tanto parte del trabajo docente, los significados y sentidos que otorgan los docentes a su acción didáctica, y los efectos que esperan de ella.

Estos tres niveles se corresponden con las tres preguntas básicas que guían la investigación realizada: qué, cómo y para qué se corrigen los textos escritos en Lengua.

## 1. El problema de investigación

La formulación del problema durante el diseño de la investigación fue producto de la elaboración de mi experiencia personal y profesional desarrollada como docente de Lengua en el nivel secundario y en los cursos de ingreso a la universidad, enmarcados, estos últimos, en una materia de *Introducción a la lectura y escritura académica*.

Como expuse anteriormente, la corrección como práctica docente tiene dimensiones comunicativas que no han sido abordadas en las investigaciones sobre la enseñanza del español lengua materna.

Una primera dimensión concierne a la valoración de un texto como producto de una actividad de lenguaje anterior a esa corrección. Esto nos lleva a distinguir la corrección de la evaluación de los aprendizajes. Como la corrección implica un enunciado que comenta un texto e identifica o enmienda errores que se han producido en él, supone una interacción docente-alumno respecto de la comprensión de la consigna y de los contenidos de enseñanza de las lenguas. De esta manera los enunciados de las correcciones interactúan con los enunciados de los estudiantes, atendiendo de modo simultáneo sus procesos mentales y los contenidos de enseñanza.

A la vez, las correcciones son acciones de lenguaje que realizan los docentes como parte de su trabajo y que incluimos entre otras acciones didácticas. Reconocerlas como acciones implica que tienen metas conscientes y que se esperan determinados efectos a partir de ellas (Leontiev, 1983; Riestra, 2004). Las acciones se realizan de acuerdo a ciertos medios o procedimientos, llamados operaciones, en cuyo proceso los hombres se transforman y conocen la realidad objetiva.

Por su parte, dimensionar las correcciones dentro del trabajo docente nos lleva a observar las representaciones sociales (Moscovici, 1961; Moscovici y Hewstone, 1986), *construidas por* e *instrumentadas en* las acciones de lenguaje con las que los docentes hablan de su propio trabajo (Riestra, 2004).

Las preguntas que orientan la investigación son: ¿Qué y cómo corrigen los docentes de Lengua? ¿Cómo se relacionan las correcciones con las consignas de trabajo? ¿Cuál es el efecto que los docentes esperan que sus correcciones tengan sobre los alumnos? ¿Para qué dicen que corrigen? ¿Cuál es la relación entre la corrección y el efecto formativo esperado por los docentes en el desarrollo de las capacidades discursivo-textuales de los alumnos? ¿Se corrige de modo tal que esa corrección sea congruente con el efecto formativo deseado en el desarrollo de las capacidades discursivo-textuales de los alumnos?

## 2. Objeto de estudio y metodología

La metodología general es situada e interpretativa, aunque no se prescinde de datos cuantitativos.

Los análisis realizados corresponden a los distintos abordajes del objeto de estudio, como interacción comunicativa entre alumno y docente cuyo producto es un **texto** y como **trabajo** que el docente realiza en su cotidianeidad y del que da cuenta en sus palabras.

## 2.1. El análisis de las correcciones como acción comunicativa

La unidad de análisis "corrección" es una acción comunicativa: un texto dialógico conformado por un enunciado, una marca verbal, una marca gráfica o la combinación de dos o más de ellos realizados por un docente sobre el enunciado (producto de la actividad de lenguaje) de cada uno de los alumnos guiado por una consigna.

Para delimitar cada unidad de análisis ha sido preciso utilizar un criterio semántico interpretativo, ya que dos, tres, a veces cuatro anotaciones distintas por parte del docente pueden referirse a una única intervención por parte del alumno. Se decidió considerar ese tipo de corrección como una unidad reformulada de maneras diversas al momento de categorizar y cuantificar las intervenciones del docente.

El análisis de la arquitectura textual de Bronckart (2004, 2008) descripto en el capítulo 2 constituye la síntesis teórico-metodológica que se utilizó parcialmente para analizar la producción textual en los textos escritos por los alumnos y corregidos por los docentes.

Bronckart señala que todo agente de producción de un escrito ha interiorizado un conjunto de representaciones sobre los mundos físico, social y subjetivo a modo de contexto de la producción textual. Estas representaciones ejercen una influencia necesaria en la organización de los textos, que Schneuwly (2008) designa como "nivel de control", específicamente para los textos escritos. En este nivel, una serie de operaciones articulan la actividad de lenguaje con las prácticas sociales. Un primer tipo de operación, de representación, es delimitado por el contexto físico proveniente del acto material de producción: el lugar, el momento de producción, el emisor y el receptor. El segundo tipo de operación define la interacción comunicativa que implica el mundo social y el mundo subjetivo con tres parámetros: el lugar social, la finalidad de la interacción (el efecto que el texto es capaz de producir en el destinatario) y la relación entre el enunciador (el papel social que desempeña el emisor en la interacción en curso) y el destinatario (el rol atribuido al receptor del texto).

En cuanto a la arquitectura interna de los textos, la infraestructura general del texto, los mecanismos de textualización y los mecanismos de responsabilidad enunciativa conforman una superposición de niveles que posibilitan la gestión, la planificación y la textualización (Schneuwly, *op. cit.*).

Como las correcciones en su mayor parte no conforman textos independientes de los textos de los alumnos, se analizaron estos, en primer lugar, conforme a la arquitectura textual para considerar estrictamente algunos aspectos de las correcciones:

a) Las condiciones sociosubjetivas de la producción se observan en la selección de mecanismos de enunciación (voces) que revelan cómo se construye en el texto la relación entre enunciador (docente) y destinatario (alumno) con mayor o menor grado de cercanía o distanciamiento, siendo la ausencia de cercanía o grado cero una de las formas posibles de esa relación; este aspecto del análisis ha sido categorizado como "interacción docente-alumno".

b) La infraestructura general del texto es la que subyace en el texto de cada alumno en cuanto a plan general, tipos de discurso y transiciones entre ellos.

c) Aunque en el modelo de 2008b Bronckart prescinde de las secuencias de Adam como formas parciales de planificación de los textos, retomamos las nociones de esquematización y de secuencia prescriptiva del modelo de 2004 para analizar la organización secuencial de los enunciados de los docentes en las correcciones. Las secuencias tienen un carácter dialógico en tanto se apoyan en las decisiones interactivas, orientadas por las representaciones que el agente productor de un texto (en este caso, el docente) posee sobre sus destinatarios (los alumnos). La esquematización es una forma mínima de planificación del contenido temático propia del orden del exponer; las esquematizaciones "organizan el contenido temático según un orden secuencial que, supuestamente, refleja las etapas de los procesos de pensamiento relativos a la lógica natural" (*op. cit.*: 149). Los segmentos de textos que son llamados prescriptivos, instruccionales o procedimentales, por su parte, según Bronckart, conforman secuencias prescriptivas con una finalidad propia: "el agente productor pretende hacer actuar al destinatario de una manera determinada o en una dirección dada" (*ibídem*: 146). Estas secuencias se caracterizan por la presencia de formas verbales en infinitivo o imperativo y la ausencia de una estructuración espacial o jerárquica.

d) Los mecanismos de textualización (conexión y cohesión nominal) subyacen en los textos de los alumnos.

e) En cuanto a las modalizaciones, se relacionan con la construcción social del enunciador en el texto y se observan como marcas lingüísticas de los enunciados de los docentes que orientan sobre la construcción de la relación docente-alumno.

Para la elaboración de categorías de análisis, el estudio de la arquitectura textual se ha complementado con las nociones de saberes que cada uno de los niveles de los textos comportan (Coseriu, 2007) y reelaborado considerando la didactización de las nociones del análisis de la arquitectura textual propuesta por Riestra (2007) como uso-sentido-forma (aspecto que se desarrollará en el capítulo 4, apartado 2).

### 2.1.1. La relación entre consigna y corrección: el análisis de las consignas

El análisis a partir de la consigna (Riestra, 2004) busca articular la actividad, la tarea realizada con esa consigna y las correcciones que dan cuenta tanto de la evaluación de la tarea como de los contenidos de la enseñanza de la lengua y de nuevas "instrucciones" en el uso de la lengua.

Entendemos la consigna como proceso psicológico (Riestra, 2004, 2008), instrumento construido por los enseñantes para ser realizado por los alumnos. Las consignas median las relaciones de trabajo en la enseñanza de la lengua materna.

Riestra (2004) define a las consignas como instrumentos mediadores en la realización de las tareas escolares que vehiculizan los objetos de enseñanza y que discriminan las acciones de la actividad (actividad de lenguaje, de lectura y escritura) con sus metas específicas. La consigna es "el espacio de interacción en el que podemos aprehender el efecto que produce la intervención de los enseñantes en los alumnos" (Riestra, 2008: 128). Distingue la consigna en sentido estricto ("los segmentos de textos que definen e inician la actividad producida mediante la clase", *op. cit.*: 132-133) de la consigna en sentido amplio ("las producciones verbales de los enseñantes en el desarrollo de la clase, que encuadran y comentan las consignas en sentido estricto", *ídem*).

Las tareas prescriptas por las consignas se inscriben en actividades con fines determinados y en un contexto epistemológico escolar. El análisis de los textos de los alumnos a partir de las consignas permite ver, según la autora, el interjuego de la acción mental desplegada por quien enseña con la acción mental realizada por quien aprende.

Como espacios de interacción didáctica, consignas y correcciones son materializadas en productos textuales: mientras que las consignas de enseñanza son acciones de lenguaje con la finalidad específica de guiar las diversas acciones de lenguaje de los alumnos en el proceso cultural de interiorización de las capacidades lingüísticas (Riestra, 2004), las correcciones que los docentes realizan son instrumentos con los que se analiza y valora la acción verbal desplegada.

### 2.1.2. Análisis de los modos de inserción de las correcciones en los textos de los alumnos

Para analizar el modo en que enunciados y marcas de los docentes se colocan en los textos de los alumnos, se ha articulado la relación entre dos voces autorales, por una parte, desde Volóshinov (1929) y, por otra parte, el análisis de los lenguajes no verbales y las lenguas de De Mauro (1986).

Los enunciados de los docentes en los textos de los alumnos fueron analizados a partir de la noción de palabra ajena. Ésta consiste en la inserción de una voz referida en el enunciado autoral. Volóshinov presenta dos formas en las que se insertan voces en el enunciado: el estilo lineal (o dogmático) y el pictórico. El primero supone la creación de contornos nítidos en el discurso ajeno, débil en su individuación. En la segunda forma, en la que ambas voces se entremezclan, el contexto autoral desintegra el carácter compacto y cerrado del discurso ajeno y borra sus fronteras.

Con las correcciones sucede un proceso análogo, aunque inverso, en tanto que no hay una voz primera de otro referida sino una voz segunda que se inserta sobre el texto de la primera: el estilo lineal o dogmático se apropia de la palabra ajena, la juzga sin matices y se apodera del enunciado del otro para enmendar, sustituir, mejorarlo (la categoría de análisis que delimité para explicarlo es la **enmienda** –ver capítulo 5–); mientras que el discurso pictórico presenta relativismos y matices evaluativos. Dentro de este último, se consideran las formas en las que el docente mantiene una toma de distancia que señala posibles errores y no despersonaliza las formas del discurso ajeno.

De Mauro (*op. cit.*) distingue los tipos de códigos semiológicos según cinco criterios de naturaleza semántica y semántico-sintáctica que presenta binariamente:

1. Códigos en sentido global, no articulados.
2. Códigos en sentido no global, articulados.
   2.1. Con significados finitos.

2.2. Con significados infinitos.
    2.2.1. Con significados no superponibles.
    2.2.2. Con significados superponibles (con sinonimia).
        2.2.2.1. Con sinonimias calculables, no creativas.
        2.2.2.2. Con sinonimias incalculables, creativas.

Las lenguas son códigos articulados con significados infinitos, superponibles, de sinonimias incalculables y creativas (como se señaló en el capítulo 1). Esta distinción de De Mauro permite el análisis de las correcciones cuando en ellas se combinan signos de la lengua materna, usada en enunciados y enmiendas (por ejemplo, reposiciones de errores de ortografía, sustituciones de un grafema por otro, tachados, etc.), con signos que pertenecen a códigos no articulados y códigos articulados con significados infinitos cuyas sinonimias debieran ser calculables, no creativas (marcas como subrayados, círculos, signos de interrogación).

## 2.2. El análisis del corregir como acción en el trabajo docente

La unidad de análisis es la acción de corregir como unidad verbalizada en textos (entrevistas), resultado de un proceso de interpretación por parte del agente o docente, que reflexiona sobre los motivos y sentidos de su actuar.

Como acciones que forman parte del trabajo docente, las correcciones implican motivaciones e intenciones. Metodológicamente distinguimos, por una parte, objetivos de motivos de la acción de corregir y en relación con ella, significados de sentidos, a partir de la **teoría de la actividad** (Leontiev, *op. cit.*) que distingue las dimensiones colectivas del actuar humano. La actividad se define como un proceso caracterizado psicológicamente por tender hacia un objeto. El motivo es, en tanto, el elemento objetivo que incita al sujeto a una determinada actividad. La acción se delimita a partir de que su motivo (su objetivo inmediato) no coincide con el objeto de la actividad en la que se inserta. El sentido consciente es la relación entre lo que incita a actuar a un hombre (su objetivo) y aquello a lo cual orienta su acción como resultado inmediato (el motivo).

El **análisis del trabajo docente** (Bronckart, 2007a) diferencia el trabajo prescripto (lo que el trabajo debe ser, según como es predefinido en documentos de empresas e instituciones), el trabajo representado y el trabajo real (características efectivas de las tareas realizadas por los trabajadores en una situación concreta, en un determinado contexto sociohistórico). Se basa para ello en los aportes de la ergonomía, la ergología y la clínica del trabajo (Clot y Faïta, 2000; Faïta, 2003b; entre otros). La metodología completa excede el carácter de esta investigación porque implica un dispositivo que permite la autoconfrontación del trabajador con lo efectivamente hecho (a partir de registros audiovisuales), y el análisis del trabajo interpretado por los actantes, con entrevistas antes y después de la realización de la tarea (Bronckart, *op. cit.;* Bulea y Bronckart, 2010; Goicoechea Gaona, Riestra y Vodnik, 2011).

Del método de análisis del trabajo consideramos las relaciones entre el trabajo real y el trabajo representado, entendiendo por éste sólo la dimensión de lo que los docentes dicen que hacen cuando corrigen.

Riestra desarrolla el análisis de las representaciones sociales como enfoque teórico metodológico porque:

> … el análisis de las acciones de lenguaje que son, a la vez que portadoras, constructoras de representaciones sociales e individuales, guarda coherencia en nuestro enfoque teórico mayor, el interaccionismo sociodiscursivo, en la medida en que los modelos de lenguaje preexistentes, es decir, los que circulan socialmente, en este caso en el ámbito educativo, determinan la constitución de las representaciones de la enseñanza de la lengua de los agentes (2004: 110).

La autora define al trabajo representado como el conjunto de representaciones colectivas que movilizan el trabajo docente (como cualquier otro trabajo humano) que, en muchos casos, operan como representaciones sociales inconscientes (2010c).

Las entrevistas se analizan como textos con un método ya empleado previamente (Tapia y Goicoechea Gaona, 2012), consistente en ubicar, mediante el análisis de contenido, conceptos que permiten organizar temáticamente los textos y segmentar enunciados, que representan las opiniones de los participantes acerca de su trabajo. Una vez delimitados temáticamente los enunciados, y con el objeto de analizar cómo caracterizan los propios docentes su actividad de corregir, se identifican, en un segundo nivel, siguiendo la metodología de análisis de la arquitectura textual desarrollada por Bronckart (2004, 2008b), por una parte, los tipos de discurso, enfocando centralmente los verbos que permiten dar cuenta de cómo conciben y cómo caracterizan los docentes a las acciones que realizan; por otra parte, las voces y modalizaciones (en tanto mecanismos de asunción de la responsabilidad enunciativa) a través de las cuales detectar cómo los docentes describen y evalúan su trabajo. Este análisis a su vez se pone en relación con el sentido que los docentes otorgan a corregir como acción dentro de su trabajo y a los motivos por los que lo hacen.

## 3. La recolección de datos. Selección de dos niveles de enseñanza

La selección de los dos niveles de enseñanza, el secundario[4] y el universitario, en su ciclo superior y en sus inicios, respectivamente, obedece a razones teóricas y metodológicas, y a la construcción de una hipótesis de que se corregiría de una manera distinta en la universidad y en la escuela media.

Bronfenbrenner (1987) plantea que para estudiar las relaciones interpersonales que actúan en los procesos de desarrollo humano, es necesario investigar los ámbitos reales, tanto inmediatos como remotos, en los que viven los seres humanos. Es por ello que la muestra de textos corregidos por distintos docentes fue recolectada en el medio real en el que las relaciones didácticas tienen lugar.

El concepto de "mesosistema", que el autor define como una red social de vínculos intermedios, permite describir vínculos múltiples de pertenencia y de relación entre los docentes de Lengua en la ciudad de San Carlos de Bariloche, por su trabajo, sus estudios y su vida social. Varios profesores que han trabajado en las materias introductorias a la universidad habían ejercido o ejercen como docentes en colegios secundarios de la misma ciudad; otros docentes habían sido o eran alumnos de una de las universidades al momento de conformarse la muestra y otros habían colaborado en proyectos de investigación de las universidades. Es por ello que podemos mencionar interrelaciones dentro de un "exosistema" (las diferentes instituciones que integran el sistema educativo de la ciudad de San Carlos de Bariloche), el medio ambiente de las interacciones de profesores y alumnos en la enseñanza de la lengua.

La primera decisión de selección concernió a que, si bien la corrección puede realizarse tanto sobre formas orales como escritas, el alcance de la investigación se circunscribiría a las correcciones realizadas sobre

---

4    Conforme al marco legal vigente al momento de recolección de la muestra, en 2011, es acorde usar la designación "nivel medio" para referirse al "nivel secundario", designado de esta última forma por la Ley Orgánica de Educación de la Provincia de Río Negro, N° 4819, sancionada en el año 2012. A lo largo de esta investigación se emplean ambas denominaciones como sinónimos, puesto que coexisten como tales en las prácticas y en los enunciados con los que los docentes las describen.

escritos de los alumnos porque es a través de la escritura como los seres humanos nos apropiamos de y transmitimos los mundos formales de conocimiento y los preconstructos históricos que posibilitan el conocimiento (Bronckart, 2007). La habilidad de escribir permite el desarrollo de la precisión analítica y la selección reflexiva (Ong, 1982), posibilita la resolución de problemas de orden retórico y cognitivo (Scardamalia y Bereiter, 1992) e implica una función psíquica superior del lenguaje diferenciada del lenguaje hablado por su carácter consciente (Vygotski, 2007; retomado en Schneuwly, 1992 y 2008).

Una demanda social hacia la escuela es que los alumnos aprendan a escribir con autonomía (Riestra, 1999); esta demanda se dirige en particular hacia la materia escolar Lengua, como aquella destinada específicamente a enseñar prácticas sociales de lenguaje, es decir, géneros textuales en la lengua materna. Se espera que, al concluir la escuela secundaria, los jóvenes hayan alcanzado un desarrollo de sus capacidades discursivas y textuales que les permitan constituirse como personas (Riestra, 2006a) y desempeñarse como ciudadanos (Riestra, *op. cit.*; Cuesta, 2012).

¿Por qué se seleccionaron las producciones corregidas por los docentes en los últimos años del nivel secundario y las materias introductorias del nivel universitario? En primer lugar, por un criterio teórico: en estos niveles de estudio, ya habría una operacionalización previa por parte de los estudiantes de las capacidades requeridas en las actividades de escritura; a la vez, se conformaría un corpus de textos inscriptos en géneros académicos, es decir, en los géneros textuales usados para comunicar contenidos propios de los mundos formales de conocimiento. En segundo lugar, por la accesibilidad o "consideración de los recursos disponibles" (Morse, en Valles, 1999: 91), por haberme desempeñado como docente en ambos niveles del sistema educativo.

En otro orden, consideramos el tránsito de los alumnos de la escuela media a la universidad como un problema, que ocupa y preocupa a docentes e investigadores en las dos últimas décadas del siglo XX y que, en particular, en didáctica de la lengua materna, se asocia con la lectura y la escritura, como principales capacidades que los alumnos que han culminado la escuela secundaria y desean continuar sus estudios, deberían haber desarrollado. No obstante, esta problemática no suele articularse con las características de la formación docente.

## 3.1. ¿Investigar las faltas de los alumnos o investigar las prácticas docentes?

En investigaciones actuales sobre el tránsito de la escuela media a la universidad, suelen identificarse "carencias" en los alumnos: dificultades para reformular, analizar, interpretar y elaborar textos complejos (Alvarado y Cortés, 2001); problemas en el reconocimiento de información proposicional y su integración en los enunciados de los alumnos (Nogueira, 2007); "obstáculos" para leer y escribir (Arnoux *et al.*, 2002); desconocimiento de las necesidades de adecuación de los escritos a un ámbito particular y dificultades para apropiarse del léxico específico de un campo disciplinar (Frischknecht, 2007); desconocimiento de referencias gramaticales, uso incorrecto de pronombres y preposiciones (Riestra, Mira y Tapia, 2009); rupturas de concatenaciones lógicas en razonamientos causales por ausencia de elementos del lenguaje gramaticalmente desplegados en la escritura (Tapia, 2010).

Frente a este diagnóstico de las dificultades, se presentan propuestas didácticas desde dos lógicas: entrenar a los alumnos para compensar las carencias (Nogueira, 2007) o reenseñar en base a lo que saben (Riestra, 1999, 2002b).

El primer tipo de lógica se enmarca en la alfabetización como un proceso indefinido, independientemente de la edad o el nivel de escolaridad de los alumnos (Pipkin y Reynoso, 2010). Acorde con esta lógica, Arnoux (2010) considera: "Si bien los estudios superiores constituyen un espacio en el que los textos que circulan son notablemente complejos, toda planificación en el campo de la alfabetización académica no debe presuponer adquiridas habilidades en relación con géneros sencillos" (*op. cit.*: 13). El punto de partida es una mirada del déficit de los alumnos: en la transición de la escuela media a la universidad, el déficit deberá ser compensado. Cuesta (2012) critica esta mirada de la compensación, porque analiza que la amplia difusión de los diagnósticos sobre los ingresos a la universidad contribuyó a evaluar a los alumnos desde una concepción estigmatizante que supone, *a priori*, que sus escritos son incoherentes, incompletos, pobres. Las fallas en la lectura y la escritura se conforman en parámetros para evaluar a los alumnos como personas: "Es decir, según cómo lean y escriban los alumnos recién llegados a la educación superior, esas lecturas y escrituras que deben hacer públicas en las aulas de los ingresos indicarían qué sabrían o qué no sabrían y, por ende, quiénes son" (*op. cit.*: 120).

La segunda lógica, la de la reenseñanza, no trata de llenar ausencias o huecos de objetos de enseñanza, sino de reconocer a las personas que ingresan a la universidad. Riestra (2002b) plantea que es preciso interactuar con los alumnos para que se apropien de los géneros textuales propios del ámbito universitario. Con el concepto de "reenseñanza" da cuenta de que los alumnos en ese nivel de enseñanza ya han alcanzado un desarrollo relativamente estabilizado en su capacidad discursivo-textual:

> … teniendo en cuenta la noción de lo accional del lenguaje, reenseñar consiste en reconceptualizar las prácticas ya conceptualizadas por los alumnos universitarios y hacerlo tanto en cuanto acciones que realizan las actividades (lectura y escritura), como respecto de las nociones internalizadas y asumidas como representaciones (*op. cit.*: 57).

Los efectos de la formación de los estudiantes son considerados indicadores para plantear los objetos de enseñanza de la lengua pero, a partir de ellos, el foco se coloca en las intervenciones de los docentes de los niveles secundario y universitario. Los proyectos de investigación "La universidad y la intervención en el sistema educativo: la enseñanza de la Lengua primera" (UNRN 35, 2009-2010) y "De los efectos formativos en los alumnos a la formación de formadores: la enseñanza de los razonamientos argumentativos y la gramática de las lenguas" (UNRN 40-B-137, 2011-2015), dirigidos por Dora Riestra, de los que he sido integrante, proponen desarrollar vías de articulación en la enseñanza de la lengua en el pasaje del nivel medio a la universidad. El análisis de los contenidos específicos de la enseñanza de la lengua de los docentes de los dos niveles del sistema educativo procura modificar las prácticas docentes, centrándose en la formación de formadores.

En esta línea, la presente investigación tiene por objeto conocer las correcciones que los docentes realizan, no para relevar un repertorio de errores y dificultades de los alumnos, sino haciendo foco en las prácticas de los docentes.

En síntesis, para la recolección de los datos, por razones teóricas y metodológicas, se decidió trabajar con textos escritos por alumnos de dos niveles educativos, nivel medio y universidad, y corregidos por docentes de los dos niveles.

### 3.2. Las entrevistas

Con respecto a esta técnica, se utilizaron entrevistas basadas en un guion o "entrevistas dirigidas de investigación", por considerarlas técnicas adecuadas para registrar lo que los docentes dicen acerca de su propio trabajo.

Se formularon preguntas abiertas, centradas alrededor de los siguientes temas:

- objeto de la corrección y enseñanza de lengua,
- concepción sobre los efectos discursivo-textuales,
- corregir como parte del trabajo docente.

El registro fue realizado mecánicamente (utilizando grabadores). Las once preguntas que siguen fueron formuladas a seis profesores de nivel secundario y seis profesores de nivel universitario. Las preguntas 1 a 4 responden al eje temático "objeto de la corrección y enseñanza de la lengua"; las preguntas 5 a 8, al eje "concepción sobre los efectos discursivo-textuales" y las preguntas 9 a 11, se enmarcan en el eje temático "corregir como parte del trabajo docente".

1. Concretamente, ¿qué aspectos corregís en los textos escritos por tus alumnos?
2. ¿Lo hacés con algún método o en un orden determinado?
3. ¿Qué tipo de corrección realizás de errores conceptuales de los alumnos? (¿Corregís errores conceptuales? ¿Sí? ¿Cómo? ¿No? ¿Por qué?)
4. ¿Corregís los errores gramaticales? ¿Por qué? ¿Cómo?
5. ¿Cuándo y cuáles de las correcciones que realizás te parecen positivas para los alumnos en función de su desarrollo discursivo textual?
6. ¿Lográs que los alumnos tomen conciencia de las correcciones realizadas? (¿Por qué?)
7. ¿Los alumnos realizan alguna actividad después de las correcciones?
8. ¿Qué relación establecés entre evaluación y corrección?
9. ¿Cómo ubicarías la corrección como tarea dentro del trabajo docente en función del tiempo dedicado a esa tarea? ¿Tiene utilidad?
10. ¿Por qué creés que los docentes corregimos?
11. ¿Qué papel juega en nuestra formación profesional la corrección?

Las preguntas fueron leídas a los entrevistados y aclaradas o reformuladas en el momento de la entrevista, para que cada uno se explayara acerca de su propia práctica el tiempo que considerara necesario. La transcripción fue realizada con especial cuidado en que la puntuación no alterara el sentido de lo dicho.

## 4. Población

La investigación se desarrolló a partir de la constitución de una muestra intencional de textos escritos en la materia Lengua (y afines) corregidos por docentes de San Carlos de Bariloche durante el año 2011, en el ámbito de la educación formal, en dos niveles educativos: los últimos años de la escuela secundaria y las materias introductorias de las universidades públicas.

Por tratarse de una investigación ecológica, se procedió a la búsqueda de trabajos que pertenecieran a actividades desarrolladas y ya corregidas por los docentes en un contexto real; por lo tanto, se solicitó a aquellos docentes que quisieron colaborar con la investigación, que fotocopiaran entre ocho y diez trabajos corregidos, realizados por diferentes alumnos del mismo curso en respuesta a la misma consigna. Con el hecho de que fueran trabajos ya corregidos por cada uno de los docentes, se procuró evitar que la corrección fuera realizada en pos de la observación del investigador. De esta forma, se preveía trabajar con un corpus constituido por doscientos trabajos corregidos por veinticuatro profesores.

La selección de la consigna y la selección de los trabajos quedó a criterio de cada docente, según dos indicaciones: a) que la consigna correspondiera a una actividad de lectura o de escritura y, b) que se contemplaran trabajos calificados como muy buenos, buenos, regulares, malos, si la calificación era de este tipo, o con notas altas, medias y bajas; en otras palabras, que la muestra fuera representativa de las evaluaciones realizadas a todos los alumnos de cada comisión o curso.

Se recolectaron y fotocopiaron trabajos corregidos por docentes que se desempeñan en instituciones de nivel secundario, públicas y privadas, de San Carlos de Bariloche, y por docentes que dictaron *Introducción a la Lectura y Escritura Académica* (ILEA), de la Sede Andina, Universidad Nacional de Río Negro (UNRN), y *Usos y Formas de la Lengua Escrita* (UFLE), del Centro Regional Universitario Bariloche, de la Universidad Nacional del Comahue (CRUB-UnComa), según el detalle que puede verse en las tablas N° 1 y 2. Cada docente fue designado con un número y un código, que ocupan la primera fila de la tabla. El mismo código fue usado para designar cada uno de los textos fotocopiados, con el añadido de un número arábigo.

Si bien en principio se contaba con correcciones de la totalidad de los docentes (15) de las materias introductorias a la universidad del año 2011, se seleccionaron únicamente los correspondientes a doce

(12) profesores que tenían experiencia previa en el dictado de materias universitarias, en el grado o en cursos de ingreso.

| Denominación del docente | Nivel | Institución | Materia | Cantidad de trabajos analizados |
|---|---|---|---|---|
| 1 ILEA | Universitario | UNRN | ILEA | 12 |
| 2 ILEA | Universitario | UNRN | ILEA | 15 |
| 3 ILEA | Universitario | UNRN | ILEA | 10 |
| 4 ILEA | Universitario | UNRN | ILEA | 10 |
| 5 ILEA | Universitario | UNRN | ILEA | 10 |
| 6 ILEA | Universitario | UNRN | ILEA | 10 |
| 7 ILEA | Universitario | UNRN | ILEA | 8 |
| 8 ILEA | Universitario | UNRN | ILEA | 8 |
| 9 ILEA | Universitario | UNRN | ILEA | 9 |
| 1 UFLE | Universitario | CRUB | UFLE | 10 |
| 2 UFLE | Universitario | CRUB | UFLE | 10 |
| 3 UFLE | Universitario | CRUB | UFLE | 10 |
| | | | TOTAL | 122 |

**Tabla 1.** Trabajos analizados de las materias *Introducción a la Lectura y Escritura Académica* (ILEA) y *Usos y Formas de la Lengua Escrita* (UFLE), correspondientes a primer año de universidades públicas en San Carlos de Bariloche: Universidad Nacional de Río Negro, Sede Andina (UNRN), y Universidad Nacional del Comahue, Centro Regional Universitario Bariloche (CRUB).

En cuanto a los datos de nivel medio, se pudo seleccionar una muestra intencional de trabajos corregidos por doce profesores que representan once establecimientos educativos, sobre un total de veintinueve colegios secundarios diurnos de Bariloche, entre públicos y privados. Se privilegió el contexto, por lo cual, se contactaron a agentes de diferentes instituciones secundarias (uno por colegio, excepto en el caso del CEM 37). Los establecimientos públicos corresponden a los Centros de Educación Media –CEM, por su siglas– y los privados el Colegio Tecnológico del Sur, el Colegio San Patricio, el Nuevo Colegio Suizo y el Colegio Antu Ruca.

| Denominación del docente | Nivel y año | Institución | Materia | Cantidad de trabajos analizados |
|---|---|---|---|---|
| 1 NM | Medio, 5° año | CEM 36 | Comunicación Oral y Escrita | 13 |
| 2 NM | Medio, 4° año | CEM 105 | Comunicación Oral y Escrita | 12 |
| 3 NM | Medio, 5° año | CEM 20 | Comunicación Oral y Escrita | 7 |
| 4 NM | Medio, 5° año | CEM 2 | Comunicación Oral y Escrita | 20 |
| 5 NM | Medio, 4° año | Colegio Tecnológico del Sur | Lengua y Literatura | 10 |
| 6 NM | Medio, 3° año | CEM 123 | Lengua y Literatura | 6 |
| 7 NM | Medio, 3° año | Colegio San Patricio | Lengua y Literatura | 11 |
| 8 NM | Medio, 4° año | CEM 46 | Literatura, Arte y Sociedad | 7 |
| 9 NM | Medio, 3° año | Colegio Antu Ruca | Lengua y Literatura | 20 |
| 10 NM | Medio, 4° año | Nuevo Colegio Suizo | Lengua y Literatura | 8 |
| 11 NM | Medio, 4° año | CEM 37 | Literatura, Arte y Sociedad | 4 |
| 12 NM | Medio, 3° año | CEM 37 | Lengua y Literatura | 10 |
| | | | TOTAL | 128 |

**Tabla 2.** Trabajos analizados de las materias *Lengua y Literatura, Literatura, Arte y Sociedad* y *Comunicación Oral y Escrita*, últimos tres años de nivel secundario.

Con respecto a la cantidad de textos corregidos por cada profesor de nivel secundario, se observó que en principio no todos los trabajos que los docentes me entregaron correspondían a una misma consigna o que la cantidad de textos excedía lo solicitado. En el primer caso, se optó por analizar los textos corregidos por cada docente a partir de una misma consigna de trabajo;[5] en el segundo caso, se analizaron todos los

---

5   La excepción lo constituye el caso de los cuatro textos corregidos por la docente 11 NM, puesto que responden a dos consignas. La modalidad de trabajo desplegada en el aula por esta docente para la materia *Literatura, Arte y Sociedad*, según me explicó al contactarla para el pedido de los textos, era el empleo de consignas diferenciadas según el cuento o la novela que hubiera elegido el alumno para leer.

La diversidad de los textos literarios seleccionados para el aula, la variedad de las consignas y la hipótesis de que tal modalidad de trabajo podría derivar en correcciones diferentes de las otras que se presentaban en el corpus, motivó que le pidiera a la profesora que seleccionara algunos textos que respondieran a las mismas consignas,

trabajos, sin que mediara una selección por mi parte, lo que hubiera implicado una toma de decisiones no contemplada en las selecciones de muestreo y recolección durante el diseño de la investigación. Por otro lado, la decisión de ampliar el corpus guarda coherencia con un modelo de investigación cualitativa y flexible. De esta forma quedó constituido un corpus conformado por 250 textos escritos por 250 alumnos y corregidos por veinticuatro profesores diferentes.

Se realizaron doce entrevistas dirigidas de investigación a seis docentes en ejercicio en nivel medio y a seis docentes de las materias introductorias universitarias que corrigieron los trabajos recolectados.

La selección de los doce docentes a los que se realizaron las entrevistas se correspondió con un primer análisis de los textos corregidos, buscando los casos de mayor heterogeneidad para garantizar la riqueza de la información. Pero fue necesario contar con las posibilidades laborales de los profesores, su voluntad de colaboración para esta etapa y con su permanencia dentro del nivel educativo y en la ciudad, por lo que no todos los profesores entrevistados representan los casos que se mostraron más divergentes entre sí en la primera instancia de análisis.

## 5. Hipótesis

En relación con el análisis de las correcciones de los textos de los alumnos, se formularon las siguientes hipótesis:

- las correcciones apuntarían a diferentes niveles y aspectos de los textos de los alumnos en forma no articulada;
- gran parte de las correcciones estarían centradas en dar cuenta de errores en el sistema de la lengua y en su representación escrita;
- los docentes de las materias introductorias a la universidad corregirían distintos aspectos de los textos de sus alumnos que los docentes del nivel secundario y, a la vez, los modos de corregir en ambos niveles serían distintos.

En cuanto a la acción de corregir como parte del trabajo del docente de Lengua, las hipótesis formuladas son:

- corregir se percibiría como una acción que demanda mucho tiempo y que es poco redituable en los efectos por ella esperados;

---

sumando un criterio temporal (los alumnos los habían escrito y la docente los había corregido durante la misma semana del mes de septiembre de 2011).

- se trataría de una práctica no enseñada en la formación docente sino a través del ejemplo, representada desde el sentido común, y no como un saber disciplinar, y
- una representación social y un mandato tradicional (no explícito en las documentaciones prescriptivas) darían cuenta de lo que se espera: que un docente de Lengua corrija. Por lo tanto, esta parte del trabajo sería asumida deónticamente, como un deber ser, independientemente de los efectos de enseñanza esperados.

Otras dos hipótesis proponen una interrelación entre ambos aspectos:

- en los textos corregidos por los docentes habría indicadores de los efectos que los docentes esperan y desean conseguir con sus enunciados y sus marcas sobre el desarrollo de las capacidades discursivo-textuales de sus alumnos, y
- el análisis de las representaciones que los docentes poseen sobre su propio trabajo de corrección junto con el valor que le otorgan, podría señalar desajustes con respecto al trabajo real, conformado por los enunciados de los trabajos corregidos.

# Capítulo 4

## ¿Qué se corrige?

En este capítulo y en el que sigue se presentará el análisis de las correcciones en los 250 textos que conforman la muestra. Hemos delimitado previamente a la unidad de análisis "corrección" como un texto dialógico conformado por un enunciado, una marca verbal, una marca gráfica o la combinación de dos o más de ellos realizados por un docente sobre el enunciado (producto de la actividad de lenguaje) de cada uno de los alumnos guiado por una consigna.

Las correcciones de los docentes se realizan en los diferentes niveles de los textos de los alumnos en forma simultánea y superpuesta. Estos diferentes niveles encastrados se han analizado de manera descendente –metodología que el interaccionismo sociodiscursivo adeuda de Volóshinov (*op. cit.*)–, en tanto se propone el estudio de los enunciados desde lo más externo, los aspectos comunicativos globales (el texto y la situación comunicativa), hacia los mecanismos de la lengua.

### 1. El análisis de las consignas

El primer análisis realizado fue el análisis de las consignas en sentido estricto, a las que responden los textos de los alumnos. La consigna en sentido estricto es un segmento de texto que define e inicia la actividad producida mediante la clase (Riestra, 2004); en los textos escritos por los alumnos las consignas en sentido estricto estaban transcriptas (escritas por cada uno de los alumnos a partir de la copia del pizarrón o el dictado) o adjuntas (en fotocopias).

Las consignas en los textos escritos por los alumnos y corregidos por los docentes se clasificaron en tres tipos: cuestionarios, guías para la producción de textos en general y consignas que guían la producción de textos con motivos subjetivos (sistematizado en la tabla 3).

Los cuestionarios están compuestos por una serie de entre 4 y 11 preguntas a partir de la lectura de uno o más textos. Pueden distinguirse dos formas de cuestionarios: los que adoptan la forma de pregunta-respuesta y los que incluyen, además de las preguntas, un enunciado que solicita realizar una tarea de escritura temáticamente relacionada con el texto fuente.

Hemos diferenciado consignas que guían la producción de textos en general de consignas que guían la producción de textos con motivos subjetivos e intimistas (registro de lectura, taller literario).

Dentro de las consignas que guían la producción de textos en general, pueden clasificarse aquellas que mencionan el género textual en el cual realizar una actividad de escritura, las que se refieren a un tipo textual, y las que hacen depender el texto a producir, de uno o más textos fuentes, porque proponen un análisis, una síntesis o un resumen.

A partir de las consignas estrictas se delimitaron por las actividades y las tareas didácticas prescriptas por cada consigna. Las consignas promueven actividades de lectura, de escritura o mixtas de lectura-escritura, puesto que estas constituyen las actividades básicas en las clases de Lengua.

- Actividades de lectura: 6 NM, 7 NM, 8 NM, 1 UFLE, 1 ILEA, 4 ILEA.
- Actividades de escritura: 1 NM, 2 NM, 4 NM, 5 NM, 9 NM, 10 NM, 11 NM a, 12 NM, 3 NM, 6 ILEA, 7 ILEA, 8 ILEA, 9 ILEA.
- Actividades de lectura/escritura: 11 NMb, 2 UFLE, 3 UFLE, 2 ILEA, 3 ILEA, 5 ILEA.

Se observa el predominio de consignas que promueven tareas inscriptas en actividades de escritura, a las que responden el 50% de los textos, mientras que el otro 50% de consignas está conformado por actividades de lectura (25%) y actividades de lectura/escritura (25%).

| Tipo de consigna | Actividad(es) | Tareas verbalizadas por la consigna en sentido estricto | Docentes |
|---|---|---|---|
| Cuestionario para analizar uno o más textos fuente | a) Contestar cuestionario únicamente | Lectura | Responder cuestionario | 6 NM 7 NM 8 NM |
| | b) Contestar cuestionario y realizar tarea de escritura relacionada con el texto fuente | Lectura y escritura | Responder cuestionario, escribir descripciones | 1 NM |
| | | | Responder cuestionario, escribir opinión | 2 NM |
| | | | Responder cuestionario, escribir continuación | 11 NMa |
| | | | Responder cuestionario, escribir un final distinto para una película | 12 NM |
| Consigna que guía la producción de un texto | a) en un género dado | Escritura | Redactar un texto inscripto en un género textual dado (crónica) | 3 NM |
| | | | Redactar un texto inscripto en un género textual dado (reseña) | 10 NM |
| | | | Redactar un texto inscripto en un género textual dado (reseña) | 6 ILEA |
| | | | Redactar un texto inscripto en un género textual dado (ensayo) | 7 ILEA |
| | | | Redactar un texto inscripto en un género textual dado (reseña) | 8 ILEA |
| | | | Redactar un texto inscripto en un género textual dado (monografía) | 9 ILEA |
| | b) en un tipo textual | Escritura | Escribir texto expositivo usando conectores | 5 NM |
| | | | Escribir texto argumentativo | 9 NM |
| | c) a partir de un único texto fuente | Lectura | Resumir | 1 ILEA 4 ILEA |
| | | | Reconocer situación comunicativa a partir de paratextos | 1 UFLE |
| | d) a partir de la síntesis de varios textos - fuente | Lectura y escritura | Sintetizar | 2 ILEA |
| | e) combinación de la escritura de un texto con análisis de un texto leído | Lectura y escritura | Reconocer situación comunicativa a partir de paratextos. Resumir. Redactar una carta a partir de una situación comunicativa y de un tema dado | 2 UFLE |
| | | | Reconocer situación comunicativa a partir de los paratextos. Resumir. Establecer relaciones entre nociones | 3 UFLE |
| | | | Reconocer situación comunicativa a partir de paratextos. Parafrasear tema y subtema. Redactar un texto a partir de una situación comunicativa y de un tema dado. | 3 ILEA 5 ILEA |
| Consigna que guía la producción de un texto con un motivo subjetivo | | Escritura | Escribir textos con una búsqueda estilística | 4 NM |
| | | Lectura y escritura | Escribir a partir de la lectura de una novela o de un cuento | 11 NMb |

**Tabla 3.** Tipos de consigna y actividades de los textos escritos por los alumnos y corregidos por los profesores.

Además, se pudieron distinguir consignas que verbalizan una tarea de aquellas que verbalizan dos o más tareas. El 66,6% de las consignas que analizamos prescriben una única tarea.

- Verbalizan una única tarea: 3 NM, 4 NM, 5 NM, 6 NM, 7 NM, 8 NM, 9 NM, 10 NM, 11 NM b, 1 UFLE, 1 ILEA, 2 ILEA, 4 ILEA, 6 ILEA, 7 ILEA, 8 ILEA, 9 ILEA.
- Verbalizan dos o más tareas: 1 NM, 2 NM, 11 NM a, 12 NM, 2 UFLE, 3 UFLE, 3 ILEA, 5 ILEA.

La consigna fue considerada metodológicamente como "el dispositivo concreto utilizado en las distintas clases según la lógica particular de los diversos enseñantes para abordar las intervenciones didácticas en los procesos de interacción con los alumnos" (Riestra, 2008: 237).

El análisis de las consignas nos permitió inferir objetos de enseñanza (tabla 4) que se pusieron en relación con los objetos de corrección, según los niveles en los que los docentes intervienen sobre los textos de los alumnos y las categorías que se delimitaron para su análisis.

| Tipo de consigna | | Objeto(s) de enseñanza | Docentes |
|---|---|---|---|
| Cuestionario para analizar uno o más textos leídos | a) Contestar cuestionario únicamente | Circuito de comunicación, variedades lingüísticas, roles en la situación comunicativa, actos de habla | 6 NM |
| | | Concepto de literatura; ficción; canon, lenguaje y géneros literarios; historia del teatro | 7 NM |
| | | Tema y sentido de un prólogo; escenario, decorado y vestuario en una obra dramática | 8 NM |
| | b) Contestar cuestionario y realizar tarea de escritura relacionada con el texto leído | Descripción, indicios | 1 NM |
| | | Estructura y estrategias del texto argumentativo, modalidad, tema y progresión temática | 2 NM |
| | | Sentido de la obra literaria. Narrador-protagonista, contexto, paratexto | 11 NM a |
| | | Elementos de la película | 12 NM |
| Consigna que guía la producción de un texto | a) en un género dado | Género periodístico: crónica | 3 NM |
| | | Género textual reseña | 10 NM |
| | | Género textual reseña | 6 ILEA |
| | | Género textual ensayo | 7 ILEA |
| | | Género textual reseña | 8 ILEA |
| | | Género textual monografía | 9 ILEA |
| | b) en un tipo textual | Texto expositivo, conectores, título, párrafo | 5 NM |
| | | Texto argumentativo, estructura, recursos (pregunta retórica, cita de autoridad) | 9 NM |
| | c) a partir de un único texto fuente | Resumen. Paráfrasis | 1 ILEA |
| | | Resumen. Paráfrasis | 4 ILEA |
| | | Situación comunicativa o contexto de producción | 1 UFLE |
| | d) a partir de la síntesis de varios textos - fuente | Síntesis. Texto argumentativo | 2 ILEA |
| | e) combinación de la escritura de un texto con análisis de un texto leído | Situación comunicativa o contexto de producción. Paratextos. Resumen. Género textual carta | 2 UFLE |
| | | Situación comunicativa o contexto de producción. Paratextos. Resumen. Nociones teóricas (texto, paratexto, géneros textuales) | 3 UFLE |
| | | Relación entre contexto, texto y paratexto. Tema y subtemas. Cita directa e indirecta. | 3 ILEA |
| | | Relación entre contexto, texto y paratexto. Tema y subtemas. Cita directa e indirecta | 5 ILEA |
| Consigna que guía la producción de un texto con un motivo subjetivo. | | Búsqueda estilística o poética relacionada con la literatura | 4 NM |
| | | Emociones causadas por la lectura de una obra literaria | 11 NM b |

**Tabla 4.** Tipos de consigna y objetos de enseñanza que se pueden inferir de los textos escritos por los alumnos y corregidos por los profesores.

## 2. Las categorías de análisis de las correcciones

Se distinguieron las siguientes categorías de análisis para las correcciones de los docentes: correcciones globales, correcciones de sentido y correcciones de forma, que se corresponden con los niveles en los que los docentes corrigen los textos escritos por los alumnos a partir de las consignas de trabajo.

### 2.1. Correcciones globales

Considero **correcciones globales** las que se refieren al género y al texto producido, las que dan cuenta de cómo se ha aplicado un concepto que ha sido objeto de enseñanza según la consigna en sentido estricto, las que indican cuestiones procedimentales, las que marcan la adecuación (según la situación comunicativa dada) del lenguaje usado, las que identifican rasgos de expresividad o estilo en una producción escrita y las que intervienen sobre cuestiones en las que se revela un acento ideológico no compartido en el uso de los signos lingüísticos por parte del docente y del alumno. Atañen a lo que Riestra llama "uso" y Coseriu "lo apropiado".

Riestra (2006b) concibe un trayecto didáctico que presenta como uso-sentido-forma para abordar la enseñanza de la lectura y la escritura en la escuela y su reenseñanza en el inicio de los estudios universitarios. Este trayecto "parte de 1) la acción externa de la textualización, el contexto, 2) pasa por la construcción de sentido del texto en una articulación interpersonal e intrapersonal, para llegar a 3) la reflexión sobre la forma lingüística utilizada, que supone el conocimiento referencial de la gramática castellana" (2007). El **uso** comprende el tratamiento comunicativo, es decir, la situación comunicativa (destinatarios y finalidad social).

Para Coseriu, en el nivel del texto, lo apropiado es lo "adecuado (con respecto a aquello de que se habla), conveniente (con respecto a las personas con que se habla o al ambiente en el que ocurre el discurso) y oportuno (con respecto al momento o a la ocasión de hablar)" (Coseriu, *El problema de la corrección idiomática*, citado en 2007, nota 130).

Las correcciones globales guardan estrecha relación con la consigna de trabajo ya que evalúan, en el sentido amplio de evaluación como valoración de la acción realizada, la concreción de la tarea realizada por el alumno, en función del objeto de enseñanza. Es por ello que podemos distinguir referencias al género, al texto, a la aplicación de conceptos teóricos o al modo en que se ha realizado la acción. A continuación se presentan ejemplos de correcciones globales en las que ubicamos esas referencias, aunque no son mutuamente excluyentes[6].

A) **Género**: Estas correcciones se refieren al género textual como objeto de enseñanza en las clases de Lengua.

En el ejemplo 1, la corrección de la docente diferencia el género del texto realizado por el alumno del género en el que se solicitó se inscribiese el texto según la consigna en sentido estricto. La consigna está tomada del libro de Riestra (2009) *Prácticas de lectura y escritura. Programa de ingreso a la Universidad Nacional de Río Negro*: "Ejercicio 9. Actividad de escritura. Realizar una reseña del cuento "Esa mujer" de Rodolfo Walsh. Extensión máxima: 3 carillas. El texto de Rosa Gutiérrez aporta información sobre el contexto del autor". A continuación de la consigna, en el mismo libro, aparece transcripto "El violento oficio de escribir", de R. Gutiérrez (2004). La tarea es de escritura; el objeto de enseñanza es el género textual reseña. Vemos que la docente, al final del trabajo del alumno, opone el género "semblanza biográfica" al de "reseña". También puede observarse en este enunciado la corrección global referida al uso de citas y la inserción de las voces ajenas en el texto, que corresponden estrictamente al plano de los mecanismos de enunciación: "Tomás grandes fragmentos (…) sin citarla".

**Ejemplo 1.** Corrección global referida al género textual. Transcripción: "Tomás grandes fragmentos del texto de R. Gutiérrez sin citarla. Este trabajo no es una reseña sino una semblanza biográfica de Walsh donde "Esa mujer" aparece mencionada" (8 ILEA 8).

---

6  Se han seleccionado, en general, dos ejemplos: uno correspondiente al nivel universitario y otro de nivel secundario. Los fragmentos fueron reproducidos mecánicamente; al pie se transcribe la corrección que deseo enfocar como ilustración de cada uno de los aspectos. De esta forma se presentan, en primer lugar, el entramado de las palabras de los alumnos y de los docentes en los textos y, en segundo lugar, la multiplicidad de aspectos simultáneos que los docentes corrigen, aunque los mismos se hayan deslindado para su análisis. Para facilitar la lectura, luego, se transcribe la corrección efectuada por el docente, cuando la misma consiste en un enunciado, o se describe la marca empleada. En muchos casos pueden observarse números manuscritos en los ejemplos, que corresponden a la identificación colocada durante el análisis de los datos.

En el ejemplo 2, las correcciones se refieren al género "reseña" aunque el término no aparezca explicitado en los enunciados de la docente. La consigna en sentido estricto es: "Escribir una reseña del libro *El bosque mágico de las pampas*". La doble tarea que se solicita en esta consigna consiste en la lectura de la novela de Héctor Javier Quinterno (literatura juvenil) y la escritura de un texto en un género: la reseña. Los objetos de enseñanza son el género textual y algunas nociones implicadas en la obra literaria (autor, narrador, protagonista).

**Ejemplo 2.** Corrección global referida al género textual. Transcripción: "(ficha bibliográfica) falta" y "falta la ficha bibliográfica al principio. el desarrollo está claro pero muy sintético. hay que trabajar el final: la recomendación" (10 NM 8).

B) **Texto.** Las correcciones globales en este caso se relacionan con consignas en sentido estricto que dan cuenta del objeto de enseñanza "texto". El ejemplo 3 ilustra este tipo de correcciones por cuanto vuelve explícitos los elementos de una secuencia textual argumentativa. La consigna en sentido estricto lleva por título "Parcial de Introducción a la Lectura y Escritura académica" y consta de una actividad de lectura y una actividad de escritura. Se proveyó a los alumnos del examen fotocopiado. La actividad de escritura, en la que nos centramos en este ejemplo, es: "A partir de un párrafo que resulte más significativo, escribir un texto adoptando una postura respecto al tema. Utilizar citas textuales y citas indirectas de Galeano que sirvan para fundamentar la posición asumida". La tarea es redactar un texto a partir de una situación comunicativa y de un tema dado. Los objetos de enseñanza son la relación entre contexto, texto y paratexto, y tema y subtemas, además de las citas directas e indirectas. Al pie del texto escrito por el alumno, la docente hace referencia a la secuencia textual argumentativa empleada para desarrollar la postura personal, separando los argumentos, que califica mediante el adverbio "Bien", de la conclusión, a la que atribuye la condición de mejorable ("Puede mejorar").

**Ejemplo 3.** Corrección global referida al texto. Transcripción: "Bien los argumentos. Puede mejorar la conclusión" (5 ILEA 4).

En el ejemplo 4, asimismo, la docente menciona las fases de la secuencia argumentativa en su corrección. La consigna en sentido estricto es: "Escribí un texto argumentativo sobre las causas de las adicciones. Elegí una de ellas y opiná. Utilizá una o dos preguntas retóricas y una cita de autoridad (fuente, autor). (Texto breve sin llegar a la conclusión)". La tarea solicitada consiste pues, en una actividad de escritura. Los objetos de enseñanza son: texto argumentativo: estructura y recursos (pregunta retórica, cita de autoridad). La corrección menciona la tesis o hipótesis, la postura y el desarrollo del planteo del problema.

**Ejemplo 4.** Corrección global referida al texto. Transcripción: "Falta desarrollar más el planteo del problema, no queda establecida la postura (opinión) ni qué vas a desarrollar (idea central: tesis/hipótesis)" (9 NM 5).

C) **Aplicación de un concepto.** Los conceptos teóricos provenientes de las disciplinas lingüísticas se utilizan, en las clases de Lengua, para describir y clasificar, transformándose, a veces, en modelos aplicados (Riestra, 2010b).

En estos casos, las correcciones verifican el conocimiento o la aplicación de esos conceptos. El ejemplo 5 pertenece a un texto cuya consigna en sentido estricto tiene dos partes, y la actividad de escritura es: "Seleccionar tres nociones teóricas vistas en clases, caracterizarlas y relacionarlas entre sí". De la tarea se infieren los objetos de enseñanza sobre los cuales los alumnos escriben: texto, paratextos, contexto, uso-sentido-forma, géneros textuales, es decir, las nociones teóricas que se han abordado en las clases. Las correcciones del docente relevan errores conceptuales ("imprecisiones" y "ambigüedades") en las nociones teóricas.

**Ejemplo 5.** Corrección global referida a conceptos. Transcripción: "Revisar estas nociones teóricas, hay imprecisiones y ambigüedades" (3 UFLE 5).

Con el ejemplo 6 se ilustra, asimismo, una corrección que da cuenta de la forma en que se aplican nociones teóricas. La consigna en sentido estricto se refiere a "Cuento sin moraleja" (1962), de Julio Cortázar:

1) ¿Cómo describirías las variedades lingüísticas presentes en el texto?
2) ¿Considerás que la situación comunicativa se lleva a cabo entre pares? Justificar.
3) ¿Cuáles son los actos de habla que podés observar dentro del cuento? Determiná cuáles son sus efectos ilocutorios o perlocutorios. ¿Cuál es el macroacto de habla que lleva a cabo el hombre que vende palabras?

**Ejemplo 6.** Corrección global referida a conceptos. Transcripción: "Revisar la interpretación" (6 NM 5).

La tarea propuesta por esta consigna supone el análisis y la clasificación de elementos presentes en el cuento a partir de categorías teóricas. Los objetos de enseñanza son: variedades lingüísticas, situación comunicativa, actos de habla, efectos ilocutorios y perlocutorios de los actos de habla, macroactos de habla. Las disciplinas de referencia son la sociolingüística, la pragmática y la gramática textual (Van Dijk, 1983). Estas categorías teóricas son "aplicadas" al análisis puesto que se propone al alumno identificar ("¿cuál es/son?"), describir y justificar. Como tarea previa se realizó la lectura del cuento y, en una primera parte del trabajo práctico (que no analizo porque no tengo los textos completos) la consigna operaba como guía para abordar el sentido de esa lectura. Las correcciones de la docente consisten en el visado o la ausencia de comentario o marca en respuestas que interpretaríamos como correctas, mientras que las respuestas incorrectas llevan alguna referencia general, sin mención explícita a los conceptos. Al margen del texto del alumno, en el ejemplo, la docente indica "revisar la interpretación", apelando ya sea al sentido del cuento leído, ya sea al concepto de simetría/asimetría en relación con la situación de comunicación, o a ambas simultáneamente.

D) **Cuestiones procedimentales.** Los procedimientos son indicaciones dadas a los alumnos para realizar las tareas prescriptas por las consignas (Riestra, 2004 y 2008). Las correcciones que abordan los procedimientos suelen referirse a los aspectos a desarrollar en una reescritura a futuro (ejemplos 7 y 8) o despliegan los aspectos de los procedimientos que no se han realizado según la consigna.

En el ejemplo 7, la corrección global: "Completar macroestructura /macrorreglas" se refiere a los procedimientos de resumen, adaptados de las macrorreglas de van Dijk (1983) para la elaboración de macroestructuras. La tarea de resumir realizada por los alumnos responde a una parte de la consigna que prescribe: "Hacer un resumen en 10 líneas [del texto "A converger que se acaba", Javier Lorca, *Página 12*, viernes 19 de noviembre de 2004]".

**Ejemplo 7.** Corrección global referida a procedimientos. Transcripción: "Completar Macroestructura/Macrorreglas" (2 UFLE 5).

El ejemplo 8 muestra cómo un docente especifica el procedimiento de transcribir, para justificar, que debiera haberse empleado en respuesta a la pregunta 4 de un cuestionario. La consigna en sentido estricto es:

**Trabajo práctico: "El principio gana-gana" (Leonardo Boff)**

1) Marcar la estructura en el texto y explicar qué dice en cada parte. Explicar cómo el autor logra desarrollar de manera armónica la argumentación.
2) ¿Cuál es la modalidad parcial o la idea que primero presenta? ¿Y cómo la refuta?
3) ¿Cuál es la modalidad total? ¿Qué otras modalidades utiliza? Justifica
4) ¿Qué estrategias utiliza? Justifica.
5) ¿Cuál es el tema y de qué manera organiza el pensamiento del autor (progresión temática)?
6) ¿Cuál es la modalidad total que predomina?

7) ¿Qué ejemplos concretos se podrían agregar para este texto?
8) Producir una opinión relacionada con ese texto.

La consigna prescribe dos tareas: la primera de ellas, la tarea de lectura del texto de Boff, que se deslinda en las preguntas 1-6 del cuestionario; la segunda, de escritura, motivada por las preguntas 7 y 8. Los objetos de enseñanza que conciernen a esta consigna son: estructura y estrategias del texto argumentativo, modalidad, tema y progresión temática, opinión sobre el tema. Para el ejemplo he recortado la corrección que se refiere únicamente a las estrategias del texto argumentativo. La indicación "consultar" se relaciona con otra corrección global al final del texto del alumno: "Consultar sobre el trabajo. Corregir y volver a entregar".

**Ejemplo 8.** Corrección global referida a procedimientos. Transcripción: "Consultar se debe transcribir (incompleto)" (2 NM 4).

**E) Adecuación del lenguaje utilizado a la situación comunicativa.** Las correcciones señalan un uso del lenguaje inadecuado según la situación comunicativa, los destinatarios y/o la finalidad del texto escrito por un alumno, por lo que contemplamos en este nivel enunciados que indican usos de registros orales o informales en la escritura. A nivel teórico conforman problemas en los mecanismos de asunción de la responsabilidad enunciativa (Bronckart, 2004): en la distribución de las voces (uso de citas) y en las formas de inserción de esas voces. Se incluyen en esta categoría, para nivel universitario, el manejo de las referencias bibliográficas propias de los géneros académicos.

Las correcciones que realizan los profesores en los ejemplos 9 y 10 se refieren al uso de los nombres propios de los autores y a la mención de un autor como "Este hombre", en lugar de los apellidos, como es usualmente empleado en ámbitos académicos. Cabe destacar que el ejemplo 9 corresponde al nivel universitario y el 10, al secundario.

En el ejemplo 9, la profesora subraya los dos nombres propios en el texto del alumno ("Mario" por Wainfeld y "Arturo" por Jauretche) y escribe debajo: "Informal".

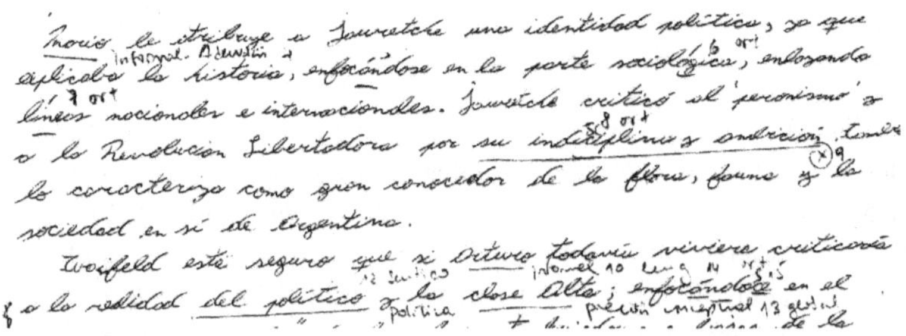

*[handwritten manuscript text]*

**Ejemplo 9.** Corrección global referida a adecuación del lenguaje. Transcripción: "Informal. Adecuación" (4 ILEA 1).

En el ejemplo 10, el profesor subraya las palabras "Este hombre" (que el alumno ha empleado para sustituir a "Leonardo Boff", autor del texto leído) y coloca un signo de interrogación al lado de ellas.

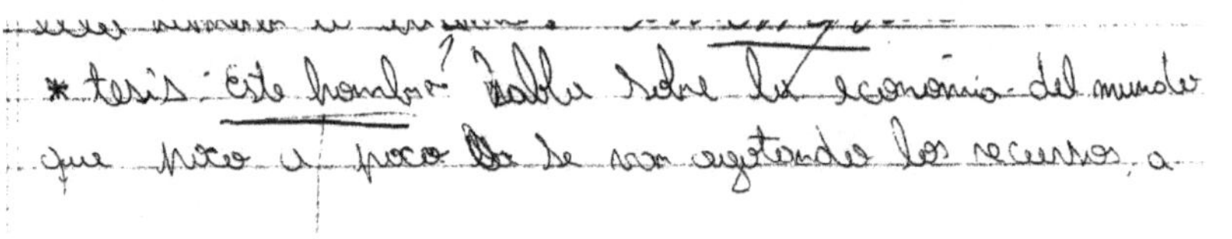

*[handwritten manuscript text]*

**Ejemplo 10.** Corrección global referida a adecuación del lenguaje. Transcripción: "?" (2 NM 1).

El ejemplo 11 ilustra la corrección de un lenguaje inadecuado en una situación comunicativa donde el destinatario ya ha sido previamente tratado de "usted", conforme la consigna en sentido estricto: *Actividad de escritura:* Carta dirigida a las autoridades del Departamento de Educación Física; describir las condiciones del cursado de las materias del módulo inicial de la carrera Profesorado en Educación Física y realizar una evaluación de las condiciones (extensión mínima: una carilla)". La docente señala que se ha alternado el tratamiento de "usted/ustedes" con un tratamiento informal marcado por una segunda persona ("vos"). Para ello, redondea los verbos, subraya y escribe, al margen, "oralidad".

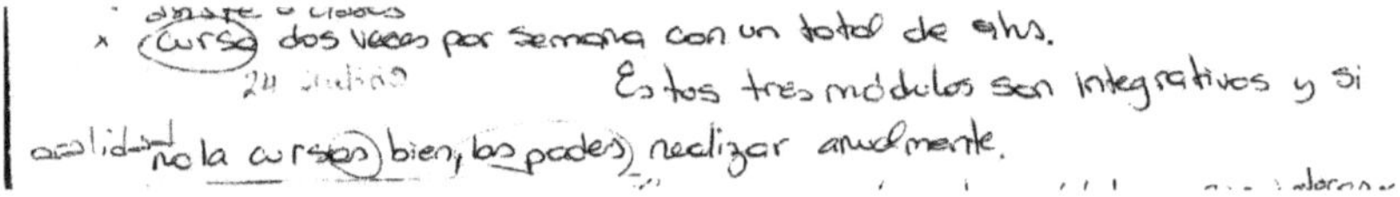

*[handwritten manuscript text]*

**Ejemplo 11.** Corrección global referida a adecuación del lenguaje. Transcripción: "oralidad" (2 UFLE 8).

F) **Expresividad y rasgos estilísticos.** Las correcciones incorporan rasgos estilísticos y de expresión, como aspectos a mejorar o bien como apreciaciones que dan cuenta de valoraciones afectivas del docente como lector.

En el ejemplo 12, en una actividad de escritura de un texto donde se expresa una opinión personal, se realiza una corrección que puede considerarse una sugerencia acerca de la textualización.

**Ejemplo 12.** Corrección global referida al estilo. Transcripción: "buscar otra manera de abrir el texto" (3 ILEA 2).

El ejemplo 13 muestra correcciones en las que la docente expresa su agrado ante la lectura de los textos logrados por los alumnos. La consigna en sentido estricto es:

**Primer taller literario**
Actividad de taller:

"Se repartirá a cada tallerista el siguiente cuestionario (tiempo aprox. para responder, 20')

¿Qué puede hacerse con: una lámpara/un cuchillo/una escalera/ una sábana/ un caracol?

¿Qué pueden mirar: una lámpara/ una estrella/una espada/un edificio/ un barco/ una hoja?

¿Con quiénes hablan los carteros/ los bancos de las plazas/los pájaros/los viejos/los niños?

¿Por qué se mueven el agua/las aspas/las ramas/las alas/los dedos/las bocas?

¿Para qué queremos matar/sonreír/imaginar/amar/escribir/odiar?

¿Con qué podemos tocar/alimentarnos/crear/ reír/escuchar/ver?

¿De dónde vienen los sueños/el viento/las mariposas/los soldados/los colores/ los niños?

La tarea propuesta es una actividad de escritura. A partir de la consigna en sentido estricto no puede delimitarse el objeto de enseñanza, aunque interpreto, por el título "taller literario-primer ejercicio", que se trata de la iniciación en una búsqueda poética o estilística como objeto de enseñanza relacionado con la literatura. En este marco, las correcciones de la docente identifican pasajes elaborados estilísticamente que ha valorado desde su mundo subjetivo, definido como la "totalidad de vivencias" que conforman el conjunto de deseos, sentimientos y necesidades que se traducen lingüísticamente en expresiones evaluativas (Habermas, *op. cit.*: 132). Estas últimas conforman las modalizaciones apreciativas que Bronckart ubica entre los mecanismos de asunción de la responsabilidad enunciativa. En el ejemplo 15, "Qué lindo!" constituye una modalización apreciativa.

**Ejemplo 13.** Corrección global referida al estilo. Transcripción: "Qué lindo!" y "!!!" (4 NM 11).

G) **Lo ideológico o la "materia opinable".** Agrupo así ciertas correcciones globales que manifestarían un desacuerdo entre lo expresado por el texto del alumno y los sistemas de valores, creencias y opiniones del propio docente. Pondrían en primer plano el carácter dialógico y pluriacentual de la palabra como signo ideológico (Volóshinov, *op. cit.*).

Lo que el docente corrige se inserta en un enunciado ajeno con el que su propio enunciado se contrapone, como, para Volóshinov, las réplicas de un diálogo: "En este caso [el diálogo] una misma palabra figura en dos contextos opuestos en colisión. Todo enunciado concreto en una u otra forma, en diferentes grados, expresa una conformidad con algo o una negación de algo. Los contextos no permanecen uno junto al otro sin hacerse caso mutuamente, sino que se encuentran en un permanente estado de intensa e ininterrumpida lucha" (*op. cit.*: 129). La comparación del contexto doble en el que se insertan las correcciones con las réplicas de un diálogo y, por extensión, de ambos con una lucha donde se cruzan los acentos de orientaciones ideológicas diversas, permite explicar ciertas correcciones cuya causa aparente es que el tema tratado es materia de opiniones y creencias distintas para docente y alumnos.

El ejemplo 14 muestra esta discordancia entre el docente y el alumno ya que, en el texto de éste último, la frase "Periodista para el que le pague", referida a R. Walsh, sugiere que el escritor argentino fallecido en 1976 era un mercenario. El docente subraya la afirmación con una línea ondulada y la califica de "Discutible".

**Ejemplo 14.** Corrección global referida a cuestiones ideológicas ("materia opinable"). Transcripción: "Discutible" (6 ILEA 5).

En el ejemplo 15, el signo de interrogación al final del enunciado del alumno podría interpretarse como otra cuestión sujeta a una diferencia entre la ideología y los sistemas de creencias de la docente y del alumno con respecto al tema amoroso.

**Ejemplo 15.** Corrección global referida a cuestiones ideológicas ("materia opinable"). Transcripción: "?" (4 NM 9).

## 2.2. Correcciones de sentido

Entre las **correcciones de sentido** agrupo a aquellas que se refieren a la coherencia interna del texto y a la congruencia entre lo escrito y la referencia extralingüística o los mundos representados. Abarcan este plano, el plan general del escrito que organiza el conjunto del contenido temático y la coherencia temática, articulada mediante una serie de mecanismos de textualización como la cohesión nominal y la conexión (Bronckart, 2004). Es lo que Riestra agrupa como **sentido** (la elaboración de contenido y la progresión temática, 2007) y lo que Coseriu califica de "congruente", es decir, "un hablar claro, consecuente y conexo, sobre todo por lo que se refiere a los principios generales del pensar; y se fundará en el conocimiento de las cosas –en presuposiciones, en general– de una comunidad determinada en un momento dado" (2007: 144).

Coseriu sintetiza que todo hablar en general "tiene la función de designación, de referencia a lo extralingüístico, siendo esto lo común a todo el hablar y a todas las lenguas" (1984: 43). La condición sígnica del lenguaje posibilita que éste se refiera a la realidad extralingüística. El conocimiento de los principios del pensamiento y el conocimiento de las "cosas" y de ciertas expectativas acerca de sus estados normales, no absurdos, conforman, según el autor, una referencia constante para el hombre: "La suposición de que la experiencia normal habitual se utiliza como fundamento del hablar implica también suponer que hay una determinada normalidad de las cosas" (1992: 119).

Los conceptos de mundos representados que Bronckart (2004) elabora a partir de la teoría de la acción comunicativa de Habermas (como abordamos en el capítulo 1) y de los razonamientos implicados en los tipos de discurso me permiten explicar, ampliando, las nociones de "principios del pensamiento" y "conocimiento de las cosas y expectativas acerca de sus estados normales", de Coseriu. Según Bronckart, el lenguaje tiene por función secundaria una función representativa o declarativa, resultante de la actividad del lenguaje, ya que "cada signo vehicula un significado (conjunto de representaciones particulares subsumidas por un significante colectivo)" (Bronckart, 2004: 26). El hombre conoce y accede a su medio en el marco de una actividad mediada por la lengua; para el autor, estas lenguas construyen los mundos representados, pero lo hacen desde "una acumulación de textos y de signos en los cuales ya están cristalizados los productos de las relaciones con el medio, elaboradas y negociadas por las generaciones precedentes" (*op. cit.*: 27). Es decir, los mundos representados ya están dados en las configuraciones que las generaciones anteriores realizaron como textos. Por otra parte, en un nivel infraordenado que conforma los textos, los formatos cristalizados como **tipos de discursos** son planificados mediante la puesta en marcha de razonamientos, mentales y verbales a la vez: "razonamientos prácticos implicados en las interacciones dialogales; razonamientos causales y cronológicos implicados en los relatos y las narraciones; razonamientos de orden lógico y/o semilógico implicados en los discursos teóricos" (Bronckart, 2007: 85).

En síntesis, las correcciones que los docentes realizan en el orden del sentido contemplan a la vez las relaciones entre el texto escrito por un alumno y los mundos representados que se transmiten en textos y las relaciones intratextuales que dan cuenta de la progresión del contenido temático.

A) **Congruencia con los mundos representados.** Las correcciones que agrupo así atienden a: 1) cómo se desarrollan los razonamientos –en términos de Bronckart– o los principios del pensamiento –para Coseriu (por ejemplo, el principio de identidad o de la no contradicción) o 2) al conocimiento de los mundos como los representamos –según Bronckart– o al conocimiento referencial de las cosas (en palabras de Coseriu).

El ejemplo 16 muestra una incongruencia entre lo que un alumno escribe "Muchos estudiantes usan los rankings para formarse en las mejores universidades" y los conocimientos –socialmente compartidos– sobre los rankings universitarios. El razonamiento del alumno, expresado en la frase que la docente marca mediante un subrayado y la anotación "coherencia", parece estar realizado en forma incompleta, puesto que si se repusiera la información elidida, podría salvarse el problema de coherencia: *"Muchos estudiantes [de Europa y Estados Unidos] usan los rankings para [seleccionar cuáles son las mejores universidades en las que formarse]".

**Ejemplo 16.** Corrección de sentido referida a la congruencia. Transcripción: "coherencia" (2 ILEA 1).

En el ejemplo 17, la corrección "No se entiende" da cuenta de la incongruencia entre dos partes de la respuesta de un alumno a la pregunta sobre el tema de un texto leído. El alumno atribuye al autor del texto una contradicción sobre su visión de la economía, presumiblemente por haber simplificado la lectura.

**Ejemplo 17.** Corrección de sentido referida a la congruencia. Transcripción: "no se entiende" (2 NM 7).

El error de coherencia marcado por la docente en el ejemplo 18 también obedece a la falta de congruencia entre lo escrito por el alumno en su texto y la lectura de "Cosas raras", de Eduardo Galeano. La interpretación que el estudiante le da a la cita "Ningún hombre se atreve a meter la nariz" como "el hombre en Bolivia admira como juega la mujer" difiere de la que se puede leer en el texto de Galeano, quien afirma que las fiestas que las mujeres organizan luego de los partidos de fútbol son exclusivas para ellas.

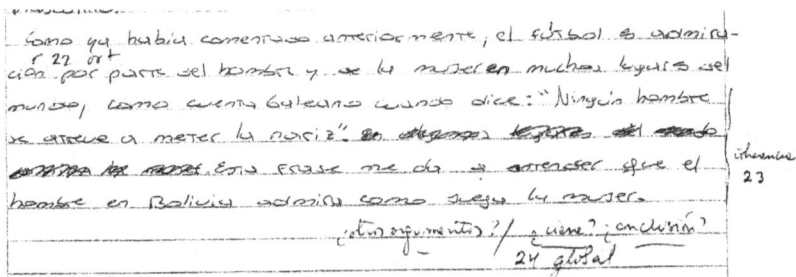

**Ejemplo 18.** Corrección de sentido referida a la congruencia. Transcripción: "coherencia" (3 ILEA 2).

En el ejemplo 19, la docente señala los errores de congruencia entre las afirmaciones de una alumna de que "los edificios [de la ciudad actual] puede ser que sean iguales a los de antes", "[cambian] los electrodomésticos que pueden [sic] llegar a tener cada persona" y el mundo representado (las diferencias en las ciudades de mediados del siglo XIX y las actuales). En el primer caso, la docente subraya y escribe el enunciado "te parece iguales a 1850?"; en el segundo caso, subraya únicamente.

**Ejemplo 19.** Corrección de sentido referida a la congruencia. Transcripción: "te parece iguales a 1850?" (1 NM 3).

En el ejemplo 20, el signo de interrogación sirve como corrección de un error que resulta, a la vez, de congruencia y de organización de la información, ya que la oración del alumno aparece incompleta: "El fútbol se empezó a jugar en el siglo 1810 en, fue creado por un hombre de Portugal".

**Ejemplo 20.** Corrección de sentido referida a la congruencia. Transcripción: "?" (5 NM 4).

También encontramos señalados, como en el ejemplo 21, errores por circularidad en los razonamientos. En este caso, la docente ha marcado el párrafo en el margen y ha colocado un signo de interrogación.

**Ejemplo 21.** Corrección de sentido referida a la congruencia. Transcripción: "?" (9 ILEA 2).

El ejemplo 22 muestra la contradicción en el razonamiento semilógico puesto que, donde debería haberse caracterizado a dos fenómenos por oposición (atribuyéndole a uno "orden" y a otro "desorden"), se adjudica la misma característica a ambos, lo que lleva a la docente a formular la pregunta "¿dónde está el orden?" para dar cuenta de un problema de sentido.

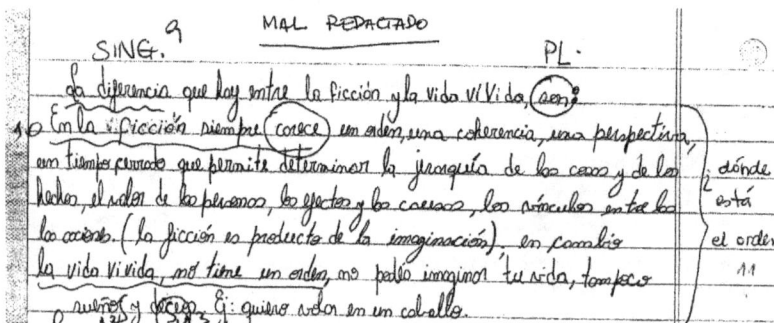

**Ejemplo 22.** Corrección de sentido referida a la congruencia. Transcripción: "?" y "¿dónde está el orden?" (8 NM 7).

B) **Planificación general y progresión de la información.** Las correcciones de sentido en este aspecto dan cuenta de la falta de progresión del contenido temático en la coherencia interna de los textos, ya sea porque la información no ha sido distribuida de forma planificada, o bien porque se han producido omisiones de información.

En el ejemplo 23 la profesora realiza una marca vertical que abarca dos párrafos y enuncia "replantear". El ejemplo constituye la introducción de una monografía, por lo tanto, es donde, conforme al género, deberían presentarse los subtemas que se aborden en el texto. Como puede verse, hay varias marcas simultáneas sobre errores de coherencia (signo de interrogación, subrayados, círculos) además de un enunciado reescrito por la docente, un llamado de atención y una pregunta: "¿a quién?". Esta última, en particular, sirve para indicar que se ha omitido información.

**1. Introducción**

La presente investigación trata sobre la forma de lograr una calidad eficaz dentro de las universidades. Esto se da, según Ernesto Villanueva, por los mecanismos de acreditación y evaluación de las universidades.

El concepto de acreditación se utiliza para evaluar la efectividad y la competencia de las universidades para poderlas mejorar. Junto con la acreditación, se utiliza la evaluación, que se encarga de considerar las partes internas de los criterios y pautas que tiene la educación para poder llegar a dar un efecto positivo a la sociedad en el proceso de formación de la universidad.

También existen acciones que no satisfacen a este concepto de calidad. Esto se da a partir de la falsificación de títulos a cambio de abonar una cuota fija. De este modo, no se llega a ninguna parte, debido a que no se estaría evaluando a la persona, por lo tanto, no llegaría a ser un profesional. Por ende, tendría fallas en la labor del compromiso y la responsabilidad.

**Ejemplo 23.** Corrección de sentido referida a la planificación general y a la progresión de la información. Transcripción: "replantear" (9 ILEA 3).

El ejemplo 24 representa asimismo una enumeración de los problemas de sentido por ausencia de planificación general y de progresión de la información presentes en el texto de un alumno. La particularidad de estas correcciones obedece a que constituyen las primeras que la docente realizaba en el marco de la instrumentación del programa "Conectar Igualdad", a comienzos del año 2011, por lo que están escritas usando un procesador de texto, y los trabajos corregidos son entregados y devueltos a través del correo electrónico.

**CORRECCIONES**

- organización en párrafos: armá mejor la secuencia narrativa de la crónica y luego, según los hechos que vayas narrando, estructurala en párrafos.

- Un aspecto no desarrollado en la crónica es la detención de los posibles autores.

- La volanta habla de "crímenes satánicos", pero en el texto no hay ninguna referencia a prácticas satánicas ni nada por el estilo. Revisá ese aspecto.

- Fijate cómo incluís la fecha, corregí "km" (va la palabra completa) y "cuidad".

- Mejorá también la localización geográfica de los distintos acontecimientos. Para esto te va a servir lo que te solicito en primer término.

Euge, cuando tengas revisado esto, me lo volvés a enviar, pero solo a este punto, no necesito toda la guía que les dio la profe. Gracias...

**Ejemplo 24.** Corrección de sentido referida a la planificación general y a la progresión de la información. (3 NM 2).

C) **Coherencia temática marcada por mecanismos de textualización.** "Los mecanismos de textualización se articulan en la progresión del contenido temático que captamos a nivel de la infraestructura" (Bronckart, 2004: 161). Las correcciones de sentido que se centran en este aspecto de la coherencia temática enfocan: 1) la conexión, 2) la cohesión nominal.

La conexión se realiza, según Bronckart, mediante un "subconjunto de unidades que llamamos organizadores textuales" (*op. cit.:* 163). Su función es señalar transiciones entre los tipos de discursos constitutivos de un texto, transiciones entre formas de planificación y articulaciones entre oraciones. Las correcciones como la del ejemplo 25 se ocupan de señalar la carencia de organizadores textuales.

**Ejemplo 25.** Corrección de sentido referida a los mecanismos de textualización: conexión. Transcripción (en el margen): "Idea con poca relación con lo anterior necesita un [tachado] enlace" (4 ILEA 7).

En el ejemplo 26 observamos una conexión incorrecta que genera un error de sentido, subrayado por el docente.

Descendiente de irlandeses, Rodolfo Jorge Walsh nació el 9 de enero de 1927 en Lamarque, Choele Choel (Río Negro, Argentina), y ejerció como periodista, escritor, dramaturgo y traductor, así como por su militancia en la Alianza Libertadora Nacionalista. Su obra recorre principalmente el género policial, periodístico y

**Ejemplo 26.** Corrección de sentido referida a los mecanismos de textualización: conexión (6 ILEA 2).

La docente del ejemplo 27 repuso los organizadores omitidos.

Ejemplo 27. Corrección de sentido referida a los mecanismos de textualización: conexión. Transcripción: en el margen: "Tampoco", "Por otra parte" (5 NM 9).

En cuanto a los mecanismos de textualización que conforman la cohesión nominal, se realizan mediante un conjunto de unidades (anáforas). Bronckart considera que

> … explicitan las relaciones de solidaridad que existen entre argumentos que comparten una o varias propiedades referenciales (o entre los cuales existe una relación de co-referencia). Esas relaciones se marcan mediante sintagmas nominales o mediante pronombres, organizados en series (o cadenas anafóricas); por lo demás, cada una de esas formas se halla inserta en estructuras oracionales en las que asume localmente una función sintáctica determinada (sujeto, atributo, complemento, etcétera) (Bronckart, 2004: 166).[7]

Las correcciones que se refieren a la cohesión nominal dan cuenta del uso incorrecto de sustituciones (usualmente, por pronombres) sin que sea explícito el referente, como puede observarse en los ejemplos 28 y 29, donde las preguntas de las profesoras están destinadas a apuntar ese tipo de error.

---

7    Como puede observarse en la cita, estas unidades que conforman la cohesión nominal funcionan a la vez en el plano del sentido y en oraciones, donde cumplen una determinada función sintáctica. Es por ello que cuando los docentes corrigen este aspecto, pueden hacerlo a nivel de la coherencia, conformando las correcciones que he llamado de sentido, o bien priorizando la función sintáctica, en el nivel de la forma. Para el análisis se ha mantenido la categoría que ha empleado el profesor en la corrección; únicamente los casos ambiguos (uso de subrayados o de marcas sin explicitar) se han interpretado como correcciones de sentido, porque se ha optado por mantener el criterio del modelo descendente del análisis textual, adaptado didácticamente, como se explicó, en el trayecto uso-sentido-forma (Riestra, 2006b).

**Ejemplo 28.** Corrección de sentido referida a los mecanismos de textualización: cohesión nominal. Transcripción: "¿qué?" (2 UFLE 10).

**Ejemplo 29.** Corrección de sentido referida a los mecanismos de textualización: cohesión nominal. Transcripción: "reemplazándola por qué cosa?" (4 ILEA 9).

En el ejemplo 30 puede verse, asimismo, cómo la docente suplanta el organizador textual empleado por un alumno en su tarea por un pronombre anafórico:

**Ejemplo 30.** Corrección de sentido referida a los mecanismos de textualización: cohesión nominal. Transcripción: "quien" (5 NM 6).

## 2.3. Correcciones de forma

Agrupo como **correcciones de forma** las que se refieren a la lengua como sistema semiótico y como técnica histórica (en los términos de Coseriu, 1991, como se ha expuesto anteriormente). Tienen relación directa con la lengua normada como estado de lengua que comparte la colectividad de los hablantes en una época determinada (Bronckart, 2010a) y que es objeto de descripción de gramáticos y lingüistas.

Riestra (2007) designa como **forma** a los formatos discursivos y a las construcciones morfosintácticas del castellano como grafolecto (idioma escrito). Coseriu identifica como saber idiomático al hablar "sobre la base de una lengua particular determinada que corresponde a una comunidad lingüística históricamente constituida" (1992: 97). Este saber abarca lo que Coseriu denomina corrección y propiedad:

En el escalón idiomático, la suficiencia se llama *corrección* y la insuficiencia, *incorrección*. [...] podemos decir que es *correcto* todo aquello que en el hablar, concuerda con la tradición estrictamente idiomática a la que corresponde o pretende corresponder un discurso; e *incorrecto*, aquello que no está de acuerdo con la misma tradición. Para el léxico, se emplean en el mismo sentido los términos *propio* e *impropio*. Hablar *con propiedad* es emplear correctamente las palabras y las combinaciones léxicas, y emplear *correctamente* las palabras significa emplearlas dentro de las esferas de significado y de acuerdo con las pautas semánticas que les corresponden en una determinada tradición idiomática (2007: 145, en nota 129; itálicas en el original).

Las correcciones que los docentes realizan sobre las tareas de los alumnos en el nivel de la forma abarcan correcciones que se refieren a la morfosintaxis y al léxico y, centradas en la escritura, correcciones que abordan la puntuación, la ortografía y el uso de tildes.

A) **Puntuación**. En la *Ortografía de la lengua española* de la Real Academia Española y la Asociación de Academias de la Lengua Española (2011) se define a los signos de puntuación como:

… signos ortográficos cuya función principal es delimitar las unidades del discurso, para facilitar la correcta interpretación de los textos y ofrecer ciertas informaciones adicionales sobre el carácter de estas unidades. A este grupo pertenecen el punto, la coma, el punto y coma, los dos puntos, los paréntesis, los corchetes, la raya, las comillas, los signos de interrogación y exclamación y los puntos suspensivos (*op. cit.*: 278).

Consideraremos correcciones de forma que se refieren a la puntuación a aquellas que dan cuenta de cómo se han utilizado los signos de puntuación enumerados en la cita.

En el ejemplo 31, el docente coloca un signo de puntuación omitido (punto y coma) y marca, asimismo, el nivel en el que se corrige un error, en el margen de la hoja.

fue su autoridad para legitimar. Entonces, ya pensada en un contexto más progresista si se quiere, la Universidad no formaría elites gobernantes sino actores para el cambio social, pero así y todo legitimados por su condición de universitarios y poseedores de las herramientas del conocimiento, generándose otra vez una distanciación social entre gente preparada y no preparada.

**Ejemplo 31.** Corrección de forma referida a la puntuación. Transcripción: "punt." (7 ILEA 8).

La docente que corrigió la tarea del alumno en el ejemplo 32 utiliza círculos pequeños, a la altura del renglón donde usualmente se traza la coma, para indicar las omisiones.

**Ejemplo 32.** Corrección de forma referida a la puntuación. Se emplean círculos en la línea del renglón (6 NM 2).

B) **Morfosintaxis**. Las correcciones de las tareas de los alumnos en este plano se refieren a las oraciones y las unidades que las conforman: las clases de palabras, los grupos sintácticos y las relaciones que estos últimos establecen –concordancia, selección y posición– (Real Academia Española y Asociación de Academias de la Lengua Española, 2009).

En el ejemplo 33, un error de concordancia es indicado por la docente mediante un par de flechas dentro del grupo nominal "cosas raras que ocurre", ya que "cosas raras" está en plural y el verbo ("ocurre") en singular.

**Ejemplo 33.** Corrección de forma referida a la morfosintaxis. Se emplean flechas para indicar la ausencia de concordancia (5 ILEA 1).

La docente que corrige la tarea en el ejemplo 34 señala con flechas un uso incorrecto de preposiciones y errores de concordancia; además, reescribe las partes del texto en las que se producen esos errores, al margen y al pie.

Hasta que Un día descubre un mágico papel
"La Profecía". Ella muestra que en el entorno
del bosque es un escenario natural para vivir
una aventura, la cual le permita llevar nuestra
imaginación al extremo. El niño en cuestión
busca cumplir cada una de las fascinantes
etapas. La historia esta muy buena
muestracon mucha imaginación y sueños que
deben interpretar, desde el primer párrafo
te atrapa hasta el final.

Muestra que: el entorno del bosque es o
en el entorno del bosque hay

Ejemplo 34. Correcciones de forma referidas a la morfosintaxis. Se emplean flechas para indicar la ausencia de concordancia. Transcripción: en el margen: "Descubre un mágico papel (masculino). Este muestra". Al pie: "Muestra que: el entorno del bosque es o en el entorno del bosque hay" (10 NM 7).

C) **Léxico**. Son correcciones que se refieren a las palabras utilizadas en el texto. Como señala De Mauro (2005), el léxico está conformado por cientos de miles de palabras que, además, oscilan semánticamente, ya que el uso y el transcurso del tiempo hacen "variar profunda e inopinadamente las fronteras de significado de cada palabra" (*op. cit.*: 99). Las correcciones, no obstante la variabilidad semántica que señala De Mauro, tienen por objeto plantear el significado compartido socialmente frente a la diversidad y al cambio.

El ejemplo 35, donde la docente subraya "trabaja en" y especifica "escribe para", muestra una corrección que es propia de un ajuste del significado a nivel del léxico, puesto que la profesora propone una versión con un significado más preciso:

Recordemos que CONEAU la crea el gobierno de Menem y que Villanueva trabaja en Clarín diario opositor a nuestro gobierno actual por tanto no acepte la mena

Ejemplo 35. Correcciones de forma referidas al léxico. Transcripción: "escribe para" (2 ILEA 15).

En el ejemplo 36 encontramos el verbo "cuenta" subrayado por el profesor; el alumno ha predicado la acción de contar o narrar a la introducción, cuando cabría esperar que de la misma se dijera "presenta", "expone" o "describe"

**Ejemplo 36.** Correcciones de forma referidas al léxico (2 NM 6).

D) **Ortografía, acentos gráficos u ortográficos (tildes) y diéresis**. En este nivel de la forma observo las correcciones que se refieren, por una parte, al uso de los grafemas o letras y, por otra parte, a los acentos gráficos u ortográficos, también llamados tildes, y a la diéresis[8]. Tanto las tildes como las diéresis constituyen signos diacríticos que "confieren un valor especial a la letra a la que afectan. Tienen, pues, función distintiva (RAE y AALE, 2011: 278). Los grafemas (palabra específica de la lingüística para "letra"), por su parte, son "unidades mínimas distintivas en el plano de la escritura" (*op. cit.*: 60).

En el ejemplo 37 puede observarse cómo el docente coloca la letra "g" sobre la letra "j" en el error del alumno, quien ha escrito: "dirijido". Lo señala, además, mediante una cruz en el margen.

**Ejemplo 37.** Correcciones de forma referidas a la ortografía. Transcripción: "g". (3 UFLE 10).

---

8   Cabe aclarar que para analizar la cantidad de correcciones que se refieren a errores de ortografía en cada texto de los alumnos he contado una sola corrección por grafema o por tilde, aunque el mismo error se encuentre repetido más de un vez a lo largo del texto. Del mismo modo, se observa que a veces los profesores corrigen el error reiteradamente a lo largo de la tarea, y otras veces lo corrigen en una ocasión o dos, dejando el error ortográfico sin corregir en las siguientes repeticiones. Por último, he podido constatar en algunos trabajos, sólo a modo de ejemplo, que los docentes no corrigen entre el 40% y el 20% de los errores de ortografía por uso incorrecto de grafemas y tildes (o sus omisiones) en los textos de los alumnos.

El fragmento de la tarea seleccionado para el ejemplo 38 muestra dos correcciones sobre errores de ortografía: en el primer caso, se ha tachado la h de "hambientada" y en el segundo, se ha colocado una "b" encima de "deve".

**Ejemplo 38.** Correcciones de forma referidas a la ortografía. (11 NM 5).

El ejemplo 39 muestra correcciones que consisten en la reposición de algunas de las tildes omitidas. Asimismo, podemos ver que no se han corregido algunas tildes omitidas: "llevé", "está", "él", "sacó", "tiró" han sido escritas sin tilde en el texto.

**Ejemplo 39.** Correcciones de forma referidas a los acentos gráficos o tildes. (8 ILEA 2).

Otras correcciones que los profesores realizan en los textos de los alumnos tienen relación con la presentación, incluyendo en ella aspectos de diversa índole (como el hecho de justificar y dejar espacios en blanco en los trabajos escritos por computadora), señalamiento de tachaduras y observaciones sobre la caligrafía, cuando la misma resulta en que alguna o algunas palabras del texto escrito son ilegibles. Estas correcciones han sido cuantificadas pero, por su disparidad y porque se relacionan de una forma relativa con los objetos de enseñanza en la materia Lengua, no fueron incluidas en los análisis.

Con respecto a los niveles de corrección de los que dan cuenta estas categorías, es preciso observar que se presentan simultáneamente, superpuestos e imbricados en los 250 textos corregidos que conforman el corpus, del mismo modo que son simultáneas e imbricadas las decisiones que un agente toma en la producción de un texto durante su acción de lenguaje.

Es importante destacar que cada uno de los textos presenta correcciones en diferentes niveles a la vez, y que no necesariamente cada corrección corresponde de manera unívoca y mutuamente excluyente a una categoría, por dos cuestiones: 1) por ambigüedad inherente a los enunciados o marcas que realiza el docente y, 2) porque el nivel del texto con el que se relacionan las correcciones podría interpretarse en una u otra categoría. Corresponden al primero de estos dos aspectos, a la ambigüedad, las correcciones en las que los docentes no enuncian explícitamente qué aspectos de los textos de los alumnos están corrigiendo o en los que las marcas en sí mismas no aportan esta información (porque no formaban parte de un código de corrección, por ejemplo), cuando hay más de un error en la zona en la que el docente interviene. Verbigracia, si un docente escribe "revisar" o bien subraya una parte del texto y puede observarse que tal corrección señala errores conceptuales y errores de morfosintaxis simultáneamente.

El segundo aspecto se relaciona con la complejidad inherente al lenguaje humano y a las relaciones entre lenguaje y lenguas, textos y signos. Tomemos como ejemplo el uso incorrecto de un pronombre relativo para una sustitución anafórica que no especifica con claridad el referente: el docente que corrige este uso incorrecto puede señalar este aspecto en el nivel del sentido o bien en el nivel de la morfosintaxis (forma). Si el docente ha indicado el tipo de error mediante un enunciado o una marca, ese criterio es el que prevalece en la categorización y en el análisis que he realizado. Pero, si el docente no explicita el tipo de error en su corrección, se presenta una corrección ubicable en una u otra categoría.

En estos casos, y para cuantificar las correcciones, fue preciso interpretarlas y asignarlas a un único nivel. Tomé la decisión de aplicar el modelo descendente que Bronckart (2004) elabora conceptual y metodológicamente a partir de Volóshinov (*op. cit.*).

He optado por asignar las correcciones a cada nivel según el criterio del docente y, sólo en los casos en los que esto no fue posible, lo hice según el criterio didáctico descendente, de lo externo, el uso y el sentido (correcciones globales y correcciones de sentido) a lo interno (correcciones de forma). Dentro de estas últimas también utilicé un criterio didáctico descendente, para la presentación de los datos analizados, de las unidades que desde la forma pueden afectar al sentido (puntuación y morfosintaxis) a unidades menores (grafemas, signos diacríticos –tilde y diéresis).

## 3. ¿Qué se corrige en nivel medio?

El corpus de 128 textos escritos en las clases de Lengua por alumnos de 3° a 5° año de nivel secundario o medio y corregidos por doce profesores, presenta en total 1.930 correcciones.

¿Qué relación hay entre la extensión promedio de los textos escritos por los alumnos y la cantidad de correcciones realizadas por los docentes? Los textos abarcan, en promedio, treinta y cuatro líneas. Asimismo, se observan quince correcciones (promedio) por trabajo (ver tabla 5).

| Docente | Textos analizados | Correcciones | Promedio de correcciones por texto | Promedio de líneas por texto | Relación entre líneas escritas por los alumnos y correcciones |
|---------|-------------------|--------------|-----------------------------------|------------------------------|---------------------------------------------------------------|
| 1 NM | 13 | 389 | 29.92 | 51 | 1,70 |
| 2 NM | 12 | 245 | 20,42 | 20,4 | 1,00 |
| 3 NM | 7 | 111 | 15,86 | 31 | 1,95 |
| 4 NM | 20 | 96 | 4,80 | 21,3 | 4,44 |
| 5 NM | 10 | 88 | 8,80 | 17 | 1,93 |
| 6 NM | 6 | 67 | 11,17 | 13,8 | 1,24 |
| 7 NM | 11 | 201 | 18,27 | 53 | 2,90 |
| 8 NM | 7 | 141 | 20,14 | 42 | 2,09 |
| 9 NM | 20 | 177 | 8,85 | 11,65 | 1,32 |
| 10 NM | 8 | 93 | 11,63 | 19,75 | 1,70 |
| 11 NM | 4 | 202 | 50,50 | 74 | 1,47 |
| 12 NM | 10 | 120 | 12,00 | 56,9 | 4,74 |
| Total | 128 | 1930 | 15,08 | 34,32 | 2,28 |

**Tabla 5.** Cantidad de correcciones y promedio de líneas por texto. Secundario.

Estos promedios dan cuenta de variaciones tanto en la extensión de los textos (desde 74 líneas en promedio para las tareas entregadas a la docente identificada con el número 11, hasta las 11,65 líneas promedio para las tareas corregidas por la docente 9) como en la cantidad de correcciones promedio de cada docente (desde cincuenta correcciones promedio, en el caso de la docente 11, hasta 4,8 de la docente 4).

Asimismo, puede verse que cada poco más de dos líneas escritas por los alumnos hay una intervención del profesor, oscilando entre una corrección por línea y una corrección cada cinco líneas, aproximadamente, escritas por los alumnos.

Un segundo aspecto a considerar es cuántas correcciones corresponden a correcciones globales de las tareas, cuáles al sentido de los textos escritos por los alumnos y cuáles atienden a cuestiones de forma. De las 1.930 correcciones totales en los textos de los alumnos de nivel medio, 697 corresponden a correcciones globales, 170 a correcciones de sentido y 1.036 a correcciones de forma. En porcentajes, las correcciones globales corresponden al 36% de las intervenciones que realizan los docentes en los textos de los alumnos; las correcciones de sentido son el 9% y las correcciones sobre la forma, el 54%. Por último, el 1% de las correcciones se refieren a otras cuestiones, como aspectos paratextuales, de presentación y de caligrafía. Como puede verse en el gráfico 6, estos porcentajes dan cuenta de que hay una tendencia general, en la corrección de las tareas de los alumnos, a observar más aspectos de forma que de la globalidad del trabajo realizado; en último lugar se interviene con correcciones sobre el sentido de los textos.

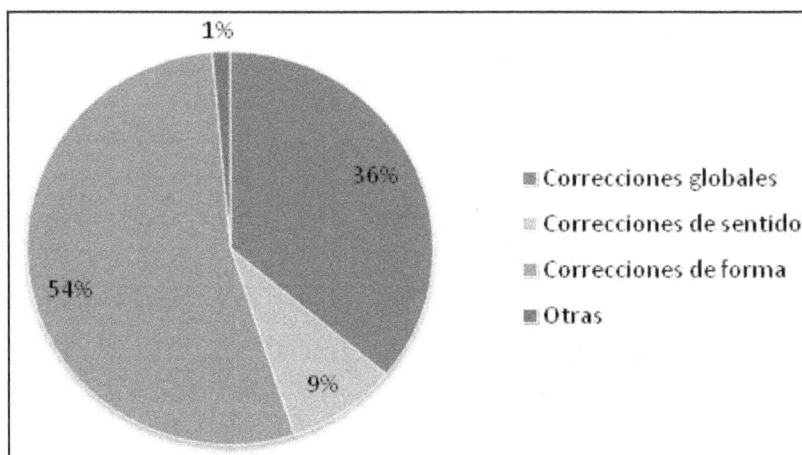

**Tabla 6.** Porcentajes de correcciones globales, correcciones de sentido y correcciones de forma. Secundario.

Si bien los porcentajes varían de profesor a profesor, en ningún caso predominan las correcciones en el nivel del sentido de los textos, como puede observarse en la tabla 7. Los valores oscilan entre profesores que dedican entre el 81 y el 79% de sus correcciones a aspectos formales y profesores que destinan a los aspectos globales hasta el 61% de sus correcciones.

| Docente | Activi-dad(es) | Tareas verbalizadas por la consigna en sentido estricto | Objeto(s) de enseñanza | Nivel en el que predo-minan las correcciones |
|---|---|---|---|---|
| 1 NM | Lectura y escritura | Responder cuestionario, escribir descripciones | Descripción, indicios | Forma (48%) y global (46%) |
| 2 NM | Lectura y escritura | Responder cuestionario, escribir opinión | Estructura y estrategias del texto argumentativo, modalidad, tema y progresión temática | Global (61%) |
| 3 NM | Escritura | Redactar un texto inscripto en un género textual dado (crónica) | Género periodístico: crónica | Forma (59%) |
| 4 NM | Escritura | Escribir textos | Búsqueda estilística o poética relacionada con la literatura | Global (43%) |
| 5 NM | Escritura | Escribir texto expositivo usando conectores | Texto expositivo, conectores, título, párrafo | Forma (79%) |
| 6 NM | Lectura | Responder cuestionario | Circuito de comunicación, variedades lingüísticas, roles en la situación comunicativa, actos de habla | Forma (79%) |
| 7 NM | Lectura | Responder cuestionario | Concepto de literatura; ficción; canon, lenguaje y géneros literarios; historia del teatro | Global (60%) |
| 8 NM | Lectura | Responder cuestionario, dibujar un croquis | Tema y sentido de un prólogo; escenario, decorado y vestuario | Forma (49%) y globales (45%) |
| 9 NM | Escritura | Escribir texto argumentativo | Texto argumentativo, estructura, recursos (pregunta retórica, cita de autoridad) | Forma (62%) |
| 10 NM | Escritura | Redactar un texto inscripto en un género textual dado (reseña) | Género textual reseña | Forma (53%) |
| 11 NM | Lectura y escritura | A) Responder cuestionario, escribir una continuación de novela | A) Sentido de la obra literaria. Narrador-protagonista, contexto, paratexto | Forma (81%) |
| | | B) Escribir a partir de la lectura de una novela o de un cuento | B) Emociones causadas por la lectura de una obra literaria | |
| 12 NM | Lectura y escritura | Responder cuestionario, escribir un final distinto para una película | Elementos de la película | Forma (64%) |

**Tabla 7.** Actividades, tareas y objetos de enseñanzas verbalizados en las consignas en sentido estricto y correcciones predominantes por nivel. Secundario.

Cabe aclarar que el hecho de que se corrija más la forma que el sentido de los textos podría llevar a la conclusión de que los alumnos cometen más errores en el nivel de la forma de los textos que en el sentido, y es por eso que los profesores intervienen sobre aquellos. Sin embargo, y aunque no es viable cuantificar todo lo que los docentes no corrigen, podemos señalar, como ya se mencionó, que existen entre un 20 y un 40% de errores (por ejemplo, errores en el uso de los grafemas) que los docentes no corrigen. Por otra parte, la conclusión de que los docentes corrigen más si los alumnos cometen más errores, sería válida únicamente cuando todas las correcciones de todos los niveles apuntaran a errores, sin embargo, muchos enunciados consisten en señalamientos de logros y sugerencias, indicaciones de mejoras o apreciaciones que no necesariamente se refieren a errores.

El análisis de las tareas guiadas por las consignas en sentido estricto (Riestra, 2004), los objetos de enseñanza y el nivel predominante de las correcciones realizadas, da cuenta de que éstas últimas no son directamente dependientes de las actividades ni de los objetos de enseñanza. En la tabla 7 se ha sintetizado, por docente, el análisis de las actividades, las tareas y los objetos de enseñanza, y se ha tomado como valor de referencia el porcentaje o los porcentajes de correcciones de los docentes en cada nivel de los textos de los alumnos. Se consignan como correcciones predominantes aquellas que superan en más de 5 puntos los porcentajes atribuidos a las otras categorías. Puede señalarse cierta correlación entre la tarea de responder cuestionarios y la prevalencia de correcciones globales (docentes 1, 2, 7 y 8), así como un predominio de correcciones de forma en relación con las actividades de escritura (docentes 3, 5, 9 y 10). Estos puntos serán retomados, a continuación, al abordar en detalle cada uno de los análisis según los tipos de correcciones.

### 3.1. Correcciones globales

Las correcciones globales constituyen el 36% del total de las correcciones que los docentes de nivel secundario realizan en los textos de los alumnos. En este nivel, las correcciones guardan estrecha relación con las consignas de trabajo.

En primer lugar pueden observarse relaciones entre las tareas de contestar cuestionarios (docentes identificados con los números 1NM, 2NM, 6NM, 7NM, 8NM y 12NM) y las correcciones que se refieren a: 1) la aplicación de conceptos y 2) procedimientos. Las del primer tipo indican la exactitud y completitud de las nociones aplicadas o su inexactitud y su carácter inacabado: "incompleto", "falta/n...", "error de concepto", "sin hacer", "mal redactado o copiado". El tachado y "no" son modos empleados para referirse igualmente a la inexactitud en la aplicación de conceptos. Las correcciones del segundo tipo, sobre procedimientos, indican acciones en pos de una posible reelaboración, como en las correcciones de los docentes 1NM, 2NM, 6NM y 8NM: "ampliar", "completar", "profundizar", "explicar con tus palabras", "se debe analizar el texto de acuerdo a la estructura argumentativa", "tener en cuenta el concepto del autor", "justificar con la frase", "revisar la interpretación", "releer el texto y confrontar la lectura con la interpretación", "copiar fragmentos sin comprenderlos no tiene sentido".

Las correcciones sobre el género o el texto se encuadran en actividades de escritura (3NM, 9NM y 10NM); las correcciones globales consisten a menudo en indicaciones sobre la reescritura, por ejemplo, en los enunciados de la docente 3 NM: "Te propongo reescribir el texto", "Cuando tengas revisado esto, me lo volvés a enviar", "Revisar...reescribilo", "Hay bastante para revisar. Reescribilo y volvé a entregarlo", "hay mucho por revisar". Las correcciones de la docente 9 NM ("Muy bien", "Muy bien el desarrollo anterior", "Excelente desarrollo") acompañan zonas del texto marcadas con una llave y parecen dar cuenta de cómo ha logrado elaborarse la opinión en función de la estructura textual solicitada en la consigna; así, en otros casos se puntualiza: "R. No queda claro tu pensamiento acerca de la R droga/amistad", "R. El desarrollo no está bien resuelto. Conversemos cómo mejorarlo para que resulte claro el mensaje"; "La pregunta es interesante pero falta alguna introducción", "Lo revisamos juntas a este último fragmento", "Falta desarrollar más el planteo del problema, es decir, no queda establecida la postura (opinión) ni qué vas a desarrollar (idea central: tesis/hipótesis)". También se ubican dentro de estas correcciones las indicaciones sobre los mecanismos para insertar las citas de autoridad y sus fuentes: "hay que incluirla [referencia bibliográfica] a partir de un verbo introductorio" y "la frase ¿es tuya? ¿es cita de autoridad?". Asimismo, la docente 9 NM realiza correcciones donde identifica que un alumno no ha planificado al destinatario del texto de opinión, ya que ante el uso de una pregunta dirigida a un tú-destinatario-adolescente, al final del escrito, la docente señala: "habría que haberse dirigido a ese receptor antes. Acá no corresponde".

En estricta relación con el género textual solicitado por la consigna, la docente 10 NM contempla que la intencionalidad y los destinatarios de la reseña resultan aspectos poco logrados en los textos de los alumnos con enunciados como "no fomenta el deseo de leer" o "la reseña está destinada a un público lector, no a la profe"; las correcciones también buscan dar cuenta del contenido propio del género mediante evaluaciones de la información suministrada por la reseña: "En la síntesis no es necesario tanto detalle, sólo lo necesario para fomentar o recomendar la lectura. Faltó la recomendación global" y "el desarrollo está claro pero muy sintético. Hay que trabajar el final: la recomendación". En relación con el género textual, asimismo, mediante el enunciado "falta ficha bibliográfica" la profesora explicita la ausencia de los datos de la obra reseñada, que deberían encabezar el texto.

Las correcciones de rasgos estilísticos se encuentran relacionadas con el objeto de enseñanza y las consignas de creación planificadas por las docentes 4 NM y 11NM (a y b). La primera de ellas valoraría la creatividad poética y/o la originalidad en la combinación de metáforas y comparaciones en los textos de los alumnos, mediante enunciados como "Hermoso" (3 veces), "lindo!" (5 veces), "qué lindo! (2 veces), "linda idea", "linda expresión". En el caso de la docente 11 NM (b), hay una suma de enunciados que transcribo textualmente por su particularidad. Emociones, opiniones, reflexiones de la docente sobre contenido temático establecen una suerte de diálogo en el escrito que continúa con el registro de lectura personal de la profesora inscripto en el registro de lectura de los textos de los alumnos. Un alumno opina que hay que ganarse el sueño de "un chalet frente al lago y pasear en velero, jeje", y la docente agrega "Sí, o tener la suerte de nacer en una familia que tenga plata o de otros modos no tan santos. Obvio que con esfuerzo también se podría conseguir". El mismo alumno coloca un refrán popular para opinar sobre el desarrollo de su lectura, y la profesora acota: "jaja, esa frase está muy buena, sí, jaja". Otra alumna registra que tiene sueño, y que por eso no va a prestar atención, y la docente dibuja una carita triste: ☹. Más adelante, frente a un comentario de la alumna sobre lo confuso que le resulta un episodio de la novela leída: "acordate que [sic] no hay una única interpretación, todas son válidas (mientras las puedas justificar) ¡Por eso me gusta la literatura! ☺". Y luego de explicitar una interpretación: "¡Sí! ☺" y "Bah, eso me parece a mí". Finalmente, la alumna aprecia que le gustó la novela y la docente enfatiza: "¡Me alegro!". La profesora también brinda consejos que abarcan criterios para seleccionar lecturas: "Viste, te dije que era una novela cortita, entretenida y fácil de leer", "Avisame y te recomiendo otra para el próximo registro si no sabés qué leer"; indicaciones sobre procedimientos: "Para la próxima tratá de analizar un poco más (agregá reflexiones, opiniones) y evitá contar "de qué trata" (en este caso la canción). Si no entendés, después pregúntame"; y las conductas deseables en el aprendizaje: "y más allá de haber entregado fuera de fecha, está bueno que lo hayas hecho. Para este último trimestre tratá de estar al día y no colgarte. Y si faltás, pedí lo que estuvimos haciendo"; "la próxima tratá de cuidar un poco la caligrafía. ¡Gracias!"

Las correcciones que se refieren a la adecuación del lenguaje utilizado a la situación comunicativa conforman el 0.5% del total de las correcciones que realizan los profesores de nivel secundario y el 1.6 % de las correcciones globales. Estrictamente, estas correcciones enfocan el uso inadecuado según el género que enmarca la consigna de trabajo o la situación comunicativa docente-alumno en el marco de la institución escolar y del trabajo escrito. Así, la docente 3 NM señala que el empleo reiterado de nombres propios para referirse a los personajes no corresponde en el género periodístico crónica; la docente 4 NM subraya "cante" en la expresión "con quien se les cante"; la profesora 5 NM elimina la segunda persona en una explicación y la sustituye por la tercera persona ("se puede" en lugar de "te podés"); la 7 NM encierra en un círculo "como que" en "el lenguaje literario como que tiene un plurisignificado", entre otros ejemplos.

## 3.2. Correcciones de sentido

El 9% de las correcciones que realizan los docentes de secundario se refieren al sentido de los textos escritos por los alumnos. Las correcciones en este nivel marcan errores o zonas problemáticas pero, excepcionalmente, informan sobre la causa del error cometido. Constituyen la excepción las docentes 3 NM y 9 NM: la primera de ellas escribe enunciados, en distintas tareas, que remiten a la planificación textual para una futura revisión del texto: "organización en párrafos: armá mejor la secuencia narrativa de la crónica y luego, según los hechos que vayas narrando, estructurala en párrafos"; "revisá la redacción de los párrafos u oraciones subrayados"; "revisá, según las preguntas básicas, la organización de este primer párrafo de la noticia". La docente 9 escribe enunciados como "Buena pregunta pero está descontextualizada" o utiliza símbolos para enviar a una corrección al pie del texto donde contempla: "generalización inadecuada aquí". La docente 10 NM, por su parte, enmienda los textos de los alumnos mediante sustituciones para que tengan sentido; además escribe al pie segmentos reordenados.

Las tres docentes –3NM, 9 NM y 10 NM– coinciden en realizar, proporcionalmente, más correcciones en el nivel del sentido que el resto de los profesores de secundario, ya que más del 20% de sus correcciones se refieren a aspectos del sentido, mientras que el resto de los profesores les destinan menos del 10% de sus correcciones. Al relacionar las consignas en sentido estricto y las tareas solicitadas, se observa que las consignas de las tres profesoras verbalizan actividades de escritura –únicamente, no combinadas con actividades de lectura– inscriptas en un género textual determinado (docentes 3 NM y 10 NM) o en la tradición retórica de la argumentación (docente 9 NM), por lo que sería esperable que guiaran la atención hacia el género y el sentido de los textos, como de hecho parecerían indicar las correcciones efectuadas.

El resto de los profesores marcan mayormente incongruencias entre los mundos representados y los enunciados de los alumnos y, en un nivel de coherencia local, errores en la organización de la información por reiteraciones de palabras.

Las incongruencias se indican mediante signos de interrogación de cierre, en mayor medida, o mediante las observaciones "confuso", "poco claro". Del mismo modo se marca la falta de progresión temática y la omisión de información (en estos casos, los docentes alternan el signo de pregunta aislado con preguntas como "¿por qué?, "¿cómo?", "¿cuál?), mientras que las reiteraciones son identificadas mediante subrayados.

### 3.3. Correcciones de forma

Las correcciones que se refieren a la forma de los textos de los alumnos conforman la mayor parte de las correcciones totales de nivel secundario (el 54%). A su vez, podemos deslindar los aspectos corregidos dentro de esta categoría, representados en el gráfico 8: el 74% de las correcciones corresponden a errores de ortografía por uso incorrecto de grafemas y por omisión o uso incorrecto de tildes; el 14% se refieren a aspectos morfosintácticos, principalmente, a errores de concordancia; el 11% atiende al uso de signos de puntuación, sea por omisión o por uso incorrecto (ya que se han colocado donde no deberían haberse empleado); finalmente, sólo el 1% de los aspectos corregidos dentro de la forma da cuenta del léxico o de las palabras utilizadas.

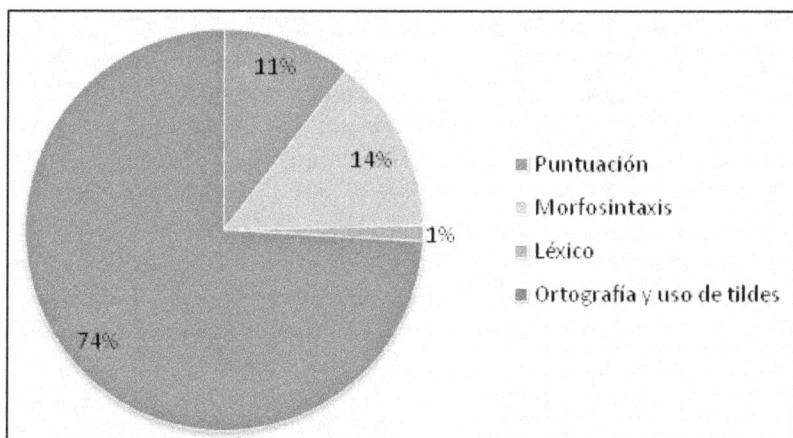

**Tabla 8.** Correcciones que se refieren a la forma. Secundario.

En este nivel de los textos de los alumnos las correcciones se refieren a errores o usos problemáticos y se concretan mayormente en enmiendas o modos de corregir que suplen o resuelven el error cometido (sobre este punto, que corresponde a cómo se corrige, volveremos en el capítulo 5).

De los signos de puntuación con los que contamos en nuestra lengua (punto, coma, punto y coma, dos puntos, paréntesis, corchetes, raya, comillas, signos de interrogación y exclamación y puntos suspensivos) las correcciones de los docentes se circunscriben, mayormente, al uso de puntos, comas, comillas y signos de interrogación.

Se observan reposiciones de signos omitidos, en algunos casos acompañadas por enunciados generales como "uso de signos de puntuación" o "prestar atención a los signos de puntuación" (sin especificación sobre el signo de puntuación al que se refiere concretamente) y marcas (círculos, subrayados). Sólo en algunos casos se corrigen, tachando, signos usados por los alumnos innecesariamente o incorrectamente colocados. En tres casos este aspecto formal de los textos tiene un tratamiento distinto, con un mayor nivel de especificidad acerca de usos de signos de puntuación concretos: la docente 3NM, por ejemplo, indica "faltan signos de puntuación dentro de las oraciones, por ejemplo, comas en aclaraciones"; la profesora 11NM enuncia: "acordáte de abrir los signos [de interrogación] además de cerrarlos" y la profesora 9NM, escribe "¿Por qué comillas? Si fuera cita habría que citar al autor".

Con respecto a la morfosintaxis, las correcciones se refieren a errores de concordancia en grupos nominales y adjetivales, errores de concordancia entre la función de sujeto y el verbo y errores en el uso de las preposiciones y pronombres como clases de palabras. Además de la enmienda, consistente en la sustitución y la reposición de la forma correcta y de diferentes marcas, para este tipo de errores se emplean términos metalingüísticos (en el sentido que le da De Mauro, 2005, ver capítulo 2). En algunos casos, los términos son generales, brindan información acerca del aspecto en el que se produce el error (por ejemplo, "sintaxis"); en otros casos, con mayor grado de especificidad, se explicitan con términos gramaticales como "concordancia", "pronombres relativos y personales", "persona verbal", "sujeto", "género y número", "singular y plural".

El léxico es corregido por siete de los doce docentes de nivel medio y de esos siete, cuatro de ellos indican un error de este tipo en una de las tareas de los alumnos que integran la muestra. Las dos docentes que realizan correcciones más frecuentes de este aspecto (docente 3NM y docente 9NM) lo hacen mediante enunciados que se refieren a las "palabras", como se puede ver en la pregunta: "¿estás segura de que esa es la palabra adecuada al significado que querés transmitir?".

En relación con la ortografía, las correcciones en su mayor parte consisten en la sustitución de un grafema incorrecto por el que corresponde según la ortografía estable, fijada y normalizada históricamente (RAE y AALE, 2010). En cuanto al uso de tildes, conforman estrictamente la mayor parte de las correcciones en los textos de los alumnos; en general se reponen tildes omitidas, a veces con algún otro recurso gráfico que intentaría llamar la atención sobre el error, como trazar esas tildes de un tamaño mayor al de la letra usada por el docente a lo largo de la corrección, subrayar el error (la sílaba o la palabra completa) y marcar una cruz al pie del error.

## 4. ¿Qué se corrige en la universidad?

El corpus está conformado por 122 textos de alumnos corregidos por nueve docentes de la materia *Introducción a la Lectura y la Escritura Académica* de la Sede Andina (Bariloche) de la Universidad Nacional de Río Negro y treinta textos de alumnos corregidos por tres docentes de la materia *Usos y formas de la lengua escrita* del Centro Regional Universitario Bariloche, Universidad Nacional del Comahue.

Estas dos asignaturas se proponen abordar los géneros textuales académicos como una reorganización de los contenidos trabajados en

Lengua durante los años de la escuela secundaria, en una introducción a los estudios universitarios. Constituyen las dos materias que abordan el lenguaje y las lenguas en la formación brindada por universidades públicas de San Carlos de Bariloche. En el momento de la recolección de la muestra, fueron dictadas bajo la modalidad de un cursado intensivo durante los meses de febrero y marzo de 2011.

Coinciden las dos asignaturas en haberse planificado según los lineamientos generales de secuencias didácticas y en mantener una escala de evaluación y de corrección común (Riestra, 2006b; 2009). Sobre esto último se detalla: "La escala de evaluación (propuesta a los alumnos): 1) lenguaje adecuado a la situación comunicativa, 2) coherencia y progresión de la información, 3) puntuación, 4) sintaxis, 5) precisión léxica, 6) ortografía, 7) presentación y legibilidad" (Riestra, 2006b: 47).

Esta idea de la escala de evaluación es parcialmente coincidente con la tabla de control que, según Schneuwly y Bain (1998), debe acompañar las secuencias didácticas, unidades de enseñanza en torno a una actividad de lenguaje dada (Schneuwly, 1994). Su finalidad es, por una parte, proporcionarles a los alumnos una herramienta como lista o serie de reglas para tender a la autorregulación y, por otra parte, orientar en la corrección que realizará el profesor: "La explicitación de las reglas para la producción de textos, aparte de que contribuye a aclarar los objetivos deseados dentro de la secuencia, ayuda al profesor a encontrar un lenguaje común para hablar de los textos con el alumno. Este aspecto adquiere una importancia especial por lo que se refiere a la corrección de los textos" (*op. cit.*: 39). La hipótesis de Schneuwly y Bain que subyace a la producción y al uso de tablas de corrección es que un proceso de enseñanza bien planificado puede prever paso a paso el proceso de aprendizaje: siguiendo a Vygotski, los autores afirman que la enseñanza tiene que organizarse como un proceso de regulación externa en la zona de desarrollo próximo para producir un efecto de aprendizaje y desarrollo. Las escalas de evaluación operan como regulaciones externas que los alumnos pueden internalizar transformando en interpsíquicas, las lógicas y las herramientas que fueron primero interpsíquicas o externas.

De tal forma, los textos de *Introducción a la lectura y escritura académica* (ILEA) y de *Usos y formas de la lengua escrita* (UFLE) han sido corregidos por doce docentes distintos que comparten criterios de corrección a partir de la discusión de una escala de evaluación cuya función sería, a la vez, indicar al alumno los objetivos de sus aprendizajes y brindarle control sobre los mismos y facilitar al cuerpo de docentes criterios comunes para la evaluación de los aprendizajes conseguidos y para la planificación de las actividades posteriores.

El objetivo de la escala es explicitar el instrumento didáctico uso-sentido-forma con el esquema descendente de los aspectos más generales, comunicativos, a los específicos y locales; el orden en la escala da cuenta de un criterio de evaluación puesto que serían más problemáticos los errores de coherencia que los de precisión léxica, por ejemplo.

Se observa *a priori* una diferencia entre el grupo de docentes de los cursos de la universidad y los profesores de nivel medio: los primeros conforman dos grupos con trabajos planificados en secuencias didácticas organizadas en torno a géneros textuales académicos y reguladas con una escala compartida de evaluación; esto podría llevarnos a suponer que sus correcciones, tanto en aquello que se corrige como en la forma de hacerlo, serían más uniformes y homogéneas que las que se analizaron en el nivel secundario.

En relación con la cantidad de correcciones efectuadas por los docentes, se registran un total de 2.396 intervenciones en 122 textos. La cantidad de líneas escrita por cada alumno es de casi cincuenta líneas por texto, en promedio. Se observan veinte correcciones en promedio por trabajo, lo que da un índice de 2,53 para la relación entre líneas escritas por alumno e intervenciones del docente; en otras palabras, cada dos líneas y media escritas por cada alumno hay una corrección del docente. Las variaciones en estos promedios, como puede observarse en la tabla 9, oscilan tanto en la extensión de los trabajos (diecisiete líneas promedio para la docente identificada como 1UFLE hasta 115 para la profesora 9 ILEA) como en la cantidad de correcciones, que llegan desde una corrección cada cinco líneas del alumno (6 ILEA) hasta una corrección por línea (1 UFLE), promedio.

| Docente | Textos analizados | Correcciones | Promedio de correcciones por texto | Promedio de líneas por tarea | Relación entre líneas escritas por los alumnos y correcciones |
|---|---|---|---|---|---|
| 1 UFLE | 10 | 148 | 14,8 | 16,8 | 1,14 |
| 2 UFLE | 10 | 318 | 31,8 | 82,5 | 2,59 |
| 3 UFLE | 10 | 220 | 22 | 54,4 | 2,47 |
| 1 ILEA | 12 | 188 | 15.6 | 31 | 1,99 |
| 2 ILEA | 15 | 217 | 14,46 | 40,4 | 2,79 |
| 3 ILEA | 10 | 230 | 23 | 41,4 | 1,80 |
| 4 ILEA | 10 | 171 | 17,1 | 25,1 | 1,47 |
| 5 ILEA | 10 | 120 | 12 | 46 | 3,83 |
| 6 ILEA | 10 | 113 | 11,3 | 58 | 5,13 |
| 7 ILEA | 8 | 115 | 14,37 | 32,87 | 2,29 |
| 8 ILEA | 8 | 160 | 20 | 52 | 2,60 |
| 9 ILEA | 9 | 396 | 44 | 115,33 | 2,62 |
| TOTAL | 122 | 2396 | 19,63 | 49,65 | 2,52 |

**Tabla 9.** Cantidad de correcciones y promedio de líneas por tarea. Universidad.

Enfocando los aspectos que se corrigen en las tareas de los alumnos, de las 2.396 correcciones, 443 corresponden a correcciones globales; 421, a correcciones de sentido y 1.523, a correcciones de aspectos formales. En porcentajes, como se ilustra en el gráfico 10, el 64% de las intervenciones que realizan los docentes son correcciones que se refieren a la forma y el 36% restante se distribuye entre correcciones de sentido (18%) y correcciones globales (18%).

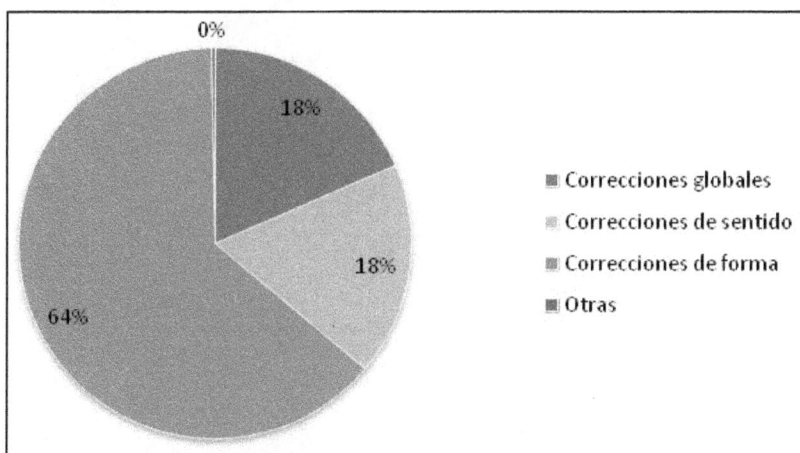

**Tabla 10.** Porcentajes de correcciones globales, correcciones de sentido y correcciones de forma. Universidad.

Los porcentajes oscilan entre el 77% y el 59% de cada profesor en las correcciones destinadas a la forma; un único caso (el de la docente 5 ILEA) presenta un porcentaje más alto de correcciones globales que las destinadas a la forma (54% y 34%, respectivamente). Este caso muestra la heterogeneidad de las correcciones realizadas por distintos profesores: la docente desarrolla la misma consigna de trabajo que la docente identificada como 3 ILEA; utilizan ambas la escala de evaluación propia de la secuencia didáctica (Riestra, 2009) y los alumnos tienen errores similares en sus textos, sin embargo, el 64% de las correcciones de 3 ILEA se refieren al nivel de la forma de los escritos, y sólo el 27% de sus intervenciones pueden adjudicarse a los aspectos globales.

El análisis de las actividades, las tareas y los objetos de enseñanza, como puede observarse en la tabla 11, y el valor de referencia del mayor porcentaje de correcciones de los docentes en cada nivel de los textos de los alumnos da cuenta del predominio de cuestiones de forma en las correcciones de manera relativamente independiente de las actividades y tareas propuestas por las consignas.

| Docente | Actividad(es) | Tareas verbalizadas por la consigna en sentido estricto | Objeto(s) de enseñanza | Nivel en que predominan las correcciones |
|---|---|---|---|---|
| 1 UFLE | Lectura | Reconocer situación comunicativa a partir de paratextos | Situación comunicativa o contexto de producción | Forma (74,32%) |
| 2 UFLE | Lectura y escritura | Reconocer situación comunicativa a partir de paratextos Resumir Redactar una carta a partir de una situación comunicativa y de un tema dado | Situación comunicativa o contexto de producción. Paratextos. Resumen. Género textual carta | Forma (62,58%) |
| 3 UFLE | Lectura y escritura | Reconocer situación comunicativa a partir de los paratextos Resumir Establecer relaciones entre nociones | Situación comunicativa o contexto de producción. Paratextos. Resumen. Nociones teóricas (texto, paratexto, géneros textuales) | Forma (60,91%) |
| 1 ILEA | Lectura | Resumir | Resumen. Paráfrasis | Forma (64,36%) |
| 2 ILEA | Lectura y escritura | Síntetizar | Síntesis. Texto argumentativo | Forma (70,97%) |
| 3 ILEA | Lectura y escritura | Reconocer situación comunicativa a partir de los paratextos Parafrasear tema y subtema Redactar un texto a partir de una situación comunicativa y de un tema dado | Relación entre contexto, texto y paratexto. Tema y subtemas. Cita directa e indirecta. | Forma (63,91%) |
| 4 ILEA | Lectura | Resumir | Resumen. Paráfrasis | Forma (66,08%) |
| 5 ILEA | Lectura y escritura | Reconocer situación comunicativa a partir de paratextos Parafrasear tema y subtema Redactar un texto a partir de una situación comunicativa y de un tema dado | Relación entre contexto, texto y paratexto. Tema y subtemas. Cita directa e indirecta. | Global (54,17%) |
| 6 ILEA | Escritura | Redactar un texto inscripto en un género textual dado (reseña) | Género textual reseña | Forma (69,03%) |
| 7 ILEA | Escritura | Redactar un texto inscripto en un género textual dado (ensayo) | Género textual ensayo | Forma (77,39%) |
| 8 ILEA | Escritura | Redactar un texto inscripto en un género textual dado (reseña) | Género textual reseña | Forma (59,38%) |
| 9 ILEA | Escritura | Redactar un texto inscripto en un género textual dado (monografía) | Género textual monografía | Forma (61,11%) |

**Tabla 11.** Actividades, tareas y objetos de enseñanzas verbalizados en las consignas en sentido estricto y correcciones predominantes por nivel. Universidad.

En la medida en que la escala de evaluación usada para corregir contempla un orden descendente, de lo más externo de la textualización (lo interindividual) a lo más interno (las decisiones basadas en operaciones psicolingüísticas), las correcciones globales observan aspectos generales de las actividades de lectura y de escritura, afectando zonas más amplias de los textos de los alumnos, en tanto que las correcciones de forma atienden aspectos puntuales, aunque resultan más numerosas.

## 4.1. Correcciones globales

Las correcciones globales, por una parte, dan cuenta de la inserción del texto escrito por el alumno en el género solicitado (6-9 ILEA y actividades de escritura en 2 UFLE y 3 y 5 ILEA), de procedimientos empleados en el resumen (2 y 3 UFLE, 1 y 4 ILEA) y la síntesis (2 ILEA) y de las nociones teóricas y conceptos aplicados (1-3 UFLE, 3 y 5 ILEA). Por otra parte, en relación con la escala de evaluación, corresponden al uso del lenguaje adecuado según la situación comunicativa (ítem 1 de la escala).

Las correcciones indican sobre la adopción y adaptación del género textual que es objeto de enseñanza: por ejemplo, para la reseña: "faltaría una breve valoración crítica" (6 ILEA), "sería interesante ampliar la contextualización del cuento en el marco de la obra de Walsh" (6 ILEA); "Mucha vaguedad, falta análisis, desarrollo, contextualización" (8 ILEA), "faltan aportar elementos sobre el argumento del cuento y el contexto" (8 ILEA), "la síntesis del texto no es clara. Hay grandes fragmentos innecesarios sin relacionar. Falta precisión sobre el contexto. El análisis es confuso" (8 ILEA), "Tomás grandes fragmentos del texto de R. Gutiérrez sin citarla. Este trabajo no es una reseña sino una semblanza biográfica de Walsh donde "Esa mujer" aparece mencionada" (8 ILEA). En cuanto al género monografía, la docente 9 ILEA indica carencia de fuentes: "Una monografía debe tener más de una fuente bibliográfica".

También en relación con el género y con el uso de los mecanismos de enunciación, las correcciones de la docente 9 ILEA y el docente 6ILEA advierten sobre la atribución de voces de los autores como si fueran propias de los alumnos, cuando no se mencionan a los autores, no se han empleado comillas y/o no se menciona la fuente. En estos casos la docente 9 ILEA escribe las preguntas: "¿cita?", "¿referencia?", "¿fuentes consultadas?" o marca el párrafo con una X. En el mismo sentido opera el enunciado: "en este ítem no hay elaboración propia". Tres enunciados del docente 6 ILEA presentan valoraciones sobre las condiciones de producción de los textos escritos por los alumnos, no como elaboraciones autónomas, sino como citas directas no referenciadas: "La producción no se ajusta al género trabajado ya que se compone de una suma de referencias literales de diversas fuentes" (6 ILEA 1), "El trabajo se compone de una suma de citas directas y otras referencias que no alcanzan a conformar el formato genérico de la reseña" (6 ILEA 7), "Hay amplios sectores del texto que son copia textual de información contenida en diversos sitios web" (6 ILEA 4).

En cuanto a las nociones y los conceptos aplicados, se identifican correcciones globales que dan cuenta de carencias para indicar un aspecto incompleto o sin realizar o bien, errores conceptuales: la profesora 5 ILEA escribe "función?", "enunciador?"; el docente 3 UFLE señala "insuficiente" (dos veces), "Bien pero insuficiente: la consigna pedía tres nociones y su interrelación!", "Revisar estas nociones teóricas, hay imprecisiones y ambigüedades", "poco preciso" o "Nociones teóricas" (este enunciado requiere ser interpretado: la respuesta del alumno a ese punto de la consigna se basa en el desarrollo de nociones instrumentales, no teóricas). La docente 1 UFLE también identifica puntos que han quedado incompletos: "Falta precisar la finalidad y los destinatarios", "Dificultad para determinar al destinatario" y la docente 3 UFLE inserta enunciados que especifican el concepto en el que se presentan errores en relación con la situación de comunicación y los paratextos (ej.: "volante", "copete", "finalidad", "lectores", "autor", "datos de edición") y preguntas breves con pronombres interrogativos para indicar que no se explicitan o detallan partes de las respuestas: "¿cuál?", "¿cómo es?", "¿de qué modo?", "¿cuáles son?", "¿qué información?", "¿qué permiten anticipar?" –estas dos últimas preguntas en referencia a la información que permiten anticipar los paratextos–.

En relación con los procedimientos, la profesora 3 UFLE alude a los procedimientos de resumen de Van Dijk (1983): "revisar macroestructura", "completar –macroestructura/macrorreglas", "omitir, condensar", "información redundante/trivial. Condensar", "omitir" y la docente 1 ILEA indica "contextualizar" al inicio de los resúmenes de los alumnos ("contextualizar autor/época", "contextualizar el texto", "contextualizar al comenzar a escribir") o "momento histórico" para señalar que no se identifican relaciones entre el resumen y el contexto de producción del texto resumido. La docente 4 ILEA indica cómo considera que se realizó cada resumen y qué relación guarda con el texto fuente: "Falta información importante y falta una progresión coherente y ordenada de las ideas". En algunos casos hace referencia a logros parciales como "Muy buen inicio", "El texto está bastante bien, pero hay importantes problemas de comprensión", "Hay partes muy bien reformuladas", "Muy bien el texto en general". En otros casos identifica dificultades en la lectura del texto fuente, por ello, escribe: "Como paráfrasis, de a ratos está demasiado pegada al texto original", "error de comprensión", "estas características están aplicadas a otra cuestión en el texto original".

Dentro de los aspectos procedimentales consideramos correcciones que enmarcan la necesidad de releer el texto escrito antes de presentarlo (9 ILEA).

Los enunciados con los que corrige la docente 3 ILEA especifican aspectos sobre la resolución de un parcial con dos actividades, una de lectura y otra de escritura, y apuntan simultáneamente a conceptos teóricos y procedimientos como puede observarse en las dos correcciones siguientes: a) "En Actividad de escritura: ajustar coherencia de P1. Reorganizar la presentación de tesis/argumentos. Lorena: la actividad de escritura está muy floja. Seguir ejercitando argumentación (planteo de postura/presentación de argumentos) y uso de citas"; b) "Ana: tu parcial no está en condiciones de ser aprobado. En 1.: revisar contexto de producción (teoría) y revisar formulación de tema/subtemas. Textualizar la respuesta. En 2.: revisar argumentación (empleo 1psg., presentación de argumentos, cierre-conclusión), citas (sentido, pertinencia, relación con lo anterior y lo que sigue)". Se colocan en un mismo nivel las nociones que según la docente cada alumno desconoce (y se le solicita, por tanto, revisar) y los procedimientos de los que no puede dar cuenta en su texto mediante la escritura. Lo mismo se identifica en otros enunciados que 3 ILEA coloca en los márgenes de otros textos: "Revisar el modo de concluir", "revisar el modo de incluir la cita", "revisar destinatarios", "revisar tema-subtemas (identificación / formulación)", "¿otros argumentos? / ¿cierre? ¿conclusión?", "faltan elementos/factores del contexto", "ajustar la coherencia del texto que presentás como desarrollo de 1", "¿por qué la inclusión de esta cita?".

En referencia al uso del lenguaje acorde a la situación comunicativa, corresponden a este aspecto el 3% del total de las correcciones que los docentes de la universidad realizan en los textos de sus alumnos. Los errores corregidos en este nivel son: a) rasgos de oralidad, como los mecanismos de enunciación –el empleo de la segunda persona "vos"– para dirigirse a los destinatarios de cartas formales y de reseñas en 2 UFLE y 6 y 8 ILEA, respectivamente, o el uso del modismo "claro" en 5 ILEA; b) usos informales como empleo del nombre propio para referirse a los autores (Arturo por Jauretche, Mario por Wainfeld) en varios textos de los alumnos; "encima" para indicar "peor aún", "se bancó" por "soportó" (4 ILEA); uso de abreviaturas personales (8 y 9 ILEA).

Dentro de estas correcciones globales, en relación con los géneros textuales académicos que son objeto de enseñanza en estas asignaturas universitarias, varias se refieren a cómo se han insertado voces y citas de otros autores, en particular las citas directas, y a la cantidad y la extensión de las citas empleadas. Por ejemplo, la profesora 2 ILEA plantea una consigna que no determina el género en el que se inscriben los textos solicitados a los alumnos, pero se asimila a géneros usados en la comunicación de los saberes adquiridos mediante la lectura por el uso de la noción procedimental "síntesis". La docente marca cuestiones relacionadas con la distribución de las voces –la voz autoral del alumno y las voces citadas (en general, provenientes de las lecturas previas)– en los textos. Indica la omisión de fuentes de citas y, por lo tanto, la atribución de enunciados ajenos como enunciados propios, y señala el empleo de voces en primera persona del plural mediante los términos "situación comunicativa-uso de nosotros" o bien redondeando pronombres, ya que las voces en primera persona se corresponden con la de los personajes que debieron haberse citado, y no con las voces autorales de los alumnos.

En relación con el estilo, la docente 4 ILEA escribe: "si vas a utilizar el indirecto, el resto del texto te queda incoherente". En cuanto a la cantidad y extensión de citas directas: "utilizás una cita muy larga y no es correcto", "la cita impide corregir cosas de escritura. Hay información que quedó fuera de tu paráfrasis y que tal vez hubiera sido interesante agregar. Por ejemplo que fundamentaba muy bien sus críticas", "demasiadas citas", "mover [al autor y al verbo "de decir"] para que no queden las dos citas juntas". La docente 9 ILEA, además, identifica usos incorrectos de las convenciones bibliográficas o la referencia incompleta de las fuentes, que corrige mediante marcas y enmiendas. Usa marcas como cruces, círculos y flechas para reordenar los elementos de modo acorde a las convenciones. Emplea enmiendas consistentes en el agregado de signos de puntuación omitidos (por ejemplo, la coma entre el apellido y el nombre de los autores) o el agregado de lugar de edición omitido. También escribe enunciados que indican: "ver cómo se incluyen las referencias en la bibliografía" o "ver cómo se incluyen las referencias bibliográficas en los textos académicos".

## 4.2. Correcciones de sentido

Las correcciones en el plano del sentido conforman el 18% de las que realizan los docentes en los textos de los alumnos del nivel universitario. Se corresponden mayormente con marcas en los márgenes de zonas problemáticas de los textos; en el margen o al pie los docentes consignan el ítem correspondiente de la escala de evaluación: "coherencia".

La falta de congruencia con los mundos representados se identifica con un signo de interrogación o una línea quebrada o sinusoidal en los márgenes de los textos de los alumnos, acompañada o no por el enunciado "coherencia". En algunos casos estas formas de corregir sirven para identificar redundancias, tautologías y repeticiones de palabras.

Cuando los problemas en el nivel del sentido se relacionan con la progresión de la información, en particular, porque se producen omisiones de información, los docentes reponen lo elidido o bien realizan preguntas breves en los márgenes de los textos de los alumnos. Por ejemplo, la docente identificada como 2 UFLE usa preguntas breves con pronombres interrogativos y verbos ("¿cuáles tiene?", "¿cuántos son?", "¿y lo son?", "¿todos?", "¿cuáles sí y cuáles no?", "¿cuántos hay?"), sustituciones (por ejemplo, sustituye una locución adverbial por otra que es coherente con la relación entre las informaciones), tacha información redundante. Las docentes 1 y 2 ILEA también utilizan pronombres interrogativos (a veces con un verbo) entre signos de interrogación: "¿cuál?", "¿cuáles?", "¿quién?", "¿quién dice?", "¿qué es?", "¿dónde?" (1 ILEA); "¿qué?", "¿quién?" –dos veces–, "¿a quién?", "¿qué dice?", "¿cómo?", "¿cuál?", "¿en dónde?", "¿qué proyectos?", "¿en qué consiste(n)?" –dos veces–, "¿a qué te referís?", "¿para qué?", "¿cuál es la relación entre una idea y otra?", "¿por quiénes?", "¿con qué?", "¿de qué?" (2 ILEA).

Las correcciones de sentido que se centran en los mecanismos de textualización enfocan errores en la conexión o errores en la cohesión nominal. Estos factores también son corregidos mediante preguntas breves o mediante enmiendas (sustituciones, tachados) que los docentes realizan en los textos de los alumnos; por ejemplo, la profesora 9 ILEA agrega organizadores textuales para marcar la relación entre la información en el nivel oracional o entre dos oraciones de un párrafo, repone información omitida, tacha usos de pronombres demostrativos (en un nivel extraoracional) cuyo referente es ambiguo y tacha información redundante.

## 4.3. Correcciones de forma

Las correcciones de aspectos formales de los textos de los alumnos en el nivel universitario conforman el 64% del total de las correcciones que los docentes realizan. Dentro de las correcciones de forma, como se representa en el gráfico 12, el 56% se refieren a la ortografía por el uso incorrecto de grafemas y tildes; el 19% abordan aspectos de puntuación; el 18%, cuestiones de morfosintaxis y el 7%, el léxico o la precisión de las palabras utilizadas.

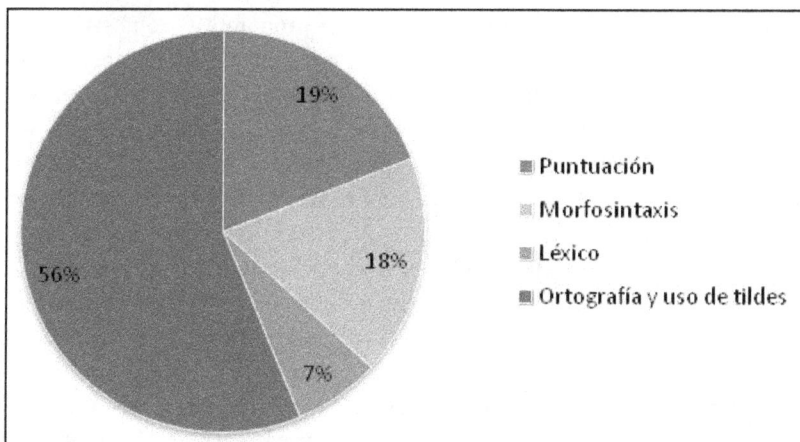

**Tabla 12.** Correcciones que se refieren a la forma. Universidad.

Las correcciones en este nivel de los textos de los alumnos se refieren a errores en el empleo de la lengua normada (Bronckart, 2010a) y se realizan mediante enmiendas, marcas, o la combinación entre ambas, aspecto que se desarrollará en el capítulo 5.

En relación con la puntuación, se observa que los docentes corrigen este aspecto reponiendo los signos omitidos (principalmente puntos, comas, dos puntos) y tachando o sustituyendo los usados incorrectamente cuando se trata de correcciones locales a errores que afectan unidades infraordenadas de los textos. Así, la mayor parte de las correcciones indican errores en los "delimitadores principales" (RAE y AALE, 2011: 283) que establecen los límites entre unidades lingüísticas del texto: grupos sintácticos y oraciones. Si los errores a nivel de la puntuación afectan zonas más extensas de los textos (por ejemplo, porque las omisiones de signos de puntuación se suceden una tras otra) los profesores los señalan con enunciados y marcas: un texto de dieciocho líneas que no presenta puntos y apartes motiva que el profesor 6 ILEA escriba al pie del trabajo: "Convendría estructurar el texto en párrafos más cortos". El docente 7 ILEA traza una flecha vertical al margen y escribe el enunciado "puntuación", si hay omitidos más de un signo de puntuación. En un caso, señala, además, con tres signos de admiración (!!!) la ausencia de todos los signos de puntuación en una zona del texto del alumno que se extiende veintitrés líneas.

Los errores de morfosintaxis que los docentes corrigen corresponden a la conjugación de los verbos, la concordancia de grupos nominales y de funciones sujeto-verbo, las preposiciones, los pronombres demostrativos, relativos y posesivos, los artículos y las construcciones de gerundios. En relación con la conjugación de verbos, los docentes sustituyen los errores en tiempos y modos, también suplantan las formas irregulares conjugadas como regulares (por ejemplo, "extraí" por "extraje"). Marcan y reemplazan las formas que no concuerdan, en género y número o en persona y número; tachan, sustituyen o identifican preposiciones y locuciones preposicionales usadas incorrectamente según su significado relacional y las restricciones sintácticas en las oraciones de las que forman parte; reemplazan artículos determinados por indefinidos; señalan usos de gerundios que aparecen consecutivamente o que reemplazan a los verbos conjugados. Además, los profesores agregan conjunciones omitidas y señalan, mediante pronombres interrogativos, las omisiones de argumentos, es decir, de constituyentes exigidos por el significado léxico de los predicados.

La mayor parte de las correcciones morfosintácticas constituyen enmiendas de los textos escritos por los alumnos, en algunos casos acompañadas por una indicación acerca del nivel en el que se producen los errores conforme a las pautas de corrección establecidas en la secuencia didáctica de la materia ("sintaxis") y en otros casos, por términos específicos gramaticales: "concordancia", "sujeto", "verbo", "gerundio".

Con respecto al léxico, se encuentran marcas en torno a las palabras, usualmente círculos; los docentes identifican el punto de la escala de corrección: "precisión léxica"; sólo tres de los doce profesores proponen sustituciones más ajustadas para los términos empleados por los alumnos.

En cuanto al uso incorrecto de grafemas, los docentes señalan mediante diferentes marcas o sustituyen la letra incorrecta por la que corresponde normativamente. Las omisiones de tildes conforman el tipo de error más corregido en los textos, para ello se usan marcas o bien se colocan las tildes omitidas. En cambio, el uso de tildes donde no corresponden es en algunos casos tachado o marcado mediante círculos, y en otros, no corregido.

## Síntesis del capítulo

Ha podido observarse que los docentes de Lengua en los últimos años de nivel medio y en el inicio de los estudios universitarios corrigen los distintos niveles de las tareas de sus alumnos que dan cuenta de articulaciones entre el lenguaje como actividad de producción y creación de textos y la lengua como la técnica semiótica e histórica con la que se realiza dicha actividad.

En ambos niveles predominan las correcciones de aspectos formales de la lengua, específicamente, de su escritura, entre las que sobresalen aquellas que se refieren al uso de grafemas y tildes. Éstas ocupan el 40% del total de las correcciones efectuadas por los docentes de nivel secundario y el 36% de las que ocurren en la universidad. Si bien la causa de este predominio es una mayor cantidad de errores en grafemas y usos de tildes por parte de los alumnos, es preciso considerar que la ortografía constituye el aspecto más estable y fijo (RAE y AALE, 2011) de la norma histórica de la lengua española, lo que daría una mayor homogeneidad entre los profesores acerca del criterio de lo que se considera error y por ello, objeto de corrección.

Las correcciones que ubico en el nivel de la forma comprenden asimismo la puntuación, la sintaxis y el léxico, donde se observa mayor disparidad entre lo que se corrige en nivel medio y lo que se corrige en la universidad: mientras que a la puntuación se destinan el 5,5% de las correcciones totales del secundario, la cifra asciende al 12% de las correcciones en la universidad.

En cuanto a la sintaxis, se observó el 8% del total de las correcciones destinadas a este nivel en el secundario, frente al 11% en la universidad. Se registran en este nivel, asimismo, más aspectos de la sintaxis que son objeto de corrección: en nivel medio se corrigen mayormente la concordancia y el uso de preposiciones y pronombres; en tanto que en nivel universitario, además de esos aspectos, los docentes marcan el uso incorrecto de gerundios, artículos determinantes y la ausencia de los argumentos, según las valencias de los verbos, en oraciones que de este modo quedan incompletas.

En relación con el léxico, las correcciones representan el 0,5% del total en el secundario y el 4% en la universidad.

En total, las correcciones que se refieren al nivel de la forma constituyen el 54% de las correcciones en nivel medio y el 64% en la universidad.

En el nivel de las correcciones globales, que se relacionan con las consignas de trabajo y las tareas por ellas verbalizadas, las diferencias entre secundario y universidad podrían generarse en el hecho de que los profesores de nivel medio plantean consignas de elaboración propia, mientras que las materias de introducción a la lectura y escritura en ambas universidades se organizaron en función de una secuencia didáctica con pautas de evaluación compartidas y con criterios comunes que podría haberlas cohesionado. Por una parte, en el secundario, las correcciones globales ocupan el 36% del total, mientras que en la universidad conforman el 18%. Hemos puesto en relación tal diferencia con las consignas de trabajo, las actividades y las tareas, y observamos un predominio de correcciones globales que se refieren a la aplicación de conceptos en las tareas de contestar cuestionarios, en nivel medio, que constituye una forma de tarea no contemplada en la secuencia didáctica de la universidad. Por otra parte, las correcciones referidas al género textual son concordantes con actividades de escritura y con consignas en sentido estricto que presentan a los géneros como objetos de enseñanza. En estrecha relación con el género, la adecuación del lenguaje utilizado a la situación comunicativa es una cuestión corregida con mayor frecuencia en nivel universitario que en nivel medio (3% y 0.5%, respectivamente); en parte, explicable por la importancia que cobra, en los géneros académicos, el uso de voces de diferentes autores y la correcta atribución de las voces mediante los mecanismos de citas, objeto de enseñanza reiteradamente corregido en los textos escritos por los alumnos de la universidad. Las correcciones globales que se refieren a los procedimientos utilizados, en secundario, suelen estar acompañadas por indicaciones acerca de reescribir la tarea, que se presentan como secuencias instruccionales para revisar la acción de lenguaje llevada a cabo. Otras correcciones globales, en relación con el estilo y con lo que resulta materia de opinión por parte de docentes y alumnos, nos permiten registrar las particularidades propias de las lógicas de cada uno de los profesores corrigiendo y dan cuenta de una mayor diferenciación en las maneras de corregir cuando se incluyen tales aspectos.

En cuanto al sentido de los textos, es el aspecto al que se le destina el menor número de correcciones, tanto en nivel medio como en la universidad (9% y 18%, respectivamente), aunque con grandes diferencias entre ambos niveles educativos, puesto que el porcentaje correspondiente a la universidad duplica el de secundario. La mayor parte de estas correcciones identifican zonas problemáticas en los textos de los alumnos mediante marcas que señalan el tipo de error cometido pero no aportan información acerca de posibles causas o soluciones.

Los niveles que hemos descripto precedentemente y presentado de forma sucesiva y deslindada, se hallan corregidos en forma simultánea en los textos de los alumnos. En muchos casos, se utilizan las mismas marcas para errores de distinto nivel, lo que vuelve ambiguos los significados de las correcciones, o bien se superponen correcciones globales sobre procedimientos para una reescritura, con sustituciones y tachados mediante los cuales los docentes enmiendan el sentido y la forma, logrando así una versión ya acabada de los textos que sugieren rehacer. En el próximo capítulo, "Cómo se corrige", abordaremos los modos y la sucesión de las correcciones en los textos escritos en Lengua en relación con los niveles de corrección aquí abordados.

# Capítulo 5

## ¿Cómo se corrige?

Pueden distinguirse diferentes modos de intervención docente en los textos de los alumnos o modos de corregir que delimitaremos a partir de la combinación de tres categorías: **enunciados, marcas y enmiendas.** Para diferenciar estos modos de corregir, es necesario retornar a las definiciones de **diálogo** y de **palabra ajena** de Volóshinov (*op. cit.*), puesto que permiten explicar la interrelación y la inserción de enunciados de diferente autoría en un texto.

Volóshinov advierte que todos los enunciados, productos de la generación continua en el lenguaje, están orientados hacia sus destinatarios específicos:

> … la palabra representa un acto bilateral. Se determina en la misma medida por aquel a quien pertenece y por aquel a quien está destinada. En cuanto palabra, aparece precisamente como producto de las interrelaciones del hablante y el oyente. Toda palabra expresa "a una persona" en su relación con "la otra". En la palabra me doy forma a mí mismo desde el punto de vista del otro, a fin de cuentas desde el punto de vista de mi colectividad. La palabra es el puente construido entre el yo y el otro. Si un extremo del puente está apoyado en mí, el otro se apoya en mi interlocutor. La palabra es el territorio común compartido por el hablante y su interlocutor (*ibídem*: 137).

Cualquier interacción comunicativa está orientada hacia su destinatario en este sentido, cualquier acción en el lenguaje es, como se mencionó antes, una interacción que prevé su respuesta y que se inserta en la comunicación ininterrumpida. No obstante, Volóshinov señala un carácter peculiar de ciertas interacciones que, además de tener este carácter dialógico general, se distinguen por el uso de la palabra del otro –o palabra ajena– en el propio enunciado.

La "palabra ajena" es "…un discurso en el discurso enunciado dentro de otro enunciado, pero al mismo tiempo es un discurso enunciado acerca de otro enunciado" (*ibídem*: 180), es decir, es un enunciado referido dentro de un enunciado autoral. El autor agrega: "El discurso ajeno y el contexto transmisor no son más que los términos de una interrelación dinámica. Esta, a su vez, refleja el dinamismo de la orientación social recíproca de las personas en el proceso de la comunicación ideológico-verbal" (*ibídem*: 186).

Las correcciones de los docentes se insertan en los enunciados de los alumnos, es decir, se realizan en un enunciado ajeno, con el que conforman un tipo especial de diálogo o interrelación. Se conforman **con** y **sobre** la palabra ajena: con los enunciados de los alumnos y sobre ellos.

Volóshinov distingue dos modos de inserción de la palabra ajena en un contexto autoral: **el estilo lineal o dogmático y el estilo pictórico**. El estilo lineal traza los límites entre el enunciado ajeno y el enunciado autoral:

> Su tendencia principal consiste en la creación de contornos externos nítidos en discurso ajeno débil en su individuación. Si se logra una homogeneidad estilística plena de todo el contexto (el autor y todos sus personajes hablan un mismo lenguaje), el discurso ajeno alcanza una cerrazón máxima y una claridad escultórica desde el punto de vista gramatical y composicional (*ibídem*: 188-189).

El estilo pictórico, en cambio, desdibuja los contornos de la palabra ajena y el contexto autoral:

> En la segunda dirección del dinamismo de la orientación mutua entre el discurso ajeno y el autorial [sic] ponemos de manifiesto procesos de carácter totalmente opuesto. La lengua elabora los modos de una introducción más fina y flexible de la réplica y del comentario autorial en el discurso ajeno. El contexto autorial tiende a desintegrar el carácter compacto y cerrado del discurso ajeno, a borrar sus fronteras. Este estilo de transmisión del discurso ajeno lo podemos denominar pictórico. Su tendencia consiste en desdibujar los nítidos contornos exteriores de la palabra ajena. En este caso el mismo discurso aparece individualizado en una medida mucho mayor (*ibídem*: 189).

Para realizar esta analogía entre el discurso referido y las correcciones es preciso invertir las relaciones que marca Volóshinov en el tratamiento de las fronteras entre ambos enunciados, puesto que la inserción de una voz segunda o voz del docente se realiza sobre la voz primera o voz del alumno, no refiriendo ese texto previo, sino replicándolo.

Enunciados y marcas constituyen modos del estilo pictórico, caracterizado por sus relativismos y matices evaluativos. Son formas en las que los docentes mantienen una distancia y una diferenciación autoral con los enunciados de los alumnos: señalan las características del discurso ajeno e identifican sus errores y problemas pero ambas voces, la del docente y la del alumno, conservan sus fronteras diferenciadas.

## 1. Los modos de corregir: enunciados, marcas, enmiendas

### 1.1. Enunciados

Los **enunciados**, específicamente, adoptan las formas de réplicas destinadas a los alumnos-productores de cada texto. Dan cuenta de la relación social inmediata entre los participantes de la acción comunicativa, el docente y el alumno, en una situación social más amplia y englobadora como son la institución escolar o la institución académica. El contexto de estos enunciados está determinado, asimismo, por las tareas dirigidas por una consigna de trabajo (Riestra, 2004). Construyen tanto una configuración del destinatario como del enunciador y revelan, en primer plano, las representaciones que el docente hace de sí mismo en su rol de profesor y de los alumnos como destinatarios.

Su contenido temático concierne a los objetos de enseñanza y las acciones y las operaciones que los alumnos han internalizado o que sería deseable que hubieran internalizado en las clases de Lengua.

Los ejemplos 40 y 41 ilustran el entramado de enunciados y marcas de corrección. En el 40, pueden observarse tres enunciados de la docente. El primero de ellos se refiere a un aspecto global que podemos considerar estilístico: la preferencia por el verbo "decir", en su forma sintética, conjugado en futuro simple del modo indicativo en lugar de la forma analítica y perifrástica usada por el alumno –propia, por otra parte, del español americano. Otro enunciado global se refiere al género textual y el tercero, al sentido del texto, de modo general: "ajustar coherencia en 2". Asimismo, la docente ha subrayado las expresiones "voy a decir que" y "en el cual": mientras que la primera de estas dos marcas se corresponde con el primer enunciado, no hay un enunciado que informe acerca del error en el segundo caso. La docente además sustituye la forma "voy a decir que" por "diré que".

**Ejemplo 40.** Corrección mediante enunciados. Transcripción: "*revisar el modo de presentar la propia postura*", "*revisar la relación de postura personal, argumentos, citas seleccionadas*", "*Ajustar coherencia en 2)*" (3 ILEA 1).

En el ejemplo 41, el enunciado de la profesora propone una interpretación distinta de la escrita por el alumno, en congruencia con el argumento de la película que es objeto de análisis en esa tarea:

**Ejemplo 41.** Corrección mediante enunciados. Transcripción: "*¡no! Decidieron dejarlos con sus abuelos e irse*" (12 NM 6).

En este y en los dos ejemplos que siguen, podemos reconocer algunas de las características que Volóshinov especifica como la reacción de una palabra a la otra: la no disociación, gramaticalmente, de ambos enunciados; la incorporación de ambos en un contexto unificado y la ausencia de las formas sintácticas que estructuran la unidad del diálogo. En el ejemplo 41, en el enunciado de la docente hay un sujeto elidido, un pronombre personal ("los" en "dejarlos") y un pronombre posesivo "sus" que se refieren, respectivamente, a los padres y a los hijos de la familia aludida en el enunciado del alumno y cuyos referentes no pueden reponerse sino a partir de la lectura completa del texto del alumno.

El enunciado del ejemplo 42 adopta la modalidad interrogativa. Identifica, en el nivel del sentido, omisiones de información que completarían la respuesta dada por el alumno. La inserción de "por ejemplo" ("p. ej."), por parte del profesor, se interpreta como la indicación de una necesidad de mayor especificidad en cuanto a "destinatarios" o "personas que adquirieron el libro y han comenzado a leerlo".

Ejemplo 42. Corrección mediante enunciados. Transcripción: *"p. ej. ¿cuáles?"* (3 UFLE 9).

En el ejemplo 43 pueden observarse dos enunciados del docente; el primero de ellos indica lo procedimental "justificar con la frase", en el nivel de las correcciones globales, y con el segundo se identifica un problema de sentido. Mientras que el primer enunciado emplea una forma en infinitivo; el segundo de ellos es predicativo, se infiere que lo que "no es claro" es el enunciado escrito por la alumna, puesto que no hay, en él, ningún antecedente con el que concuerde el adjetivo "claro".

Ejemplo 43. Corrección mediante enunciados. Transcripción: *"justificar con la frase"*, *"no es claro"* (2 NM 2).

La fusión gramatical entre dos enunciados autorales podría ser la causa de que gran parte de las correcciones de los docentes no comiencen con mayúscula, lo que refuerza el carácter dependiente de estos enunciados con respecto a los enunciados de los alumnos.

Por otra parte, atendiendo la ausencia o la presencia de marcadores (pronombres personales de segunda y tercera persona, formas verbales) en los enunciados, que reflejan la interacción entre docente y alumnos, y el empleo de los mecanismos de asunción de la responsabilidad enunciativa, se pueden distinguir formas más objetivadas o distantes y formas subjetivadas o de acercamiento con los alumnos.

Consideramos que son formas afectivas o subjetivadas aquellas en las que el autor de la corrección involucra a su destinatario, por ejemplo, mediante el empleo de pronombres personales y vocativos, el uso del nombre propio y/o de apodos del alumno para dirigirse a él, y el empleo de verbos en segunda persona del singular o en primera persona del plural (que incluye al docente). Mediante estas formas afectivas se buscaría una proximidad con el alumno, personalizando la corrección y apelando a las emociones compartidas que se ponen de relieve en la interacción.

En cambio, la ausencia de estos marcadores y el empleo de mecanismos de impersonalidad tenderían a producir un efecto de distanciamiento entre el docente y el alumno-destinatario de la corrección. Se presenta el contenido de las correcciones como objetivado o autónomo de la interacción docente-alumno. Este distanciamiento podría resultar de la pretensión de mostrar la corrección como parte de una evaluación imparcial y despojada de toda implicancia emocional.

### 1.2. Marcas

Las marcas, por su parte, conforman un código semiológico no articulado y articulado de mayor o menor complejidad, según consten de dos o más signos. Se trata de un sistema de representación secundario conformado por un código no lingüístico que interviene en el código lingüístico, por lo tanto, podemos caracterizarlo a partir de los criterios semánticos que señala De Mauro (1986): a) sus significados son no finitos, b) sus significados son superponibles (por presencia de sinónimos). Por la naturaleza de las marcas como código semiológico, esa sinonimia debiera ser calculable, es decir, las marcas se caracterizan por la ausencia de creatividad, por oposición a enunciados y enmiendas, que no pueden dejar de ser creativos.

En relación con las marcas que los docentes realizan como correcciones de las tareas de los alumnos, en primer lugar, señalamos la presencia de signos que pertenecen a un código no articulado. El código menos complejo está formulado por dos signos: lo subrayado por oposición a lo no subrayado, como se aprecia en el ejemplo 48; lo encerrado entre corchetes como erróneo o problemático frente a lo que se deja fuera de ellos (ejemplo 44).

*4) las aspas se mueven porque el capitán del barco dijo*
*"a toda marcha" porque el barco mira el fondo del mar*
*y no quiere caer al abismo oscuro.*

**Ejemplo 44.** Corrección mediante marcas no articuladas con dos signos: subrayado/no subrayado. Transcripción del enunciado del alumno con las palabras subrayadas y no subrayadas por la docente: *las aspas se mueven porque el capitán del barco dijo "a toda marcha" porque el barco mira el fondo del mar y no quiere caer al abismo oscuro* (4 NM 8).

En la tarea a la que pertenece el ejemplo 44 no es explícito cuál es el error marcado mediante el subrayado, aunque puede inferirse por comparación con el resto de los trabajos corregidos por la docente que el subrayado indica repetición de palabras que afectan al nivel del sentido. En el ejemplo 45 tampoco se explicita el significado de los corchetes; puede reconocerse que identifican un problema de coherencia.

**Ejemplo 45.** Corrección mediante marcas no articuladas con dos signos: entre corchetes/ no encerrado entre corchetes. Transcripción del enunciado de la alumna con las palabras encorchetadas y no encorchetadas por la docente: *"[Aprender un poco más de Rodolfo Walsh fue muy interesante, poder saber de su vida, el hombre que fue.] Su pasión por escribir es admirable, haber dedicado su vida a lo que creía y necesitaba contar es valorable. Le toco vivir en la peor época argentina, donde no había libertad de expresión, que justamente era lo que él hacía. [Su cuento me pareció muy bueno, en cuanto a lo que trae detrás. Es una obra muy bien lograda]"* (8 ILEA 4)

El ejemplo 46, por oposición a los dos anteriores, da cuenta de la combinación de varios signos con códigos no articulados: la docente emplea un código más complejo, conformado por diversos tipos de subrayados (lineal, doble y sinusoidal) y flechas en diferentes direcciones. En el ejemplo pueden verse una flecha hacia abajo y una línea vertical cortando una línea horizontal, como marcas que la profesora emplea para dar cuenta de un error de puntuación (el alumno emplea punto y seguido, en lugar de punto y aparte) y un error de ortografía (uso de b por v), respectivamente. Además, se observan marcas similares en el margen de la hoja, lo que da cuenta de cierta redundancia de la corrección, presumiblemente, con el objeto de que sea más visible.

**Ejemplo 46.** Corrección mediante marcas no articuladas con más de dos signos (5 ILEA 9).

Combinadas con signos lingüísticos que las explican, las marcas forman parte de códigos complejos. En el ejemplo 47, un círculo vacío a la altura de la línea del renglón indica la omisión de un signo de puntuación; una cruz debajo de una vocal refuerza el error enmendado por la docente, consistente en la omisión de una tilde; el subrayado simple bajo el pronombre "la cual" se combina con el subrayado de "ilustrada" y con una línea sinusoidal al margen para dar cuenta de errores de sentido. Una cruz dentro de un círculo se agrega a un pronombre redondeado y se explicita "sintaxis". Una flecha hacia arriba podría interpretarse como la necesidad de un reordenamiento en la organización de la información y se superpone con la línea sinusoidal que señala la coherencia. Asimismo, la línea sinusoidal subrayando una palabra se complementa con las palabras "tiempo verbal" para indicar en qué consiste el error de coherencia. Los significados de estas marcas se superponen parcialmente.

*[Texto manuscrito:]*

En el manual de zonceras argentinas, editado en 1968, Arturo Jauretche expresa, en la zoncera n° 41, la dicotomía entre jóvenes y muchachones la cual era ilustrada por los diarios de la época. Esta zoncera comienza en 1945 (donde) son jóvenes.

**Ejemplo 47.** Corrección mediante marcas no articuladas combinadas con signos articulados (lingüísticos); significados superpuestos (1 ILEA 2).

Entre las marcas, además del subrayado y el redondeo, el signo de interrogación es empleado asiduamente. Asume distintos significados, entre los que se destaca la incongruencia entre lo enunciado y el mundo representado, como puede verse en el ejemplo 48.

*[Texto manuscrito:]*

6. La fiesta se realizaba en una especie de anfi-teatro natural, que en realidad era una colina, y se realizaba una obra de teatro en la cual había un ditirambo como lo que serían los actores; pero era un coro de 30 hombres, asistía todo el pueblo y la historia era normalmente acerca de héroes, dioses y hombres importantes.

**Ejemplo 48.** Corrección mediante marcas: uso de los signos de interrogación. Transcripción del enunciado de la alumna con las palabras subrayadas por la docente y los signos de interrogación: "*La fiesta se realizaba en una especie de anfiteatro natural, que en realidad era una colina, y se realizaba una obra de teatro en la cual había un ditirambo como lo que serían los actores,??? pero era un coro de 30 hombres, asistía todo el pueblo y la historia era normalmente acerca de héroes, dioses y hombres importantes*" (7 NM 7).

En el ejemplo 49, el signo de pregunta de apertura en el margen de un párrafo parece usarse para dar cuenta de la incongruencia de haber atribuido a Rodolfo Walsh las investigaciones sobre desaparecidos en Argentina (ocurridas con posterioridad a la muerte del autor), además de la falta de progresión de la información, en el nivel del sentido.

**Esa Mujer**
Cuento de los relatos de Los oficios terrestres, considerado uno de los escritos literarios más importantes en la historia Argentina, fué escrita por Rodolfo Walsh. *Concordancia*
Este cuento es la sucesión de una serie de obras donde Walsh narra las investigaciones sobre desapariciones ocurridas en Buenos Aires, siendo esta quizás su más importante exposición debido a la importancia del que le dan los personajes a "esa mujer".

**Ejemplo 49.** Corrección mediante marcas: uso de los signos de interrogación (6 ILEA 6).

Por último, el signo de interrogación es empleado cuando a una caligrafía que la docente señala como defectuosa (la profesora escribe en el margen superior de la hoja: "Sugiero que pongas esfuerzo en lograr una letra legible, que no signifique un obstáculo para la lectura", en 6 NM3) se suman errores de ortografía, lo que afecta a la legibilidad del escrito, como en el ejemplo 50.

**Ejemplo 50.** Corrección mediante marcas: uso de los signos de interrogación. Transcripción del enunciado del alumno con los subrayados y signos de interrogación realizados por la docente: *"Para mi esto no es así, ya que mediante, el habla del Comerciante, el "tiranuelo", estubo estorcionandolo?, quiso llebarcelo al calabozo, y se notaba que tenia mucho mayor Poder, (desde? que tubo que pedir una sita)"* (6 NM 3).

Retomando los conceptos de De Mauro, vemos que las marcas conforman subcódigos en los que debieran funcionar de manera no creativa, si se pretende que sus destinatarios puedan entender sus significados. Es decir, si el objetivo de emplear marcas es que los alumnos reconozcan su significado al leer los textos corregidos, en primer lugar, el código de marcas debe ser finito (admitiendo un número finito de signos, como de hecho vemos en los textos corregidos por los docentes, que contemplan un máximo de ocho signos). En segundo lugar, los significados de esos signos, una vez dados, no pueden variar de un contexto a otro (de un texto corregido a otro). En tercer lugar, la relación entre significante (tipo de marca, sea ésta subrayado, círculo, signo de interrogación, etc.)

y significado (error cometido en un nivel del texto del alumno) debería ser unívoca. Por último, debiera tender a evitar la sinonimia, es decir, reducir la creatividad del código. Cuando las marcas son empleadas sistemáticamente, y lo marcado de una manera tiene un significado distinto de lo marcado de otra forma, orientan a su destinatario acerca del nivel específico de los textos en los que el docente considera necesario intervenir. Cuando las marcas no conforman un código, es decir, no hay una relación unívoca entre marca utilizada y significado en el nivel del texto en el que el docente quiso intervenir, no podría concluirse que el efecto pretendido por éste sea que el alumno busque el sentido, sino que la marca funcionaría como un paratexto o medio complementario de la lectura que pretende llamar la atención, y ello explicaría su frecuente redundancia con enunciados y/o enmiendas como modo de corregir.

## 1.3. Enmiendas

El estilo lineal o dogmático de las correcciones –retomando aquí la caracterización de la inserción de la palabra ajena de Volóshinov– supone un docente que se apodera del enunciado del alumno para sustituirlo y mejorarlo, logrando una versión nueva del texto a dos voces o co-rre-gido (en el sentido etimológico de corregir, "reinar con" –Coromines, 2009–, es decir, con dos rectores o dos autores cogobernando el texto); ambas voces se entremezclan y fusionan. Se borran las fronteras entre el discurso ajeno y el contexto autoral y el producto de la corrección es un único texto enmendado.

Tal caracterización nos permite definir la **enmienda** como categoría que da cuenta de la intervención directa del docente sobre el enunciado ajeno que se encuentra o percibe como erróneo. La palabra "enmienda" deriva, etimológicamente, de *eméndare*, "corregir las faltas", que pro-viene, a la vez, de *menda* y *mendum*, "falta, error, defecto" (Coromines, *op. cit.*). La definición del diccionario de *enmendar* es "corregir, sacar defectos" (RAE, 2001). La enmienda implica la reposición, a cargo del docente, de los signos lingüísticos y signos de puntuación, de las tildes y de los grafemas omitidos, el tachado de signos o elementos de más y la sustitución de un elemento por otro.

En el ejemplo 51 puede observarse cómo la profesora enmienda el texto (además de marcar los errores mediante subrayados y cruces): coloca el signo de puntuación omitido (coma); repone el verbo (era), traza las tildes y tacha una letra h usada en el verbo "ir".

**Ejemplo 51.** Enmiendas en aspectos de forma (puntuación, sintaxis, ortografía) (9 NM 4).

El ejemplo 52 muestra enmiendas que consisten en la reescritura, no de los grafemas donde se producen errores, sino de palabras completas. Se observa que los errores en las letras o grafemas están remarcados con un círculo, además de haberse subrayado la palabra en la que figura el error.

**Ejemplo 52.** Enmiendas en aspectos de forma: ortografía (uso de grafemas y tildes, precisión léxica) (10 NM 4).

En el ejemplo 53 se hallan enmiendas de carácter sintáctico junto a otra que afecta al nivel semántico: en el nivel de la forma, se restituyen las preposiciones y artículos omitidos, se colocan las formas del plural sobre los pronombres para hacerlos concordar en número; en el nivel del sentido, se reemplaza "varias" por "otras" en función de asegurar la coherencia local. Se observa que las sustituciones son señaladas, en dos casos, mediante una marca concomitante con las enmiendas.

Ejemplo 53. Enmiendas en aspectos formales y de sentido: preposiciones, pronombres (9 NM 19).

En el ejemplo 54, la docente, además de reponer una tilde, agregar un pronombre relativo, ubicar en su forma plural un verbo para mantener la concordancia, colocar un punto omitido y tachar una palabra, añade información y un organizador textual para marcar una relación de sentido a nivel interoracional. Se ven aquí enmiendas tanto en el nivel de la forma (puntuación, morfología, sintaxis, ortografía) como en el nivel del sentido.

Ejemplo 54. Enmienda referida al sentido: progresión de la información (interoracional). Transcripción: *"En este sentido, las univ. locales se enfocan en ayudar más a los estudiantes desde ese punto de vista"* (9 ILEA 7).

El ejemplo 54 presenta, asimismo, enmiendas en el nivel de sentido (la profesora tacha información incongruente, completa información omitida y sustituye por sinónimos una repetición) y en el nivel de la sintaxis (agrega forma de plural, dos puntos y tacha preposición). Además, marca en el margen del texto, mediante un sistema de cruces, los errores en cada línea, duplicando así las correcciones.

> Este año, el curso de ingreso se realiza.
> Con tres módulos de estudio: introducción a la Educación Física, usos y formas de la lengua escrita e Introducción a la matemática, física y química.
> Cada curso exige el 80 porciento de asistencias y cumplir con el horario. Introducción de la Educación física y en usos y formas de la lengua escrita se cursan dos veces por semana con un total de 8 hs cada una. En Introducción a la matemática, física y química se cursa dos veces por semana con un total de 8hs.

**Ejemplo 54.** Enmienda referida al sentido (interoracional), enmiendas en el nivel de la forma (2 UFLE 8).

¿Cuál es el efecto que podría tener el uso extendido de la enmienda como modo de corregir? ¿Cómo se puede explicar la presencia simultánea y redundante de marcas y de sustituciones, reposiciones y tachaduras? El efecto que buscaría provocar la redundancia de marcas y enmiendas podría asimilarse a lo que, en la teoría de la actividad de Leontiev, se denomina **presentación** y que consiste en la toma de conciencia o transformación del reflejo psíquico inconsciente en reflejo consciente. Según Leontiev (*op. cit.*), las acciones se transforman en operaciones cuando diferentes acciones parciales se fusionan en una acción única. En tal caso, la acción y su objetivo no se "presentan" directamente en la conciencia: el contenido consciente se vuelve contenido inconsciente. Por medio de la "presentación", la operación puede volverse acción consciente, al develar los sentidos de un fenómeno mediante la designación, es decir, encarnándolos en significaciones que concretizan los sentidos. "Las operaciones conscientes se forman primero como unos procesos apuntando a un objetivo, que sólo después, en algunos casos, pueden adquirir la forma de prácticas automatizadas" (*ibídem*: 246). Una acción se transforma en operación (habilidad y costumbre) si pasa a ser condición de una nueva acción requerida por un nuevo objetivo:

> Al transformarse en operación, puede decirse que la acción ocupa un puesto inferior dentro de la estructura general de la actividad, pero eso no quiere decir que se simplifique. Al convertirse en operación, sale de la esfera de los procesos concienciados, pero conserva las características fundamentales del proceso consciente y puede, en todo momento, en caso de dificultad, por ejemplo, ser de nuevo concienciada (*ibídem*: 252).

Considerando ahora las enmiendas en los textos de los alumnos, éstas podrían tener el efecto de "presentación" en tanto su finalidad es la toma de conciencia, por parte del agente productor del texto escrito corregido, del sentido personal de las acciones que conforman la actividad de escritura y de las operaciones, en ella implicadas, de combinación y selección de los recursos de la propia lengua. En particular, la redundancia de marcas y enmiendas tendría el efecto de indicar el error y su solución, volviendo conscientes operaciones ya internalizadas por los alumnos en relación con la escritura.

Este posible efecto que postulo para la enmienda traza una diferencia con lo que Ruiz (1998) define como estrategias de corrección resolutiva, consistentes en que los docentes proporcionen a los alumnos versiones solucionadas de los errores cometidos: "...os professores apresentam ao aluno uma solução para o problema encontrado, seja acrescentando, retirando, substituindo ou mudando de lugar partes do texto" (*ibídem*: 46). Las distingue de las estrategias que llama indicativas por su espacio de aparición, en el cuerpo de los textos de los alumnos:

A correção resolutiva foi o método de abordagem menos encontrado no corpus. E assim como verifiquei nas correções indicativas, nas de cunho resolutivo há uma variação na forma da intervenção que vale a pena ser mencionada. Há correções resolutivas com ou sem indicação. Mas, de um modo geral, elas se concentram mais no corpo do texto que na margem ou "pós-texto" (*ibídem*: 46).

Si bien la "estrategia resolutiva" representa la forma de la tarea de corrección del profesor sobre el enunciado del alumno, he preferido emplear "enmienda" para diferenciarla de la categoría de análisis empleada por Ruiz por las razones que se exponen a continuación. En primer lugar, para Ruiz las enmiendas son intrínsecamente improductivas en la enseñanza de la lengua porque clausuran las posibilidades de reescrituras de los textos de los alumnos. En segundo lugar, señala que las estrategias resolutivas son las estrategias de corrección menos empleadas por los docentes; en este análisis, en cambio, he encontrado que la enmienda es el modo de corrección predominante en las tareas de los alumnos que integran el corpus. En tercer lugar, las categorías de Ruiz (estrategias resolutivas, indicativas, clasificatorias e interactivo-textuales) dan cuenta tanto de aquello que se corrige como de los modos de hacerlo, revelan códigos y criterios comunes no usados por los profesores que integran la muestra de la presente investigación y, en particular, al poner en relación las estrategias resolutivas con aquello que se corrige, la autora asevera que las estrategias resolutivas no superan el nivel oracional.

Las cuestiones surgidas de la comparación con el análisis realizado por Ruiz nos permiten anticipar una conclusión acerca del modo en que se corrigen las tareas de Lengua en Bariloche y para el español lengua materna: lo que caracteriza a las correcciones es la falta de sistematicidad y de estabilidad.

Varios textos que integran la muestra de esta investigación presentan correcciones de sentido mediante enmiendas que exceden el límite oracional (así, en los ejemplos 55 y 56) y que se ubican en el nivel interoracional, conformando las transiciones entre los tipos de discurso en la infraestructura textual (Bronckart, 2004).

En otro orden, es preciso considerar las diferencias entre la enmienda que afecta la forma y la enmienda que opera en el nivel del sentido de los textos de los alumnos. Mientras que a la primera podría adjudicársele el efecto de presentación, la segunda supone una alteración del enunciado ajeno que refuerza la percepción de que el estilo de corregir del docente es dogmático, en términos de Volóshinov.

Ninguno de los textos corregidos presenta la enmienda como la única forma de corrección, antes bien, las tres categorías que se han descripto aparecen combinadas, no hay correspondencias unívocas entre niveles de corrección de los textos y formas de corregir e incluso se observan situaciones en las que un profesor, en el mismo texto de un alumno y ante un tipo de error similar, lo subsana una vez con una enmienda y luego marcando, o bien identificándolo mediante un enunciado, como puede verse en el ejemplo 55. Allí, el uso de marcas –una flecha acompañada por el enunciado "concordancia" y un subrayado para una preposición usada incorrectamente ("pertenecen en" en lugar de "pertenecen a")– como correcciones en el nivel sintáctico, se conjuga con la enmienda de otros errores sintácticos mediante la reposición de verbo, artículo y pronombre.

*[Texto manuscrito:]* de la soledad de los que parecen condenados a la incomunicación perpetua." *[concordancia 17]* *[considerau]* Muchos de los *[jóvenes]* que se inician en el fútbol, *[es]* la única salida que tienen de resurgir de su humildad a otra realidad inalcanzable, que la *[brinda]* la actividad futbolística. Ya que no tienen otros medios por *[los]* cuales resurgir, salir del hambriento en el cual están condenados de por vida. El fútbol es una posibilidad *[que le brinda]* de pertenecer en ese lugar en la sociedad.

**Ejemplo 55.** Superposición de modos de corregir en una misma tarea y para el mismo tipo de errores (5 ILEA 3).

En este sentido, aclaro que **enunciados, marcas y enmiendas** no funcionan en el análisis como categorías mutuamente excluyentes, sino, antes bien, como descriptores para los modos de corregir, que se combinan en una misma indicación del docente o ante un mismo error del alumno, generando un efecto de redundancia, como ampliaré luego, y como se ilustra en los ejemplos 56, 57 y 58.

*[Texto manuscrito:]* Influencia social: Nosotros los adolescente, muchas veces no dejamos influenciar *[mal conector]* hacia las drogas, por medio de amistades o conocidos y muchas veces este tema termina en adicciones, pero ¿cuál tema?

**Ejemplo 56.** Simultaneidad de modos de corregir en una misma tarea: redundancia de marcas (subrayado) y enmiendas para errores de ortografía y redundancia de marcas (círculo, subrayado) y enunciados para sintaxis y sentido. Transcripción: "sc", "mal conector" y "¿cuál tema?" (9 NM 13).

*[Texto manuscrito:]* Los padres le dicen a "Harry" que se esconda hasta que se vallan y que se valla con sus abuelos, que ellos se iban a entregar a los militares, diciéndole que iban a volver, pero la verdad era que los iban a matar, había quedándose el chico solo..."

**Ejemplo 57.** Simultaneidad de modos de corregir: redundancia de marcas (subrayado con línea ondulada) y enmiendas para errores de ortografía (12 NM 10).

*es el autor de un texto, publicado*
*Javier Lorca,* anunció en ~~.~~ la web de página 12 el 19
de Noviembre de 2004, ~~trata~~ sobre la convergencia de los sistemas
universitarios y tasas incrementadas de las matrículas estudiantiles
en ~~.~~ Latino America, titulado como *"A converger que se acaba...".*

Ejemplo 58. Simultaneidad de modos de corregir: marcas (línea ondulada vertical en el margen) y enmiendas para errores en el plano del sentido. Transcripción: *"es el autor de un texto, publicado"* y *"que trata"* (2 UFLE 8).

Por tratarse de categorías de análisis superpuestas y simultáneas, he optado por no cuantificar estos datos, verbigracia, decir cuántas correcciones se corresponden con enunciados, cuántas con marcas y cuántas con enmiendas en cada texto. La simultaneidad nos obliga a preguntarnos: ¿qué efecto busca el docente mediante la reiteración de indicaciones realizadas de diferentes maneras? ¿Cuál es el objetivo de reforzar las correcciones mediante dos o tres modos distintos? ¿Existe una finalidad o es simplemente una acción realizada sobre el objeto empírico-texto como espacio específico de la tarea docente?

En función de presentar el análisis de cómo se corrige, se seguirá la división entre secundario y universidad.

## 2. ¿Cómo se corrige en nivel medio?

Las relaciones entre qué se corrige en los textos que integran la muestra de nivel medio y el modo en que se lo hace revela en primer término cierta falta de sistematicidad por parte de cada uno de los profesores en las distintas tareas de los alumnos, puesto que se emplean modos de corregir variados en un conjunto de tareas guiadas por la misma consigna.

Una primera consideración general acerca de cómo corrigen los docentes de nivel medio es que combinan enunciados, marcas y enmiendas, como puede observarse en la tabla 13. Ninguno de los profesores corrige con enmiendas, marcas o con la combinación de ambas, únicamente, todo el conjunto de los textos. Todos los profesores emplean enunciados para corregir.

| Docente | Correcciones globales | Correcciones que se refieren al sentido | Correcciones que se refieren a la forma |
|---|---|---|---|
| 1 NM | Enunciados | Enunciados, marcas | Enunciados, marcas, enmiendas |
| 2 NM | Enunciados, marcas | Enunciados, marcas | Marcas, enmiendas |
| 3 NM | Enunciados, marcas | Enunciados, marcas | Enunciados, marcas |
| 4 NM | Enunciados, marcas | Marcas | Marcas |
| 5 NM | Enmiendas | Enunciados, marcas, enmiendas | Marcas, enmiendas |
| 6 NM | Enunciados, marcas | Marcas | Enunciados, marcas, enmiendas |
| 7 NM | Enunciados, marcas, enmiendas | Enunciados, marcas | Marcas, enmiendas |
| 8 NM | Enunciados | Enunciados, marcas | Enunciados, marcas, enmiendas |
| 9 NM | Enunciados | Enunciados, enmiendas | Enunciados, enmiendas |
| 10 NM | Enunciados, marcas | Enunciados, marcas, enmiendas | Marcas, enmiendas |
| 11 NM | Enunciados | Enunciados, marcas, enmiendas | Enmiendas |
| 12 NM | Enunciados | Enunciados, marcas, enmiendas | Marcas, enmiendas |

**Tabla 13.** Modos de corregir en relación con los niveles en los que se corrigen los textos de los alumnos. Secundario.

La segunda consideración general es que hay cierta relación entre el nivel en el que se corrige y el modo de hacerlo: es preponderante el uso de la enmienda para corregir aspectos de la forma de los textos de los alumnos (es necesario recordar que la mayor cantidad de correcciones se refieren a errores de ortografía y uso de tildes, que son enmendados, por lo que la forma de corregir más utilizada es la enmienda), mientras que se emplean enunciados en el nivel global de las tareas de los alumnos. Las marcas se utilizan como manera de corregir tanto el sentido como la forma.

Asimismo, un tercer aspecto general de las correcciones de los profesores de nivel medio es lo que he considerado anteriormente como redundancia de las correcciones, es decir, que un mismo aspecto o un mismo error en un texto sea indicado de dos modos distintos (mediante enmienda y marca, marca y enunciado o bien, enunciado y enmienda) o, en algunos casos, mediante los tres modos simultáneamente.

## 2.1. Enunciados

Todos los profesores de secundario que integran la muestra emplean enunciados para intervenir en alguno de los tres niveles en los que corrigen los textos de sus alumnos.

Según su intencionalidad, su contenido temático y la forma en que se emplean los mecanismos de asunción de la responsabilidad enunciativa, podemos agrupar los enunciados de los docentes de nivel medio en valoraciones o juicios (o evaluaciones en un sentido amplio), instrucciones, explicaciones y preguntas. Además, se reconocen formas objetivadas de corregir por oposición a interacciones que conllevan tratamientos de acortamiento de las distancia entre docente y alumnos.

Las valoraciones comprenden enunciados cuyos contenidos son generales, puesto que se repiten en forma similar de un docente a otro y texto tras texto, tales como "muy bien" o "muy bueno", "bien" o "bueno", "regular", "mal", "incompleto", "no responde a la pregunta", "mal redactado", "sin hacer", "no se entiende", "no es claro" (docentes 1 NM, 2 NM, 7 NM, 12 NM).

Otros enunciados presentes en los textos corregidos por los docentes de nivel medio aparecen formulados específicamente, en estrecha vinculación con los contenidos de enseñanza o con los enunciados concretos de las tareas de los alumnos: por ejemplo, "falta…" (1 NM, 5 NM, 10 NM, 11 NM), "mucha copia sin interpretación", "mal interpretado" (8 NM), "no queda claro tu pensamiento acerca de la relación", "generalización inadecuada aquí"…, "…es interesante pero…" (9 NM), "es corto y confuso el final", "un poco pobre el argumento" (12 NM).

En otros casos, la valoración se realiza mediante enunciados en los que el docente involucra su mundo subjetivo (Habermas, *op. cit.*), por ejemplo, "Hermoso", "lindo!", "qué lindo!", "linda idea", "linda expresión" (4 NM); "jaja, esa frase está muy buena, sí, jaja" (11 NM). Cabe señalar que, en relación con las consignas de trabajo, estos enunciados se corresponden con correcciones de actividades de escritura vinculadas a búsquedas estéticas o literarias y con las consignas que hemos agrupado bajo el tipo "consigna que guía la producción de un texto con un motivo subjetivo" (ver capítulo 4, tabla 3); podría entonces considerarse que la escritura con una intencionalidad creativa habilitaría, para ciertos docentes, formas de corrección específicas.

Dentro de los enunciados que valoran las tareas puede agruparse un subconjunto que funciona como refuerzo de las enmiendas realizadas por los docentes. Se trata de enunciados que figuran en los márgenes o al pie de los textos y cuyo contenido son los errores que los profesores corrigen: "Prestar atención a signos de puntuación" (2 NM), "Desconocimiento de pronombres relativos y personales", "No respeta las normas de acentuación" (6 NM), "Ojo con los tiempos verbales al narrar", "tildes: ¡ojo!" (ambos en 10 NM), "Acordate de abrir los signos además de cerrarlos" (11 NM).

Otro subconjunto lo conforman los enunciados que emplean términos metalingüísticos específicos, en algunos casos relacionados con la gramática: "persona verbal", "concordancia", "referencia del pronombre", "coordinar sujeto-verbo", "tiempo verbal", "coordinadas" (3 NM); "singular/plural" (8 NM). Estos enunciados dan cuenta de conceptos del orden epistémico de la lengua (Riestra, 2005, 2006a). Los enunciados más extensos entre ellos pueden considerarse esquematizaciones de secuencias explicativas en los textos de los alumnos: así, por ejemplo, "Un tema [flecha] otro tema. Hay que unir dos oraciones sobre un mismo asunto. Si decís 'los que venden' debés seguir tratando ese tema y no hablar allí de consumidores" (9 NM) constituye un enunciado donde predomina un tipo de discurso del orden del exponer con una forma mínima (la esquematización) para constatar un error en la progresión temática del texto de un alumno y proveer información en orden de reformular lo escrito.

Considero que el uso de enunciados encabezados por infinitivos y por imperativos da cuenta de la presencia de secuencias prescriptivas o instruccionales que "encierran una finalidad propia o autónoma: el agente productor pretende hacer actuar al destinatario de una manera determinada o en una dirección dada" (Bronckart, 2004: 146). Estas secuencias se caracterizan por la presencia de formas verbales en imperativo o infinitivo y la ausencia de estructuración espacial. Adoptan formas de esquematizaciones "que organizan el contenido temático según un orden secuencial que, supuestamente, refleja las etapas de los procesos de pensamiento relativos a la lógica natural (*op. cit.*: 149). Concretamente, los enunciados de las correcciones que conforman secuencias prescriptivas son aquellos cuya intencionalidad es reorientar la reescritura de los textos, puesto que conforman instrucciones para que los alumnos los revisen y reelaboren: "Cuando busques palabras en el diccionario, prestá atención. Fijate cómo se escriben" (1 NM); "consultar", "desarrollar", "justificar", "profundizar", "transcribir" (2 NM); "te propongo reescribir", "te sugiero que, al modo de lo hecho en clase, pruebes con distintas posibilidades", "N…, vas a tener que ocuparte un poco de tu texto, porque hay bastante para revisar" (3 NM); "releer el texto y confrontar la lectura con la interpretación" (6 NM); entre otros.

La pregunta es otra manera en la que se presentan los enunciados de los docentes. Las interrogaciones tienen diferentes intencionalidades. En algunos casos, sirven para indicar que se ha omitido una parte de la tarea o que resulta incompleta. Por ejemplo, las interrogaciones que realiza la docente 5 NM "¿Título?" y "¿Conectores utilizados?", en dos tareas, dan cuenta, respectivamente, de que se han omitido el título y el subrayado de los conectores, conforme lo solicitado por la consigna de trabajo. Un uso similar explica la corrección efectuada por la docente 12 NM: "¿Y cómo termina?", para referirse a que un resumen ha quedado inconcluso. En otras situaciones, las interrogaciones se refieren a pérdidas de coherencia de partes de los textos: "¿Qué significa?", "¿Qué significa esto?", "¿Qué quiere decir con esto?" (8 NM) y "¿Qué es todo esto?" (9 NM): con estas preguntas, las docentes parecerían identificar zonas de los textos donde se ubican problemas de sentido de diferente índole. Tanto las interrogaciones que se refieren a lo inacabado o incompleto como las que dan cuenta de aspectos de coherencia son preguntas retóricas que contienen implícitamente su propia respuesta o sugieren la inclinación de quien las formula hacia una respuesta particular.

Otra intencionalidad de las interrogaciones es indicar la omisión de información en el nivel del sentido de los textos de los alumnos o referirse a errores de morfosintaxis o puntuación. La forma de estas interrogativas pronominales (RAE y AALE, 2009) es un elemento interrogativo –pronombre, determinante o adverbio. A modo de ejemplos, en una respuesta en la que se omite la relación causal necesaria para completar el razonamiento (un alumno escribe "Aristóteles decía que [la mímesis] era el factor más importante dentro del teatro") la docente 7NM escribe la pregunta "¿por qué?"; la docente 6 NM utiliza pronombres interrogativos (escribe "¿qué?", "¿quién?"), frente a la omisión de grupos sustantivos y su sustitución por pronombres sin haber mencionado referentes con anterioridad.

En algunos casos, los docentes construyen sus enunciados con modalizaciones deónticas y lógicas. Las primeras consisten en "una evaluación de algunos elementos del contenido temático centrada en los valores, las opiniones y las reglas que constituyen el mundo *social*; dichos elementos del contenido se presentan como dependientes del derecho, de la obligación social y/o de la conformidad con las normas en uso" (Bronckart, 2004: 200). Las modalizaciones lógicas constituyen "una evaluación de ciertos elementos del contenido temático centrada en criterios (o conocimientos) elaborados y organizados en el marco de las coordenadas formales que definen el mundo *objetivo*; tales modalizaciones presentan esos elementos de contenido desde el ángulo de sus condiciones de verdad, es decir, como hechos comprobables (o ciertos), como hechos posibles, probables, eventuales, etcétera" (*op. cit.:* 200). Por ejemplo, el docente 2 NM indica: "se debe explicar más la estructura", "en el punto 1 se debe analizar el texto de acuerdo a la estructura argumentativa", "hay que profundizar"; las modalizaciones deónticas de estos enunciados se marcan mediante los verbos auxiliares "deber" y "haber". Entre sus correcciones también hay modalizaciones lógicas que significan posibilidad; en estos enunciados se combina el verbo "poder" con el modo condicional: "se podría completar estas ideas", "la opinión se podría extender". La docente 9 NM emplea asimismo modalizaciones deónticas: "debe decir...", "debés abrir...", "hay que..." en combinación con modalizaciones lógicas de posibilidad marcadas por el verbo en condicional: "habría que...", "faltaría...". Y la docente 10 NM usa: "No debemos...", "hay que...". Aunque pueden considerarse rasgos estilísticos de las correcciones de cada profesor, la presencia de estas modalizaciones indica que en los enunciados hay una predominancia de las voces neutras de los docentes, con algunos elementos en los que ellos, en tanto enunciadores, evalúan sus correcciones en conformidad con las normas en uso y/o con sus condiciones de verdad.

En relación con las formas de interacción docente-alumno en los enunciados, se observa en nivel medio la alternancia entre formas objetivadas mediante mecanismos de enunciación que provocan un efecto de borramiento del destinatario-alumno y formas de subjetivación y acercamiento hacia un destinatario-alumno.

Los enunciados de los docentes 2 NM, 6 NM, 8 NM y 10 NM muestran una interacción mayormente objetivada mediante el empleo de formas impersonales y de grupos nominales que despersonalizan o borran al sujeto alumno como destinatario de la corrección ("trabajo incompleto", "Texto incompleto", "Desconocimiento de pronombres relativos y personales", "error de concepto", "repetición", "poca claridad"). El mismo efecto producen el uso de la tercera persona ("falta", "aparece", "corresponde", "en el texto aparecen más estrategias", "en el texto aparecen otras modalidades del lenguaje y subjetivemas", "falta un mayor análisis del texto", "se debe explicar más", "la opinión se podría extender", "en el punto 1 se debe analizar el texto de acuerdo a la estructura argumentativa", "no corresponde a lo pedido y explicado en clase", "falta profundizar el análisis del texto para ver bien la tesis y la idea que contradice el autor", "No respeta las normas de acentuación", "Hay que dejar espacio a la intriga", "falta la ficha bibliográfica", "faltó la recomendación final", "hay que trabajar el final: la recomendación") y las construcciones con infinitivo: "prestar atención", "releer y confrontar la lectura con la interpretación", "revisar... [tal aspecto]".

Los docentes 2 NM, 6 NM y 10 NM, cada uno en uno de los textos corregidos, abandonan esta objetivación, y se involucran en sus enunciados, a la vez que apelan directamente a sus destinatarios: "Recordar que hablamos de ejemplos para solucionar el problema" (2 NM), "Sugiero que pongas esfuerzo en lograr una letra legible, que no signifique un obstáculo para la lectura" (6 NM), "Tratá de poner un conector de simultaneidad, como mientras" (10 NM). En tanto, la docente 8 NM deja de lado los enunciados mediante formas objetivadas para corregir croquis (uno de los puntos de las consignas), donde privilegia las preguntas y alterna entre una segunda persona que involucra al alumno ("¿Cómo marcarías la diferencia e/niveles?") y una primera persona que se correspondería con la voz del docente: "¿Conviven ambos escenarios? ¿Cómo marco la diferencia?".

En cambio, las docentes 3 NM y 11 NM construyen la relación docente-alumno mediante formas personales que dan cuenta de un acercamiento y de afectuosidad en los enunciados producidos durante la corrección. La docente 3 NM usa la primera persona implicada para dirigirse a un receptor-alumno al que suele dirigirse por su nombre o mediante apodos. Asimismo, utiliza verbos en segunda persona, la mayor parte de ellos en imperativo: "revisá", "probá", "corregí", "intentá", "fijate que querés expresar", "armá", "estructurá", "mejorá", "reescribilo", que alternan con infinitivos y formas impersonales: "Revisar puntuación. En el primer párrafo revisá además que usás oraciones muy largas y mal coordinadas, y por eso resulta confuso. Faltan signos de puntuación dentro de las oraciones, por ejemplo, comas en aclaraciones. Y se usan conectores de lugar cuando deberían ser de tiempo. Algo similar ocurre en el último párrafo. Reescribílo". El uso de la segunda persona en estas correcciones acompaña la intencionalidad explícita de proveer instrucciones acerca de la reescritura del texto: "reescribilo y volvé a entregarlo". La docente 11 NM se involucra personalmente en la relación con el alumno destinatario de la corrección. Incluso, una carita sonriente y otra triste en el margen de las frases de los alumnos dan cuenta de las emociones despertadas por los escritos. El trato para con los alumnos es informal, los enunciados de las correcciones presentan formas como "jaja", "viste", "te enganchás", "¡Ya era hora [de que empezaras a leer]!", ¡No hay problema!", "Hay que aprovechar el calorcito porque dura poco [destinado a un alumno que indica que deja de leer porque afuera hace calor y prefiere salir a pasear]". Utiliza la segunda persona para dirigirse directamente al alumno destinatario de sus correcciones, usando su nombre propio en carteles en los márgenes superiores de las hojas: "Me gustó tu versión", "Si no entendés, después preguntame", "Podrías para esta parte del año concentrarte más e intentar cumplir con lo que se va pidiendo, ¿no? ¡Dale!", "Viste, te dije que era una novela cortita, entretenida y fácil de leer", "tratá de estar al día y no colgarte".

La aparente objetivación en otros trabajos corregidos por los restantes docentes de nivel medio obedece al uso predominante de marcas y enmiendas, y a la interacción de estas con pocos enunciados.

Como podemos observar, los enunciados constituyen formas de corregir muy extendidas en nivel secundario. Son muy variados tanto en su intencionalidad como en su forma. Su uso asistemático se revela en las tareas corregidas por cada docente, mientras que es heterogéneo, también, entre los diferentes profesores. Dan cuenta de la creatividad de los docentes corrigiendo.

## 2.2. Marcas

Los profesores de nivel medio cuyas correcciones integran la muestra han empleado marcas con distintos significados, no finitos ni unívocos, en las diferentes tareas de sus alumnos. Se pueden distinguir modos de corregir que combinan de dos a cuatro marcas en las tareas de los alumnos y modos de corregir en los que predominan los códigos que superan seis signos. Sin embargo, en ningún caso estos códigos sustituyen las correcciones empleando palabras. Es decir, las marcas se complementan con enunciados o con enmiendas, por lo que conforman un subsistema dependiente del sistema lingüístico, del que adquieren sus características, como se sostuvo previamente apelando a la clasificación que realiza De Mauro (1986).

Se observa que ocho de los docentes emplean entre dos y cuatro modos de marcar; la mayor parte de sus marcas consisten en subrayar mediante una línea simple o en redondear palabras o parte de palabras en los textos de los alumnos.

Las docentes 1 NM y 10 NM emplean dos marcas que conforman un subsistema de cuatro signos (dentro de las correcciones generales de cada texto): a) el subrayado con una línea simple que asume diferentes significados, b) el signo de interrogación de cierre –que se retomará luego– para referirse a incongruencias en el nivel del sentido. El subrayado que emplea la docente 1 NM marca errores en el nivel del sentido, errores de concordancia en el plano de la morfosintaxis y faltas de ortografía; en las tareas corregidas por 10 NM, el subrayado da cuenta de errores en el uso de pronombres que afectan el sentido y repeticiones de palabras. La misma marca adopta pues diferentes significados, por oposición a la ausencia de marca (lo no subrayado). Del mismo modo, la marca del signo de interrogación se opone a la ausencia de signo.

Las docentes 5 NM y 12 NM también emplean un sistema conformado por dos marcas y cuatro signos: la primera de ellas emplea el signo de interrogación y redondea un error de puntuación y otro en el léxico; la segunda señala con un redondel incongruencias o la omisión de información en el nivel del sentido de los textos y con una línea quebrada errores de morfosintaxis o la suma de errores de ortografía.

La profesora 8 NM utiliza, asimismo, un sistema de tres marcas pero dos de ellas funcionan en algunas circunstancias como sinónimos: además del signo de interrogación de cierre para errores en el nivel de sentido por omisiones de información, emplea indistintamente subrayado o redondeo en el nivel de la forma para errores de concordancia y en el uso de pronombres (morfosintaxis) mientras que redondea sílabas en las que hay faltas de ortografía y omisiones de tildes. Esta forma de marcar los errores se sustituye en otros casos por la enmienda (repone las tildes omitidas y los grafemas conforme a las normas).

Los docentes 2 NM y 7 NM usan cuatro marcas: comparten el visado, el signo de interrogación de cierre para incongruencias (el docente 2 NM también lo emplea para un uso de lenguaje poco adecuado a la situación comunicativa, mientras que la docente 7 NM redondea en un círculo un uso inadecuado) y el subrayado de errores de sintaxis. El docente 2 NM usa para estos últimos en algunas ocasiones una equis que funciona como sinónimo del subrayado y, además, subraya también errores de ortografía (otras veces los enmienda) y en el léxico. La profesora 11 NM también emplea cuatro marcas: el signo de interrogación para aspectos relacionados con la caligrafía, una línea ondulada para las repeticiones de palabras y dos signos icónicos: una carita sonriente o triste en relación con los enunciados de los alumnos y las emociones que quiere transmitir a partir de ellos. Sobre esto último, en una tarea que consiste en un registro de lectura, una alumna afirma que tiene sueño, y que por eso no va a prestar atención, y la docente dibuja una carita triste: ☹. En otras correcciones las caritas son redundantes con enunciados: frente a un comentario de la misma alumna sobre lo confuso que le resulta un episodio de la novela leída, la docente escribe: "acordate que [sic] no hay una única interpretación, todas son válidas (mientras las puedas justificar) ¡Por eso me gusta la literatura! ☺". Y luego de explicitar una interpretación: "¡Sí! ☺".

Los profesores 3 NM, 4 NM y 6 NM utilizan códigos que considero más complejos que los anteriores en tanto están conformados por más de seis tipos diferentes de marcas. La mayor cantidad de marcas parecería querer reducir la sinonimia, puesto que a cada signo se correspondería un significado. El código de marcas de mayor complejidad y extensión buscaría sustituir las enmiendas (sucede en los casos de las docentes 3 NM y 4 NM).

En las tareas corregidas por la docente 6 NM las marcas se alternan con enmiendas. Se puede describir de la siguiente manera el sistema de marcas empleado por la profesora 6 NM: a) dos flechas, cada una de ellas bajo una palabra en singular o plural, y con una única punta hacia la derecha, para los errores de concordancia; b) una flecha con dos puntas para repetición (cada una de las puntas señala la palabra repetida); c) signo de interrogación de cierre para errores de sintaxis (preposiciones o pronombres usados incorrectamente) o de ilegibilidad de una palabra por una caligrafía defectuosa que puede ir acompañada o no por una falta de ortografía; d) subrayado con una línea bajo una sílaba para falta de ortografía o ausencia de tilde; e) círculo grande para la omisión de una mayúscula; f) círculo pequeño, en el pie del renglón, para omisión de un signo de puntuación. Pese a ser un código conformado por seis marcas, por una parte se observa cierto grado de sinonimia y, por otra parte, el código es inestable puesto que en diferentes correcciones de textos se usan enmiendas, como reposiciones de grafemas. La diéresis omitida en la palabra "lingüística" es un ejemplo de la inestabilidad en el uso de las marcas de corrección por parte de esta docente frente a la enmienda, puesto que aparece como error corregido en dos ocasiones, en dos textos distintos: mientras que en un caso se repone la diéresis enmendando el error, en el otro caso se subraya la sílaba en la que se ha omitido.

La inestabilidad del código de corrección de la docente 3NM de una tarea a otra podría obedecer a que se trata del primer uso que profesora y alumnos realizan de las computadoras personales del Plan "Conectar igualdad". De hecho, un enunciado de la profesora tematiza la corrección en tanto que señala la búsqueda de una estrategia: "Adri, como verás, hay mucho por revisar. Espero que esta herramienta nueva que me han explicado (esto de insertar comentarios) pueda serte útil a la hora de autocorregir tus escrituras". La docente ha elaborado un código que comprende recuadros, subrayado doble, subrayado simple, resaltado en diferentes colores, etc. El uso de cada marca varía en los distintos textos. La explicación, mediante un enunciado, de cada marca, figura al pie de cada texto o inserta entre paréntesis o en globos de Comentarios mediante la herramienta del procesador de texto empleado. Las marcas son simultáneas y redundantes con los enunciados que desarrollan los aspectos por ellas señalados.

En las tareas corregidas por la docente 4 NM, las marcas empleadas consisten en: a) subrayado de una línea simple para errores de ortografía o ausencia de tildes; b) óvalo en torno a las tachaduras o desprolijidades; c) puntos suspensivos para indicar que el enunciado de un alumno está incompleto; d) subrayado de dos líneas bajo dos palabras cercanas para indicar la repetición de ese término; e) línea ondulada en el margen que representa un problema de coherencia; f) línea ondulada subrayando una palabra para identificar uso poco adecuado del lenguaje; g) signo de interrogación de cierre que asume distintos significados: indica que falta un paratexto, marca una corrección global (que he interpretado como un punto sobre el que la docente disiente con el alumno ideológicamente), se corresponde con una palabra que suma errores de ortografía y sintaxis a la vez y que, por ello, deviene ilegible; h) tres o cuatro signos de exclamación como enunciados apreciados positivamente por la docente. De las 96 correcciones realizadas por la docente en la totalidad de los textos de los alumnos, 80 son marcas; no se registra el uso de la enmienda.

Una consideración especial merece el uso del signo de interrogación como marca, puesto que es empleado por nueve de los doce docentes de nivel medio. Es polisémico en tanto parece indicar incongruencias o tautologías en el nivel del sentido de los textos de los alumnos, aspectos de legibilidad (zonas tachadas, acumulación de faltas de ortografía) y, en casos particulares, errores de sentido por omisión de información, empleo de lenguaje poco adecuado a la situación comunicativa, una parte de la tarea sin realizar o aspectos sobre los que el docente no está de acuerdo con lo que el alumno sostiene (lo que llamé, en el capítulo anterior, aspecto ideológico o "materia opinable"). Por ejemplo, en 10 NM 6, el signo de interrogación es colocado por la docente al final de un párrafo donde se afirma que "es una historia para ser leída por adolecentes (sic) ya que los puede hacer sentir identificados al ser realista": aquí parece dar cuenta a la vez de que la novela no es realista ni hay una causalidad entre el género de la obra reseñada y la identificación de los lectores. En líneas generales, el signo de interrogación revelaría una corrección en la que se registra el efecto de desconcierto o sorpresa del docente frente a la acción del lenguaje del alumno, puesto que se identificaría un error o una omisión, como tal, no esperada, cuya explicación demandaría un despliegue verbalizado mucho más amplio que lo que la marca sugiere.

En relación con el modo de corregir a través de marcas en el grupo de docentes en nivel medio, puede afirmarse que predominan usos personales (cada profesor otorga uno o más significados a distintas marcas) y poca estabilidad y sistematicidad (alternancia o combinación con otras formas de corregir que conforman sinonimias o redundancias). A menor complejidad del subsistema, habría mayor ambigüedad por polisemia (una misma marca asume diferentes significados); la mayor complejidad del subsistema (conformado por mayor número de marcas) daría cuenta de preocupaciones entre los docentes por formas de corregir que sustituirían el empleo de enmiendas. A mayor cantidad de marcas y mayor complejidad del código, disminuye la presencia de enmiendas en los textos.

## 2.3. Enmiendas

Esta manera de corregir es empleada por diez de los doce profesores de nivel secundario que integran la muestra.

Se observa cierta correspondencia entre el uso de la enmienda y el nivel en el que se corrigen los errores en los textos de los alumnos, puesto que las enmiendas se refieren en su mayoría a errores en la forma (puntuación, morfosintaxis, ortografía y uso de tildes)[9].

El 75% de los docentes (1 NM, 2 NM, 5 NM, 7 NM, 8 NM, 9 NM, 10 NM, 11 NM y 12 NM) corrigen los errores de puntuación mediante la enmienda, principalmente, por reposición de signos de puntuación omitidos; con mucha menor frecuencia, por tachado de signos de puntuación innecesarios.

En cuanto a la morfosintaxis, cuatro de los profesores (5 NM, 9 NM, 10 NM y 11 NM) utilizan únicamente la enmienda como modo de corregir los errores de sintaxis y cinco de los profesores (1 NM, 6 NM, 7 NM, 8 NM y 12 NM) alternan las enmiendas con otras formas de corregir (enunciados y/o marcas). Observando los tipos de errores en el nivel sintáctico que corrigen los docentes más frecuentemente, vemos que el uso incorrecto de preposiciones es enmendado mediante la sustitución de una preposición por otra, el tachado de las innecesarias (por ejemplo, en los casos de dequeísmo) o la reposición de las omitidas; en menor cantidad hay preposiciones subrayadas o redondeadas sin reposición de la forma correcta. Los errores en el sistema pronominal en algunos casos son enmendados, los docentes alternan la enmienda con marcas y enunciados en los que se identifica el tipo de error. Para los errores de concordancia, hay alternancia entre enmiendas, marcas (subrayado, flechas, círculos) y enunciados que explican la causa del error cometido.

Las correcciones de errores ortográficos se realizan mediante la enmienda, las marcas o la alternancia entre ambos modos. En el primer caso, que es el único modo de corregir la ortografía empleado por seis de los doce docentes (5 NM, 6 NM, 7 NM, 9 NM, 10 NM y 11 NM), las faltas ortográficas que atañen a cualquiera de los subsistemas de reglas (letras o grafemas, diacríticos –tildes y diéresis, uso de mayúsculas y minúsculas) son enmendadas mediante la sustitución o la reposición de lo omitido. Otros cuatro docentes alternan la enmienda con marcas (1 NM, 2 NM, 8 NM y 12 NM): subrayan o trazan un círculo en letras

---

9   Dado que la mayor parte de las enmiendas se concentran en la forma de los textos de los alumnos, y dado que, cuantitativamente, es el nivel de las tareas de los alumnos más intervenido por los docentes, resulta explicable la identificación entre corrección y forma en los autores desarrollados en el capítulo 1 –como Cassany (1987, 1993), Camps y Ribas (1998), Corvatta (1992), Cortés y Bollini (1994), Iturrioz (2006), Neumann y Gajardo (2009) y Finocchio (2009). Esta identificación conlleva una simplificación de las correcciones que realizan los docentes frente a los textos de los alumnos, que, como trato de mostrar, son complejas tanto por los niveles de los textos a los que afectan como por su grado de elaboración.

incorrectas o en el manejo incorrecto de los espacios en blanco; de todos modos, predomina en estos casos, la cantidad de errores enmendados por encima de los marcados únicamente.

Por otra parte, algunos docentes emplean enmiendas para corregir otros niveles de los textos de los alumnos, como la progresión de la información y la coherencia temática en el nivel del sentido. Así, la docente 5 NM repone la información omitida, suprime reiteraciones mediante el tachado y repone marcadores textuales; las docentes 9 NM y 10 NM también reponen o sustituyen información. La docente 7 NM, por su parte, tacha errores conceptuales o de aplicación en el nivel global de los textos de los alumnos.

En cuanto a la interacción entre docente y alumno, el empleo de enmiendas contribuye a mantener la impersonalidad de la corrección y complementa el efecto de objetivación puesto que la voz del docente se integra con la voz del alumno; recuperando la explicación de Volóshinov (*op. cit.*), ambas voces autorales borran sus fronteras y se integran en un texto con dos contextos de producción. El producto de las acciones del lenguaje conforma así un texto acabado con una apariencia monológica, aunque se trate de un diálogo entre alumno y docente. Podríamos preguntarnos acerca de la funcionalidad de este modo de corrección para los aprendizajes de los alumnos; el efecto de este modo de corregir mostraría un producto concluido y evaluado que no da cuenta del intercambio entre dos enunciadores en función de construir ese producto.

## 3. ¿Cómo se corrige en la universidad?

En relación con los modos de corregir de los profesores del nivel universitario que integran la muestra, la consideración de que constituyen dos grupos de trabajo que comparten una secuencia didáctica y pautas de evaluación y corrección comunes a partir de esa misma secuencia, me llevó a preguntarme si ello implicaría una mayor homogeneidad de las correcciones entre los docentes que las que se observaron en nivel secundario. Por una parte, se analizó que las correcciones se realizaron predominantemente mediante marcas en los textos de los alumnos. Por otra parte, se relevó la falta de sistematicidad en las correcciones para un mismo tipo de error en los distintos textos corregidos por cada uno de los docentes, como puede observarse en la tabla 14.

En primer lugar, y en relación con los niveles en los que se corrigen los textos de los alumnos, el análisis da cuenta del empleo de enunciados para referirse a los aspectos globales de los textos, mientras que marcas y enmiendas conforman los modos de corregir empleados de forma predominante para los niveles del sentido y la forma de los textos de los alumnos. En estos dos niveles se alternan ambos modos de corregir: no hay profesores que corrijan los textos sólo con marcas o sólo mediante enmiendas.

| Docente | Correcciones globales | Correcciones que se refieren al sentido | Correcciones que se refieren a la forma |
|---|---|---|---|
| 1 UFLE | Enunciados | Marcas, enmiendas | Marcas, enmiendas |
| 2 UFLE | Enunciados, marcas, enmiendas | Enunciados, marcas, enmiendas | Marcas, enmiendas |
| 3 UFLE | Enunciados, marcas | Enunciados, marcas, enmiendas | Enunciados, marcas, enmiendas |
| 1 ILEA | Enunciados | Enunciados, marcas | Marcas, enmiendas |
| 2 ILEA | Enunciados, marcas | Enunciados, marcas, enmiendas | Marcas, enmiendas |
| 3 ILEA | Enunciados | Enunciados, marcas, enmiendas | Marcas, enmiendas |
| 4 ILEA | Enunciados | Enunciados, marcas, enmiendas | Enunciados, marcas, enmiendas |
| 5 ILEA | Enunciados, marcas | Enunciados, marcas, enmiendas | Marcas, enmiendas |
| 6 ILEA | Enunciados | Enunciados, marcas | Enunciados, marcas, enmiendas |
| 7 ILEA | Enunciados | Marcas, enmiendas | Marcas, enmiendas |
| 8 ILEA | Enunciados, marcas | Enunciados, marcas, enmiendas | Marcas, enmiendas |
| 9 ILEA | Enunciados, marcas, enmiendas | Enunciados, marcas, enmiendas | Marcas, enmiendas |

**Tabla 14.** Modos de corregir en relación con los niveles en los que se corrigen los textos de los alumnos. Universidad.

### 3.1. Enunciados

Los profesores de los cursos de nivel universitario que integran la muestra emplean enunciados como modo de corregir en referencia a cuestiones globales de los textos de los alumnos y, en menor medida, en referencia a su sentido.

Así como se operó para nivel secundario, se agrupan a continuación los enunciados de los docentes de universidad en valoraciones o juicios (evaluaciones en un sentido amplio), instrucciones y preguntas, según su intencionalidad, su contenido temático y la forma en que se emplean los mecanismos de asunción de la responsabilidad enunciativa. También se registran enunciados con términos técnicos, en muchos casos como refuerzos de los sistemas de marcas y enmiendas. Luego, se explicita si se reconocen formas objetivadas de corregir por oposición a interacciones que conllevan tratamientos de acortamiento de la distancia entre docente y alumnos.

Las valoraciones se enfocan en los textos de los alumnos; se construyen tanto positivamente como a partir de los errores. Ejemplos de valoraciones positivas son los enunciados "¡Muy buen trabajo, Y...!", "¡Buen trabajo, F...!" de la docente 3 ILEA; "Muy buen inicio", "Hay partes muy bien reformuladas", "Muy bien el texto en general" de 4 ILEA y "Existe una mejora en la reelaboración", de 7 ILEA. Son más abundantes que las anteriores las valoraciones negativas, referidas a omisiones o errores: "general, no responde", "vago, no responde", "no corresponde", "incompleto", "faltan paratextos" (2 UFLE); "poco preciso" (3 UFLE); "repetición de ideas o conceptos" (2 ILEA); "Falta información importante y falta una progresión coherente y ordenada de las ideas", "Como paráfrasis, de a ratos está demasiado pegada al texto original" (4 ILEA); "faltaría una breve valoración crítica", "sería interesante ampliar la contextualización del cuento en el marco de la obra de Walsh" (6 ILEA); "problemas generales" (7 ILEA); "Mucha vaguedad, falta análisis, desarrollo, contextualización", "faltan aportar elementos sobre el argumento del cuento y el contexto", "la síntesis del texto no es clara. Hay grandes fragmentos innecesarios sin relacionar. Falta precisión sobre el contexto. El análisis es confuso" (8 ILEA).

Otros enunciados remiten a las marcas y las enmiendas empleadas por los docentes; funcionan como refuerzos redundantes con los otros modos de corregir, además de referirse a la escala de evaluación de la secuencia didáctica (Riestra 2006b y 2009), que, como se explicitó en el capítulo 4, comprende los ítems: 1) lenguaje adecuado a la situación comunicativa, 2) coherencia y progresión de la información, 3) puntuación, 4) sintaxis, 5) precisión léxica, 6) ortografía, 7) presentación y legibilidad. Así, algunos enunciados consisten en la explicitación del ítem de la escala al pie o en el margen de las tareas de los alumnos; otros enunciados se relacionan indirectamente, por ejemplo: "oralidad" (2 UFLE), "adecuación" (4 ILEA y 7 ILEA), "informal" (4 y 5 ILEA) se refieren al punto 1 de la escala, "convendría estructurar" (6 ILEA) y "Falta conectar las ideas" (7 ILEA) pueden asimilarse al ítem 2.

Un grupo de enunciados se constituye con términos metalingüísticos específicos de distintas disciplinas y marcos teóricos de referencia dentro del campo de la lingüística como "uso de conectores" (1 UFLE), "macroestructura/macrorreglas" (2 UFLE), "factores del contexto" (3 ILEA), "enunciador?" (5 ILEA), "cohesión" (7 ILEA).

Las secuencias prescriptivas o instruccionales (Bronckart, 2004) precedidas por infinitivos son empleadas por nueve de los docentes que integran la muestra. Entre los infinitivos empleados predomina "revisar": "Revisar", "omitir", "revisar macroestructura", "Completar macroestructura-macrorreglas", "redunda. Omitir o condensar" (2 UFLE); "revisar estas nociones teóricas, hay imprecisiones y ambigüedades", "revisar" (3 UFLE); "contextualizar autor/época", "contextualizar el texto", "contextualizar al comenzar a escribir", "rehacer" (1 ILEA); "revisar tema", "revisar formulación de subtemas", "revisar el modo de presentar la propia postura", "revisar la relación de postura personal/argumentos/citas seleccionadas" (3 ILEA). En los enunciados de la docente 5 ILEA se observa mayor variación de infinitivos para introducir secuencias prescriptivas: "definir más", "enunciar el tema más precisamente", "mejorar la presentación del trabajo", "definir los argumentos sobre el tema y tu posición personal", "mejorar la coherencia de las frases a través de la puntuación y precisión léxica", "dar una postura personal", "ofrecer más argumentos", "dar un cierre al texto", "ampliar la explicación", "mejorar el texto de opinión aportando una clara postura personal, argumentos y conclusión", "definir los destinatarios", "enunciar los temas y subtemas", "precisar los destinatarios", "Ofrecer argumentos más claros, desarrollando tu postura personal", "precisar el ejemplo", "evitar lo metafórico y enunciar mejor", "fortalecer este argumento", "dar un cierre de conclusión", "precisar mejor el tema central, que se observe el contenido del texto", "expresar más claramente tu postura. Ofrecer argumentos propios".

Los enunciados que asumen la forma de interrogaciones, por su parte, también son empleados por nueve de los docentes. Conforman preguntas retóricas: las preguntas para indicar que están incompletas partes de los textos de los alumnos alternan con las interrogaciones de forma pronominal para señalar omisiones de información y errores sintácticos. Entre las primeras, ubicamos enunciados como "¿De qué libro forma parte esta Introducción?" (3 UFLE, el texto escrito por el alumno no provee esa información); "¿otros argumentos? / ¿cierre? ¿conclusión?", "¿por qué la inclusión de esta cita?" (3 ILEA); "¿cita?", "¿referencia?", "¿fuentes consultadas?" (9 ILEA). En cuanto a las segundas, se conforman en su mayor parte por pronombres interrogativos, a veces seguidos por un verbo, entre signos de interrogación, por ejemplo: "¿cuál?", "¿cuáles?", "¿quién?", "¿quién dice?", "¿qué es?", "¿dónde?" (1 ILEA); "¿qué?", "¿quién?", "¿a quién?", "¿qué dice?", "¿cómo?", "¿cuál?", "¿en dónde?", "¿para qué?", "¿cuál es la relación entre una idea y otra?", "¿por quiénes?", "¿con qué?" (2 ILEA).

En cuanto a las modalizaciones como mecanismos de asunción de la responsabilidad enunciativa, en dos casos se observa el empleo de las modalizaciones deónticas; otro docente usa modalizaciones lógicas y una cuarta docente escribe enunciados en los que aparecen modalizaciones lógicas y deónticas. Las profesoras 5 ILEA y 9 ILEA usan modalizaciones deónticas en la corrección de un texto ("...tenés que enunciarlo...") y de dos textos, respectivamente ("Una monografía debe tener más de una fuente bibliográfica", "...tenés que releer..."). El profesor 6 ILEA, mediante el empleo del condicional, modaliza sus enunciados como hechos posibles o recomendables en relación con el mundo objetivo: "convendría estructurar", "sería interesante ampliar la contextualización del cuento en el marco de la obra de Walsh", "faltaría una breve valoración crítica". En el enunciado de la docente 4 ILEA: "Habría que introducir la cita", las modalizaciones lógica y deóntica usadas simultáneamente también persiguen la intencionalidad de presentar la voz de quien corrige como una sugerencia, del mismo modo que en el enunciado "Se podría recuperar al autor" con la modalización lógica que matiza la corrección dándole el cariz de posibilidad.

La construcción de la interacción docente-alumno en los enunciados de los docentes de nivel universitario contempla el distanciamiento y la objetivación mediante el uso de grupos nominales, infinitivos y formas impersonales que aluden al "trabajo", al "texto" o al "parcial" en lugar de referirse directamente al alumno en tanto agente de la acción de lenguaje. No obstante, este distanciamiento se ve interrumpido por el empleo de verbos en segunda persona y por apelaciones directas a su condición de autores de las tareas, en enunciados escritos en al menos una ocasión por seis de los doce docentes. Como ejemplos de distanciamiento y objetivación de la relación docente-alumno podemos señalar los modos de conformación de los enunciados de los docentes 1 UFLE, 2 UFLE y 3 UFLE y 1 ILEA, 6 ILEA y 7 ILEA. Los enunciados de estos docentes se construyen con grupos nominales y modos de impersonalidad semántica: "Falta precisar la finalidad y los destinatarios", "atención al uso de mayúsculas", "dificultad para determinar el destinatario" (1 UFLE); "Extensión", "Adecuación de producciones a las condiciones solicitadas" (2 UFLE); "Referencia muy general", "poco preciso" (3 UFLE); "Momento histórico" (1 ILEA); "títulos de libros subrayados", "separación silábica", "Hay amplios sectores del texto que son copia textual de información contenida en diversos sitios web", "El trabajo se compone de una suma de citas directas y otras referencias que no alcanzan a conformar el formato genérico de la reseña" (6 ILEA); "problemas generales", "problemas de coherencia-cohesión", "falta conectar las ideas. Problemas de precisión, puntuación" (7 ILEA). Por su parte, la docente 2 ILEA emplea en un solo caso la segunda persona para apelar a su destinatario. La docente indica "¿a qué te referís?", pregunta que se origina en la ausencia de información necesaria para que se entienda la expresión usada por el alumno. Así, deja de lado el distanciamiento presente a lo largo de los enunciados con los que corrige los textos.

Las profesoras 4 ILEA, 5 ILEA y 8 ILEA emplean la segunda persona en la corrección de diferentes textos para apelar directamente al alumno autor: "Utilizás una cita muy larga. No es correcto", "si vas a utilizar el [estilo] indirecto, el resto del texto te queda incoherente", "Tratá de evitar los gerundios, confunden tu redacción...tenés problemas especialmente con la unión o relación entre ideas" (4 ILEA); "la idea está bien, pero tenés que enunciarlo [al tema] como una frase sin verbo", "No se observa un planteo claro de tu postura. Los argumentos los tomás del texto fuente", "No ofrecés una posición propia ni argumentos", "Te alejás de la consigna, no se pide resumir el texto", "Bien tu postura y los argumentos" (5 ILEA); "acordate lo que vimos de cohesión gramatical", "acordate lo que hablamos y trabajamos sobre enunciación", "si es posible, rehacé", "tenemos que seguir trabajando en tus escritos" (8 ILEA). En cuanto a las docentes 3 ILEA y 9 ILEA, en algunos casos acompañan el acortamiento de la distancia entre los roles de profesor y alumno marcado con la segunda persona con el empleo del nombre propio de cada alumno en sus enunciados: "L...: la actividad de escritura está muy floja. Seguir ejercitando argumentación (planteo de postura/ presentación de argumentos) y uso de citas"; b) "A: tu parcial no está en condiciones de ser aprobado. En 1.: revisar contexto de producción y revisar formulación de tema/subtemas. Textualizar la respuesta. En 2.: revisar argumentación (empleo 1psg., presentación de argumentos, cierre-conclusión), citas (sentido, pertinencia, relación con lo anterior y lo que sigue)" (3 ILEA); "L...: tenés que releer lo que escribiste, antes de presentar el trabajo", "N...: es muy importante que releas lo que escribiste antes de entregar el trabajo" (9 ILEA).

## 3.2. Marcas

Las marcas conforman el modo de corregir predominante entre los docentes universitarios, no en relación con la cantidad de errores (como ya afirmé, dado que la mayor cantidad de errores se corresponden con la ortografía y el uso de tildes, y que la mayor cantidad de correcciones de estos aspectos son enmiendas, en valores absolutos es la enmienda el modo de corregir más utilizado) sino en la cantidad de aspectos de cada texto que es corregido mediante marcas y en la relación con la variedad de significados que cada signo asume.

Los profesores han empleado marcas con distintos significados, no unívocos, que conforman subsistemas dentro de las correcciones, en tanto que no se independizan de los sistemas lingüísticos, cuyas características asimilan. Recordemos que estos subsistemas son descriptos a partir de De Mauro (1986), quien considera que cada signo supone al menos otro signo en un sistema; aplicando esto a las correcciones, podemos decir que cada marca conforma un subsistema de al menos dos signos, donde lo marcado (usualmente el error, excepto en los casos en los que la marca es un visado) por oposición a lo no marcado (coincidente con lo que es, usando términos de Coseriu, 2007, apropiado, congruente y correcto).

En todos los casos, los profesores que integran la muestra usan entre cuatro y ocho marcas en los textos de los alumnos. Comenzando por los docentes que combinan cuatro marcas (1 UFLE, 1 ILEA, 2 ILEA y 4 ILEA), son comunes a todos ellos una marca: el empleo de un círculo; sin embargo, no coinciden en lo que esta marca significa. La profesora 1 UFLE utiliza el círculo para marcar los signos de puntuación que han colocado innecesariamente los alumnos en los textos y los gerundios que se repiten o acumulan generando errores sintácticos (ambos errores corresponden al nivel de la forma de los textos). Las profesoras 1 ILEA y 4 ILEA usan asimismo el círculo para errores en el plano de la forma: la primera, para identificar usos incorrectos de pronombres, preposiciones, léxico y grafemas; la segunda, para señalar errores de puntuación, mediante el trazado del círculo en la línea del renglón (cuando este círculo encierra coma, paréntesis o punto ha de entenderse que tal signo de puntuación ha sido colocado incorrectamente. Cuando se producen errores por omisión, el círculo vacío señala la ausencia de punto o de comas). El empleo que la profesora 2 ILEA hace del círculo se relaciona con el género textual en el que se insertan los textos escritos por los alumnos y con los mecanismos de enunciación por ellos empleados, por lo tanto, en este nivel global de las correcciones, la docente marca con un círculo aquellos pronombres personales o verbos que dan cuenta del tratamiento comunicativo.

En cuanto al subrayado, común a tres de los docentes que usan cuatro marcas, tampoco es coincidente el empleo que de él se realiza: mientras que la docente 1 UFLE subraya errores en la aplicación de un concepto y errores de concordancia (la misma marca asume ambos significados, en el nivel global de la resolución de la tarea y en el nivel morfosintáctico, de la forma de la lengua), las docentes 2 y 4 ILEA subrayan errores en el léxico, en el nivel de la forma. Por su parte, mientras que la docente 2 ILEA sólo subraya los errores de este tipo, la docente 4 en algunos casos los subraya y en otros opta por sustituir el léxico, es decir, enmienda con otras palabras el texto del alumno.

Otro signo común a tres de las docentes anteriores es el signo de interrogación de cierre: el empleo que de esta marca hacen es coincidente, puesto que con él marcan lo que he calificado como incongruencias en el plano del sentido de los textos escritos por los alumnos.

Finalmente, cada una de estas docentes que corrigen usando cuatro marcas emplea una marca en común con, al menos, uno de los otros docentes de nivel universitario: la docente 1 UFLE utiliza una equis en el margen de las tareas y en la línea en la que hay errores de sintaxis o de ortografía como refuerzo de la enmienda de cada error; la profesora 1 ILEA usa una línea sinusoidal vertical para identificar ausencia de progresión de la información y una línea sinusoidal horizontal para problemas en los mecanismos de textualización; 2 ILEA visa parte de las tareas y 4 ILEA marca mediante un subrayado doble la repetición de palabras (se trata del mismo modo de marcar, con el mismo significado, que emplea el docente 7 ILEA). Estas marcas, además, se combinan o alternan con enmiendas.

El profesor 3 UFLE usa un sistema de cinco marcas: visado, línea sinusoidal, signo de interrogación de cierre y subrayado (estos últimos tres pueden considerarse sinónimos en tanto el docente los emplea de forma asistemática en un texto y otro para relevar aspectos como incongruencias) y círculo (esta marca se emplea en el nivel de la forma, para la morfosintaxis, el léxico y las tildes, alternando con enmiendas en los mismos niveles).

Los profesores que utilizan subsistemas más complejos emplean seis a ocho marcas: 2 UFLE, 7 ILEA y 8 ILEA, con seis marcas; 5 ILEA y 6 ILEA con siete; 3 ILEA y 9 ILEA, con ocho marcas. En ningún caso las marcas sustituyen a las enmiendas sino que alternan con éstas. Ninguno de estos subsistemas impide que un mismo signo asuma diferentes significados, es decir, la mayor complejidad del sistema debida a la mayor cantidad de marcas no contribuye a que cada marca sea empleada con un significado unívoco. Asimismo, la mayor parte de estos subsistemas de corrección presenta sinonimias en tanto que distintas marcas se emplean para un mismo tipo de error, a la vez que las marcas se refuerzan mediante enunciados y enmiendas o son sustituidas por estos modos de corregir en los distintos textos corregidos por cada uno de los docentes.

La profesora 2 UFLE emplea un círculo para indicar usos de lenguaje poco adecuados a la situación comunicativa (en el nivel de las correcciones globales). Otra docente que usa marcas en este nivel y con el mismo fin, es 8 ILEA, quien los encierra con corchetes y coloca, además, equis. La docente 9 ILEA, asimismo varía entre los círculos, las equis y las enmiendas en los distintos textos para dar cuenta de la inserción de referencias bibliográficas correspondientes al género textual académico monografía.

En cuanto a las otras marcas que realiza la docente 2 UFLE, con signos de interrogación de cierre da cuenta de incongruencias; emplea círculos para las tildes y los signos de puntuación colocados innecesariamente y para marcar problemas de precisión léxica; corchetes, para ausencia de signos de puntuación –cuando no repone los omitidos, enmendándolos–; un cero tachado para indicar que debiera haberse empleado un punto seguido en lugar de un punto y aparte; subrayado simple para errores de concordancia (en la mayor parte de los casos, los enmienda en lugar de marcarlos).

El docente 7 ILEA usa el signo de interrogación de cierre para incongruencias, líneas verticales al margen para identificar problemas de diferente orden en el sentido de los textos; la misma clase de línea con tres signos de admiración de cierre para señalar que un alumno ha escrito veintitrés líneas sin usar signos de puntuación; una flecha para marcar que no debió usarse punto y aparte; tres tipos de marcas para errores de sintaxis (línea vertical, subrayado y círculo) y subrayado simple para la precisión léxica.

La profesora 8 ILEA, quien también emplea seis marcas, alterna entre el subrayado simple y el círculo para identificar errores en el uso del lenguaje adecuado a la situación comunicativa, además redondea errores de concordancia, tildes innecesariamente colocadas y subraya con una línea la imprecisión léxica. Usa de modo indistinto una línea sinusoidal vertical, una equis o un signo de pregunta de cierre en el nivel del sentido de los textos en las diferentes tareas de los alumnos.

A las marcas ya descriptas, aunque con diferentes usos, la profesora 5 ILEA agrega, entre sus correcciones: ligadura y punto y flecha en ángulo recto hacia abajo en relación con empleo de los signos de puntuación y un símbolo consistente en una línea vertical que se apoya en una línea horizontal ($\perp$), colocada en lugar de un grafema omitido (en general, la h) o bien sobre la letra incorrecta o sobre la vocal acentuada en la que se debería haber colocado una tilde.

El docente 6 ILEA combina tres estilos de subrayado (sinusoidal para incongruencias, doble para repeticiones, simple para errores de concordancia redundantes con un enunciado) con el subrayado más el signo de interrogación de cierre para citas no referenciadas, el círculo para comas y puntos innecesarios y para uso impreciso de léxico, y el subrayado y una cruz al margen para las faltas de ortografía.

Las docentes 3 ILEA y 9 ILEA combinan las marcas descriptas anteriormente: círculos, subrayado simple, subrayado sinusoidal, equis, línea sinusoidal al margen; cada una de estas marcas tiene diferentes significados en los distintos textos y no reemplazan el uso de enunciados ni enmiendas en los diferentes niveles de las correcciones. En los textos corregidos por 3 ILEA la línea sinusoidal vertical implica omisiones de la información (cuando no han sido enmendadas por la docente); el signo de interrogación, incongruencias o desacuerdo ideológico con lo manifestado por el alumno (lo que llamé "materia opinable"); flecha simple: error de puntuación; flecha doble: alteración del orden sintáctico; círculo: grafema o tilde incorrecto o bien, error en el léxico; subrayado simple: error sintáctico. La docente 9 ILEA usa círculos para: errores en las referencias bibliográficas, signos de puntuación innecesarios, pronombres con referentes ambiguos que generan problemas de sentido, uso incorrecto de tildes y de mayúsculas y minúsculas, imprecisiones en el nivel del léxico. Parte de estos errores son marcados mediante subrayado simple o subrayado con una línea sinusoidal en otros textos corregidos por la misma docente; he registrado, además, que se marca de distinta manera un mismo tipo de error en el mismo texto, lo que nos permitiría calificar de inestable este subsistema de correcciones.

En relación con el uso del signo de interrogación de cierre como marca en las correcciones se observa que se emplea de forma sistemática para el señalamiento de incongruencias por parte de la mayoría de los docentes de nivel universitario. Es utilizado por diez de los doce docentes que integran la muestra. Mientras que ocho de ellos lo emplean únicamente para identificar que algo escrito por los alumnos resulta incongruente con los mundos representados (2 UFLE y 3 UFLE; 1 ILEA, 2 ILEA, 4 ILEA, 7 ILEA, 8 ILEA y 9 ILEA), la docente 3 ILEA lo usa con ese sentido y, en otra tarea, para marcar una diferencia ideológica con el texto de un alumno y la docente 5 ILEA señala con este signo, en el nivel global, errores en la aplicación de conceptos.

Exceptuando el signo de interrogación de cierre, cuyo empleo más extendido es en relación con el sentido de los textos, especialmente, en la congruencia con los mundos representados, el análisis del modo en que los docentes universitarios utilizan marcas para corregir los textos de los alumnos revela falta de sistematización de una tarea a la otra y heterogeneidad en lo que cada docente hace, aun cuando conformen grupos de trabajo que manejan una misma secuencia didáctica, una escala de evaluación y pautas comunes de corrección. Se podría inferir de ello que el uso de marcas en las correcciones es personal y está ligado a las prácticas que los docentes han realizado en el transcurso de su historia profesional.

### 3.3. Enmiendas

La enmienda es una manera de corregir empleada por todos los docentes de la universidad en los diferentes niveles de los textos de los alumnos, aunque se concentra en los errores que se refieren al nivel de la forma (puntuación, morfosintaxis, léxico, ortografía y uso de tildes).

El 91% de los profesores corrige los signos de puntuación mediante la enmienda reponiendo los signos omitidos, tachando los que han sido colocados innecesariamente o sustituyéndolos entre sí (por ejemplo, coma por punto o viceversa). La única docente que no enmienda errores de puntuación es 4 ILEA, quien sólo emplea marcas para referirse a este aspecto de los textos de los alumnos. Los otros once docentes utilizan enmiendas y marcas, como ya se mencionó.

En cuanto a la morfosintaxis, todos enmiendan al menos una vez alguno de los textos de los alumnos en este aspecto. Los docentes reponen preposiciones omitidas o sustituyen preposiciones por otras, tachan y/o sustituyen pronombres, reponen formas en plural en errores de concordancia. Otras enmiendas consisten en la reposición de conjunciones (por ejemplo, 3 ILEA), determinantes (6 y 7 ILEA), verbos conjugados (3 UFLE y 9 ILEA).

El 33% de los docentes enmienda el léxico sustituyendo un término empleado por otro con un significado más ajustado; este aspecto de la forma es predominantemente marcado. El 12% de los profesores (4 ILEA, 5 ILEA y 8 ILEA) emplea marcas de manera casi excluyente para señalar el problema, pero enmiendan un error en uno de los textos de sus alumnos.

Las faltas de ortografía son corregidas mediante la enmienda por el 67% de los profesores, quienes sustituyen y reponen grafemas, en alternancia con el empleo de marcas para indicar errores. En tanto, el 91% de los profesores repone las tildes omitidas; sólo un docente (6 ILEA) en lugar de enmendar estas faltas, las marca.

Otros niveles de correcciones de las tareas de los alumnos en los que se observa el uso de la enmienda son aspectos globales (2 UFLE y 9 ILEA) y de sentido (1 UFLE, 2 UFLE y 3 UFLE; 2 ILEA, 3 ILEA, 4 ILEA, 5 ILEA, 7 ILEA, 8 ILEA y 9 ILEA).

La enmienda es usada por dos profesoras como modo de corregir aspectos relacionados con la adaptación de géneros textuales: la docente 2 UFLE enmienda las cartas escritas por sus alumnos, completando los elementos omitidos en el encabezamiento (agrega destinatario, tacha fecha mal ubicada o incorrectamente escrita y la repone en forma correcta) y la docente 9 ILEA enmienda usos incorrectos de las referencias bibliográficas en las monografías escritas, por ejemplo, tachando el nombre propio del autor y sustituyéndolo por el apellido o agregando referencias omitidas (autor, año). También enmienda algunos de los errores relacionados con las convenciones para el citado de la bibliografía, agregado lugar de edición o signos de puntuación omitidos.

En cuanto al sentido de los textos, las enmiendas son uno de los modos en los que se corrige la coherencia: cuando los alumnos han omitido información, los docentes 1 UFLE, 2 UFLE, 3 UFLE, 3 ILEA, 5 ILEA, 7 ILEA, 8 ILEA y 9 ILEA reponen información omitida. Los docentes 2 UFLE, 3 UFLE, 5 ILEA, 8 ILEA y 9 ILEA, además, tachan y/o sustituyen verbos, sustantivos y pronombres que funcionan como mecanismos de textualización de modo que permiten mantener la coherencia textual. Las docentes 2 ILEA y 4 ILEA agregan organizadores textuales que posibilitan la conexión entre información facilitando la coherencia temática en los textos de los alumnos.

Considero necesario reiterar que las correcciones que los docentes universitarios realizan enmendando los textos de los alumnos no se presentan como único modo de corregir un nivel de los textos, sino que se alternan con marcas y enunciados o bien funcionan de modo redundante con ellos, verbigracia, en un mismo texto el docente utiliza las tres maneras de corregir pasando de una a otra sin sistematicidad o bien señala simultánea y redundantemente un mismo error de distintas maneras.

Por otra parte, se reafirma que el uso de las enmiendas como modo de corregir aumenta el efecto de impersonalidad de la corrección y contribuye a su objetivación, en tanto que la voz del docente borra sus límites con la voz del alumno; siguiendo a Volóshinov (*op. cit.*), ambas voces se integran en un texto con dos contextos de producción. Mientras que la enmienda podría tener un efecto de presentación en el nivel de la forma, en el plano del sentido el borramiento de los límites de las voces autorales generaría el efecto de clausura del diálogo sobre el texto escrito, porque una de las voces autorales, la del docente, se apoderaría del sentido del texto del alumno.

## Síntesis del capítulo

Enunciados, marcas y enmiendas son tres modos que los docentes combinan para corregir los textos de sus alumnos, sin que exista una relación directa y unívoca, aplicada sistemáticamente, entre qué se corrige y cómo se corrige. No obstante, ha podido identificarse una relativa predominancia de los enunciados para referirse a los aspectos generales de los textos que hemos enmarcado dentro de las correcciones globales, mientras que marcas y enmiendas se articulan con aspectos del sentido y de la forma de los escritos.

Por otra parte, se ha notado cierta redundancia consistente en la combinación y simultaneidad de distintos modos de corregir para señalar un mismo error. Esta redundancia, en la que marcas y enunciados operan como refuerzos de enmiendas, para ejemplificar una de las concomitancias, podría tener una intencionalidad que, desde la teoría de la actividad de Leontiev (*op. cit.*) llamé presentación, es decir, el objetivo de la doble corrección sería hacer conscientes operaciones que los alumnos realizan inconscientemente al escribir. Teniendo en cuenta los grados de escolaridad alcanzados (últimos años de la escuela secundaria e inicio de los estudios universitarios), los docentes supondrían una serie de acciones ya internalizadas y operacionalizadas por los alumnos en el dominio de la actividad de escritura; las correcciones funcionarían en la zona de trabajo de los alumnos (Del Río, *op. cit.*), en su hoja de papel, para identificar aquellas operaciones que es preciso tornar conscientes. Asimismo, esta redundancia produce un efecto visual de refuerzo que revela la preocupación de los docentes por verbalizar, en el diálogo establecido por las correcciones, aquello que consideran significativo para los aprendizajes de los alumnos.

La comparación entre cómo corrigen los docentes en nivel secundario y cómo corrigen en la universidad no devela, por otra parte, diferencias sustanciales, aunque se hubiera delineado la hipótesis de que las habría, puesto que los profesores de nivel superior trabajaban en equipos de trabajo consolidados, con escalas de evaluación y criterios de corrección comunes correspondientes a una misma secuencia didáctica.

Se puede identificar un uso extendido de enunciados en secundario y de marcas entre los profesores de la universidad. Estos últimos, además, combinan los modos de corregir para cada nivel de los textos, mientras que en el secundario hay docentes que sistemáticamente emplean marcas o enmiendas en distintos niveles de correcciones.

Los enunciados que los docentes de secundario y de universidad inscriben en los textos de los alumnos tienen intencionalidades y características similares: consisten en valoraciones o juicios, instrucciones y preguntas retóricas. En los textos de secundario se observa variedad en el contenido temático y creatividad en las formas que adoptan las valoraciones, en tanto que en la universidad predominan el empleo de términos técnicos y la referencia a ítems de la escala de evaluación.

En relación con las marcas, los docentes de secundario usan códigos menos complejos, conformados en su mayoría por dos o cuatro marcas, mientras que los docentes de universidad emplean subsistemas de cuatro a diez marcas. Se observó, para ambos grupos de docentes, que la mayor complejidad del sistema no reducía el grado de sinonimia, sino que, para un mismo tipo de error eran usadas dos, tres o más marcas como sinónimos. Asimismo, la mayor parte de las marcas tiene distintos significados para cada uno de los docentes. El empleo de códigos de corrección con la intencionalidad de reducir la sinonimia y acentuar la no creatividad, de modo tal que cada marca tenga un determinado significado para los alumnos no lograría, por su falta de sistematicidad y estabilidad, provocar este efecto.

Las enmiendas, por su parte, constituyen fusiones de los textos y de las voces autorales de docentes y alumnos que, siguiendo a Volóshinov, calificamos de estilo dogmático. Ambos grupos de profesores enmiendan aspectos de forma de los textos de los alumnos, principalmente, las faltas de ortografía, aunque en algunos casos se opta por la marca del error en lugar de su sustitución. También se enmiendan errores de sentido, lo que generaría un efecto de apropiación del sentido del texto por parte del docente que corrige, despersonalizando, además, su función de enunciador.

Se han considerado, asimismo, dos tipos de interacción o diálogo con los alumnos en los escritos: uno, objetivado, en el que predominan las marcas y enmiendas con enunciados generales en los que se emplean mecanismos de impersonalidad, infinitivos y preguntas retóricas, cuya intencionalidad es mantener la distancia entre el enunciador –docente y su destinatario. El otro modo de interacción tendería a producir un efecto de acercamiento entre docente y alumno mediante enunciados que dan cuenta del rol del alumno como destinatario de la corrección.

Como conclusión del análisis de los modos en los que los docentes corrigen, se releva en líneas generales falta de sistematicidad de un texto a otro y la heterogeneidad de los profesores que da cuenta de sus singularidades.

La creatividad del lenguaje es una característica que se destaca inclusive en una tarea tan rutinaria como corregir los textos escritos, en el medio ambiente de la enseñanza de la lengua. En las interacciones entre docente y alumnos, las réplicas que los docentes realizan en el diálogo escrito en los textos procuran encontrar los modos de generar un efecto en sus destinatarios. En esta búsqueda personal, como tender un puente, retomando la analogía de Volóshinov, cada docente pone en juego su creatividad y sus singularidades en función de mediar en la enseñanza **en** el lenguaje y **con** el lenguaje.

# Capítulo 6

## ¿Qué dicen los docentes acerca de qué, cómo y para qué corrigen?

El propósito de indagar en los procesos de verbalización e interpretación del corregir como parte del trabajo docente es conocer los sentidos que los docentes de lengua le atribuyen a esta acción, los motivos por los que lo hacen y las relaciones que establecen entre las correcciones y el desarrollo de las capacidades discursivo-textuales de los alumnos.

Desde las ciencias del trabajo (la ergonomía en la lengua francesa, la clínica del trabajo, la ergología, entre otras), según Faïta (2003a), se puede aportar a la comprensión de las actividades en el ámbito educativo una mirada del trabajo docente como mezcla de conocimientos (formales, científicos, técnicos, etc.) y de experiencias individuales y colectivas producidas, transmitidas y transformadas en el transcurso de la actividad.

### 1. Las dimensiones del trabajo docente: el trabajo real y el trabajo representado

Bronckart (2007) fundamenta la necesidad de analizar el trabajo docente, lo que sucede con los enseñantes en clase, para comprender "cuáles son las capacidades y los conocimientos requeridos a los docentes para lograr la especificidad de su oficio: la gestión de la situación de clase y el desarrollo de la lección en función de las expectativas y objetivos de la institución escolar y las características y reacciones de los alumnos" (*op. cit.*: 170). Propone tres dimensiones de análisis: la del trabajo real, la del prescripto y la del trabajo interpretado por los actantes.

El trabajo real, para Bronckart, abarca "las características efectivas de las diversas tareas realizadas por los trabajadores en una situación concreta". Por su parte, Riestra (2010c) señala que es lo realizado concretamente en un determinado contexto sociohistórico.

La prescripción, según el análisis ergonómico, apunta a la anticipación y al encuadre explícito, por medio del lenguaje, de la actividad de trabajo. Schwartz (2002) identifica como características de la prescripción al cálculo y la secuencialidad racionalizada, anticipativa, explícita y exhaustiva, porque la prescripción ha buscado volver inteligible el trabajo en el transcurso de su historia. Bronckart considera al trabajo prescripto "una representación de lo que debe ser el trabajo por encima de su realización efectiva" (*op. cit.*: 171). Se ubican en el nivel del trabajo prescripto, "los proyectos didácticos, los programas, los manuales o las secuencias didácticas" (*ídem*). Riestra sintetiza esta definición aseverando que el trabajo prescripto es lo establecido institucionalmente en diferentes niveles de concreción.

Por último, dentro de la dimensión del trabajo interpretado por los actantes, Riestra define al trabajo representado como el conjunto de representaciones colectivas que movilizan el trabajo docente (como cualquier otro trabajo humano) que, en muchos casos, operan como representaciones sociales inconscientes.

Moscovici define las representaciones sociales como el "conjunto de un conjunto de proposiciones, de reacciones y de evaluaciones referentes a puntos particulares, emitidos en una u otra parte, durante una encuesta o una conversación, por el 'corazón' colectivo, del cual, cada uno, quiéralo o no, forma parte" (1961/1979: 45). Las representaciones sociales contribuyen, según el autor, a la formación de conductas y a la orientación de las comunicaciones sociales.

La teoría de las representaciones sociales se trata de una teoría del sentido común (Moscovici y Hewstone, 1986) o del pensamiento lego (Marková, 1996) cuya misión es describir, clasificar y explicar a la vez, es decir que engloba una realidad de forma tal que permite explicarla.

Jodelet concuerda en la consideración de que las representaciones sociales sirven a la construcción de un conocimiento práctico: "constituyen modalidades de pensamiento práctico orientados hacia la comunicación, la comprensión y el dominio del entorno social, material e ideal. En tanto que tales, presentan características específicas a nivel de organización de los contenidos, las operaciones mentales y la lógica" (1986: 474).

En las representaciones sociales actúan de forma mutuamente interdependiente lo social y lo individual. Como afirma Marková, "al igual que otras formas de pensamiento relativamente estables, las representaciones sociales son parte de un entorno social simbólico en el que viven las personas. Al mismo tiempo, este entorno se re-construye a través de las actividades de los individuos, sobre todo por medio del lenguaje" (*op. cit.*: 163). Marková analiza cómo el pensamiento de los individuos se presenta "en capas" o en múltiples niveles en las respuestas a entrevistas abiertas, que procuran hacer reflexionar más allá del pensamiento habitual, no-reflexivo, a los entrevistados.

Riestra afirma que "las representaciones sociales constituyen el entorno verbal simbólico (verbalizaciones explícitas) en el que nacen las personas. Es así como las ideologías y las creencias, que en su origen son explícitas, operan implícitamente dentro de las representaciones sociales" (2004: 109). Para la autora:

> Bronckart (2001), retomando la tradición de Durkheim de hecho social, permite complejizar el análisis y trasponer la noción de entorno social de Marková (*op. cit.*) al considerar que son directamente los modelos del lenguaje preexistentes los que organizan las representaciones colectivas del medio, producidas en el marco de los géneros textuales para estructurarse en configuraciones de conocimientos regidos por lógicas diversas. La acción del mismo lenguaje sobre el pensamiento aparece en este enfoque como determinante de las representaciones sociales (*op. cit.*: 110).

Las representaciones sociales nos permiten entender los modelos de representación de la acción que, según Riestra (2010c), son parte del hacer docente como trabajo profesional, no suficientemente estudiado aún en las investigaciones en didáctica de las lenguas. Enfocar la relación entre trabajo y desarrollo de las personas posibilita, según la autora, articular las condiciones sociales y los procesos psíquicos individuales que permiten la realización del docente mismo como trabajador. Constituyen, además, un problema a indagar en la formación docente.

Bronckart puntualiza como característica resultante de las investigaciones del *Grupo LAF* (Lenguaje, Acción, Formación; Universidad de Ginebra), la opacidad del trabajo docente, es decir, la dificultad para describir dicho trabajo, para caracterizarlo o para hablar de él, por parte de los agentes que realizan la actividad. En este aspecto coincide con lo observado por Schwartz (1997) en relación con una de las dimensiones experienciales del trabajo que concierne a unas competencias prácticas que no se puede explicar bien quien las hace, puesto que requieren de síntesis y de una cultura muy específica, apenas formulada, difícil de verbalizar y muy ligada al contexto. La conformación de estas competencias prácticas, para Schwartz, está en la operación misma y resultan, por lo tanto, difícilmente evaluables.

En una investigación anterior (Tapia y Goicoechea, 2012), y a diferencia de otras tareas de enseñanza donde resultaría notoria la falta de precisión para indicar qué se realiza en clase, el análisis de entrevistas grupales donde los docentes discutieron acerca de su trabajo nos ha permitido relevar que los profesores asumen como tarea específica la corrección de los textos de sus alumnos[10]; los docentes se perciben a sí mismos como correctores de errores más que como agentes que explican nociones gramaticales en las clases de lengua. Pueden, por lo tanto, manifestarse como agentes de las correcciones y describir con minuciosidad en qué consiste este aspecto de su trabajo. Un factor decisivo en tal percepción de las posibilidades de acción del trabajador como corrector lo constituiría la vaguedad de documentos prescriptivos que definan y delimiten, en diferentes grados y niveles, los alcances y los modos operatorios de corregir.

Para Faïta (2003a), el trabajo docente se caracteriza, además de por su dimensión primera de la relación entre el docente y los alumnos, por la naturaleza de las tareas asignadas a la enseñanza y por las herramientas y modos que le son impuestos, que lo diferencian sensiblemente de otras prácticas profesionales, ya que por una parte la prescripción del trabajo pretende decir simultáneamente qué es lo que tiene que hacer el docente como agente de su trabajo y las tareas a realizar por parte

---

10  En el marco del proyecto de investigación "De los efectos formativos en los alumnos a la formación de formadores: la enseñanza de los razonamientos argumentativos y la gramática de las lenguas" de la Universidad Nacional de Río Negro, dirigido por Dora Riestra, analizamos intervenciones de los docentes en relación con la didactización de los contenidos gramaticales en función de la enseñanza de razonamientos.
Se desarrollaron tres discusiones focalizadas, dos de ellas conformadas por grupos de cuatro integrantes, y la restante, por tres integrantes, en los meses de noviembre y diciembre de 2011. Los participantes de uno de los grupos habían trabajado en la materia *Introducción a la Lectura y la Escritura Académica*, en la Sede Andina de la Universidad Nacional de Río Negro, además de ser docentes en ejercicio en escuelas secundarias de San Carlos de Bariloche. Los otros dos grupos estaban integrados por profesores de nivel secundario, también de Bariloche.
El empleo predominante de determinados verbos en los enunciados con que los docentes dan cuenta de su trabajo nos llevó a registrar una dificultad para verbalizar la acción realizada en clase. Observamos que cuando el objeto de enseñanza es una actividad de escritura, los verbos que utilizan los docentes para referir sus acciones son poco precisos. No obstante, los profesores explicitan su trabajo concreto cuando se refieren a la corrección (marcas, códigos, procedimientos que han de seguir los alumnos, etc.). En general, este tema aparece en enunciados detallados, que denotan los procesos de didactización que estos profesores realizan para enseñar la norma, la ortografía y, a veces, la sintaxis en los textos que sus alumnos escriben.

de los alumnos en términos de aprendizaje y, por otra parte, porque los elementos de mediación, las herramientas y métodos pretenden vehiculizar una visión formal de las maneras de hacer y son, por tanto, estos también, prescriptivos. Señala Faïta que lo dado y lo formalizado como trabajo prescripto en educación no corresponden sino a situaciones abstractas. El docente, debido a la brecha que existe entre lo prescripto y la variabilidad de las condiciones de su hacer, sumada a su propia subjetividad como agente, añade una nebulosa de situaciones a diseñar para hacer válida la prescripción: el horizonte de acción, conductas, estrategias, efectos del grupo, etc. El docente diseña sus instrumentos de la acción, apropiándose de las herramientas de las que dispone, a las que inflige transformaciones y torsiones en función de las necesidades imprevistas de la acción.

Considero que, dado que no hay un encuadre explícito y exhaustivo acerca de qué es corregir ni de cómo hacerlo, la tarea de corregir es creada e inventada en función de la experiencia del docente (su historia personal como alumno y su saber profesional de referencia) y de las representaciones que posee sobre los objetos de enseñanza, en particular, sobre lo que es un texto bien escrito, lo que es el uso correcto de la lengua, y sobre las finalidades y los efectos de la tarea. Con estos saberes y representaciones el docente genera las condiciones para operar, es decir, para realizar la acción de corregir.

Por la misma razón, o sea, por la ausencia de un marco prescriptivo específico para la acción de corregir, abordamos dos aspectos del análisis del trabajo: **las relaciones entre el trabajo real y el trabajo representado**, éste último como lo que los docentes dicen que hacen cuando corrigen.

Siguiendo a Moscovici, es preciso considerar tres componentes del trabajo representado: la información, el campo y la actitud.

La información es el conjunto de conocimientos relativos al objeto de representación: "La información –dimensión o concepto– se relaciona con la organización de conocimientos que posee un grupo con respecto a un objeto social" (1979: 45). En relación con el tema de esta investigación, la información es lo que llamamos objeto de corrección, o lo que dicen los docentes que corrigen en los textos de los alumnos.

El campo es la organización de la información: "nos remite a la imagen, de modelo social, al contenido concreto y limitado de las proposiciones que se refieren a un aspecto preciso del objeto de la representación" (*op. cit.*: 46). Concierne a los modos en los que los docentes corrigen.

La actitud es el elemento que contiene la evaluación normativa desarrollada en función del objeto-representación; abarca la finalidad y los efectos de la corrección.

## 2. ¿Qué es corregir para los docentes?

Para analizar el corregir como trabajo representado se realizaron doce entrevistas dirigidas de investigación que conforman una muestra intencional: seis, a docentes en ejercicio en nivel medio y seis, a docentes de las materias introductorias universitarias que corrigieron los trabajos recolectados. En la tabla 15 se ponen en relación los números de entrevistas y los correspondientes a los textos de los alumnos por ellos corregidos (capítulos 4 y 5) aunque, por el tipo de análisis realizado sobre las representaciones sociales como entorno verbalizado de un colectivo de trabajadores, no me interesa observar la correspondencia individual y uno a uno entre lo que cada docente corrige y lo que cada uno de los docentes afirma que hace, sino dar cuenta de cómo se producen y se sostienen, mediante el lenguaje, un conjunto de saberes prácticos que permiten la acción de corregir dentro de la actividad del trabajo docente, enfoque coherente con un abordaje ecológico.

| Nº de entrevista | Docente | Corresponde al corpus de textos numerado como |
|:---:|:---|:---|
| 1 | M. V. | 2 NM |
| 2 | A. G. | 3 NM |
| 3 | L. S. | 6 NM |
| 4 | M. D. | 8 NM |
| 5 | A. R. | 9 NM |
| 6 | C. L. | 10 NM |
| 7 | M. G. | 1 UFLE |
| 8 | E. B. | 3 UFLE |
| 9 | D. A. | 1 ILEA |
| 10 | I. S. | 4 ILEA |
| 11 | F. W. | 5 ILEA |
| 12 | F. Z. | 6 ILEA |

**Tabla 15.** Población entrevistada y correspondiente numérico en el análisis del corpus.

Las entrevistas fueron realizadas en contextos comunicativos singulares propuestos por los docentes (en salas de profesores o bibliotecas de los establecimientos educativos de nivel medio y en oficinas destinadas a la investigación en los casos de docentes de nivel universitario, en la mayor parte de los casos; en algunas situaciones las entrevistas se llevaron a cabo en bares) y tuvieron una duración aproximada de veinte minutos. Las preguntas abiertas fueron leídas a cada uno de los docentes, reformulando oralmente aquello que fuera necesario en función de dar mayor fluidez al diálogo según el interlocutor y lo anteriormente dicho por él. Se realizó una grabación mecánica que luego fue transcripta, poniendo especial cuidado en la puntuación para no variar el sentido de lo dicho por los docentes.

Las entrevistas transcriptas fueron analizadas como textos. En primer lugar, se organizaron y segmentaron enunciados a partir de su contenido temático. El método de análisis fue la comparación, para identificar núcleos temáticos y su consecuente articulación. El análisis de contenido interpretativo, basado en procedimientos de descomposición y clasificación, implica la comparación. Esta, metodológicamente, procura referenciar los universos u opiniones de diversas clases, culturas y grupos (Moscovici, 1961/1979).

En segundo lugar, conforme la metodología de análisis de la arquitectura textual desarrollada por Bronckart (2004 y 2008), se identificaron segmentos donde el agente productor (entrevistado) se implicaba exponiendo las acciones que realizaba al corregir, es decir, tipos de discurso interactivos, de los que se relevaron un conjunto de verbos conjugados en primera persona del singular y en tiempo presente que los profesores usaron como sinónimos de corregir (la arquitectura textual se desarrolló en el capítulo 2, apartado 1.1). Los verbos, que en el modelo de 2004 Bronckart ubicaba como mecanismos de cohesión verbal y que en el modelo de 2008 aparecen integrados a los tipos de discurso, nos permiten develar cómo caracterizan los docentes a las acciones que realizan al corregir.

Los verbos que presentan mayor frecuencia de aparición con el mismo significado que "corrijo" son "marco" (entrevistas 1, 4, 5, 6, 8, 9 y 10), "escribo" (entrevistas 1, 6, 4 y 7), "subrayo" (entrevistas 1, 4, 6, 7) y "pongo" (entrevistas 1,5, 6, 7, 8, 9, 10). Este último es empleado con el significado de "escribo" o de "marco". Como sinónimos de "escribir", se usan: "pongo como un mensaje" (entrevista 1), "pongo [una lista de errores] al final" (entrevista 6), "pongo bien [lo que está mal]" (entrevista 7), "pongo 'revisar'" (entrevista 8), "pongo la palabra bien escrita" (entrevista 9), "pongo 'te falta tal cosa'" (entrevista 10). Con el significado de marcar, se encuentran: "pongo una línea al margen", "pongo marcas" (ambos en la entrevista 7). Menos explícita es la construcción "pongo una huella" o "pongo [algo] en el margen" (ambas, en la entrevista 5).

Otros verbos con los que se da cuenta de la acción de corregir son "anoto" (entrevistas 1 y 6), "indico" (1 y 8), "reescribo" (12), "señalo" (2), "observo" (1), "miro" (5 y 11), "veo" (7), "me fijo" (5), "tacho" (9), "rearmo" (4), "uso subrayado" (10), "uso llave" (10), "justifico" (10), "advierto" (11), "llamo la atención" (8), "digo" (4), "trabajo" (3), "sugiero otras formas" (8), "explico" (6), "hago lista" (6).

Pueden señalarse asimismo estructuras que conforman semiperífrasis verbales con los verbos semiauxiliares "intento" y "trato" (RAE y AALE: 2009): "trato de entender" (entrevista 2), "trato de evaluar" (entrevista 3), "trato de reencausar" (entrevista 8), "trato de manifestar [mi opinión]" (entrevista 12), "intento precisar" (entrevista 12). Funcionan como modalizaciones lógicas por su valor semántico (Bronckart, 2008), puesto que explicitan las intenciones del agente mostrándolas como una probabilidad.

Reagrupando semánticamente estos verbos, la acción de corregir para los docentes se relaciona con leer ("observo", "miro", "veo", "me fijo", "trato de entender", "trato de evaluar"), marcar ("marco", "pongo marcas", "subrayo", "indico", "señalo", "tacho", "uso subrayado", "uso llave") y escribir ("escribo", "pongo....", "anoto", "justifico", "advierto", "llamo la atención", "trato de manifestar mi opinión", "digo", "explico", "hago lista"). Los docentes describen, asimismo, su escritura en las correcciones mediante un conjunto de verbos que dan cuenta de lo que anteriormente he llamado enmienda: "reescribo", "rearmo", "trato de reencausar", "intento precisar", "sugiero [otras formas]".

Se puede precisar que corregir, como tarea caracterizada por los propios docentes, supone las acciones de leer, marcar y escribir, acciones a las que cada agente le imputará un sentido personal, según las evaluaciones que realice sobre los motivos de su accionar.

### 2.1. El malestar que genera corregir

Los docentes, ante la pregunta de las entrevistas "*¿Cómo ubicarías la corrección como tarea dentro del trabajo docente en función del tiempo dedicado a esa tarea? ¿Tiene utilidad?*", coinciden en afirmar que la acción de corregir demanda mucho tiempo, tanto o más que la preparación de las clases. Para la mayor parte de ellos se trata de un tiempo que no genera satisfacción, por comparación con el tiempo destinado a otras tareas de su trabajo. Aunque reconocen su importancia, no siempre el tiempo empleado y las expectativas depositadas suscitan los efectos esperados o deseados en los alumnos. Esta sería la causa, principalmente, de lo que llamo el **malestar de corregir**, enunciado en las entrevistas de diferentes formas, mediante apreciaciones subjetivas que trasuntan una valoración negativa de lo que es corregir para el docente como trabajador.

Para Dejours (2009), incluso en los trabajos intelectuales, y contrariamente a la concepción del sentido común, que desdeña la participación de la corporalidad en función de privilegiar la inteligencia, es el cuerpo el que se pone en juego para adquirir la habilidad, la destreza y la sensibilidad que supone la realización de una tarea; en el contacto del cuerpo con las herramientas de trabajo nace la subjetividad del trabajador:

> La inteligencia está, por lo tanto, frecuentemente por delante de la conciencia o el conocimiento en un sujeto en sí. Todo aquello que no está simbolizado en el trabajo real no puede, *a fortiori*, ser objetivado. Por tanto, debemos concluir que, en la etapa en que estamos de los conocimientos sobre el trabajo, no sabemos y no podemos evaluar el trabajo cuantitativa y objetivamente (*ibídem*: 28, trad. propia).

Dejours relaciona la inteligencia del trabajo con la corporalidad y atribuye a ella la subjetividad de los trabajadores, que no pueden dar cuenta con palabras, objetiva y cuantitativamente, de la evaluación de su trabajo.

Esa subjetividad se observa mediante el análisis de contendido de las entrevistas, en las que nueve de los doce docentes señalan que la corrección les demanda "mucho" o "muchísimo" tiempo. No cuantifican, sin embargo, el tiempo que pasan corrigiendo. La evaluación del corregir como acción del docente se realiza mediante parámetros subjetivos que enfocan el malestar, la utilidad (o la falta de utilidad) para el docente, o la utilidad (o la falta de utilidad) para el alumno. Además de estas respuestas surgidas espontáneamente como consecuencia de la pregunta "*¿Cómo ubicarías la corrección como tarea dentro del trabajo docente en función del tiempo dedicado a esa tarea? ¿Tiene utilidad?*", releva este malestar un comentario final de la entrevista 11:

> ¡Que no me gusta corregir! Es lo más… sí, no sé si me pasa a mí sola, pero es terrible corregir, es como un peso; un peso en el sentido de que es una tarea donde uno

pone mucho el cuerpo, la corrección. Es pesado. Por eso hay que encontrar siempre alguna forma, ¿sí?, de hacerlo más placentero para el docente, porque la verdad es que es bastante arduo, sobre todo cuando hay que poner nota (Entrevista 11).

La docente indica "poner el cuerpo" para referirse al malestar que involucra lo físico de la tarea. Es una de los cuatro docentes que coinciden en calificar este aspecto del trabajo como "pesado" (entrevistas 6, 9, 11 y 12); dos de ellos lo consideran "frustrante" (entrevistas 1 y 2) porque no hay coincidencias entre las expectativas de los docentes acerca de los resultados de la corrección y la mejora efectiva en los textos de los alumnos en general. Además de pesado y frustrante, otros calificativos empleados para corregir son: "desgastante", "monótono" (entrevista 9, en ambos casos), "gravoso" (entrevista 12), "terrible" (entrevista 11). Otro modo en que se valora negativamente la tarea es mediante verbos que dan cuenta de estados y de efectos producidos por corregir: "Odio la corrección" (entrevista 10), "me tiene repodrida" (entrevista 5), "me molesta y me fastidia" (entrevista 6), "me embola" (entrevista 10), "me conflictúa", "me malhumora", "me pesa" (estos tres últimos, en entrevista 12). La corrección es definida asimismo como "una carga", "una tortura".

En cuanto a la utilidad que le otorgan los docentes a esta tarea, es preciso deslindar en las entrevistas dos tipos de respuestas: las menciones a que la acción de corregir tenga alguna utilidad para el propio docente en su enseñanza, y las menciones a que tenga utilidad para los alumnos, en su desarrollo o en sus aprendizajes. Cabe señalar que estas dos percepciones no son mutuamente excluyentes. Sin embargo, resulta revelador que la tarea de corregir, a la mayor parte de los docentes, les parezca más útil para su propia tarea que para los alumnos.

Seis docentes, al poner en relación el tiempo destinado a corregir con la utilidad de esta tarea, le otorgan mucha importancia o utilidad en relación con su tarea de enseñanza, como se ha sistematizado en la tabla 16, principalmente porque les permite mirar a los alumnos y mirar su propio trabajo. Entre estos seis docentes, tres indican que corregir es valioso en sí mismo, independientemente del efecto buscado, que es fundamental o que es la única forma posible de trabajar. Una docente de este grupo relaciona la utilidad de la corrección con el aspecto vincular, puesto que considera que afirma la relación didáctica entre docente y alumnos.

| Utilidad de corregir para el docente | N° entrevista |
|---|---|
| **Mucha/muy importante** | |
| - Para ver a los alumnos | 1, 4, 7, 10, 11 |
| - Para ver el trabajo docente | 3, 4, 11 |
| -"Valioso, no me preocupa tanto el efecto" | 7 |
| - Afianza la relación docente-alumno | 10 |
| **Relativa** | |
| - Es importante si el docente puede mostrar a los alumnos lo corregido | 5 |
| - "No es útil para mí porque yo no voy a aprender nada, o sí, no sé" | 9 |

Tabla 16. Utilidad de corregir para el propio docente.

Dos docentes ven una utilidad relativa en la tarea de corregir. La pregunta les permite reflexionar sobre su propia práctica y cuestionarse acerca de la importancia que le otorgan a la corrección:

"Lo debo considerar válido, ¿no? Inconscientemente, si no, no lo haría. Fehacientemente, no le doy la importancia que le debería dar en virtud del tiempo que me supone, que me implica" (Entrevista 5)

... no sé si es útil para mí porque yo no voy a aprender, o sí, no sé, no voy a aprender nada. Pero para él [el alumno] sí que es útil, y es necesario, por eso los alumnos a veces lo exigen tanto,...es útil para uno, y es esclarecedor para uno como docente cuando lo hace como un plano de investigación. Ahí yo creo que la historia cambia. Porque uno empieza a ver o a diferenciar datos y comprobar cuestiones que después puede seguir profundizando y que le sirven al docente como formación, como perfeccionamiento, entonces, en el plano de la investigación, se convierte en otra cosa, para mí, el tema de la corrección (Entrevista 9).

Tres docentes le asignan utilidad al tiempo que pasan corrigiendo en función de los aprendizajes de los alumnos (el análisis de este aspecto se complementará en el punto 3). En el extremo opuesto, un docente lo considera "fútil" ya que no se ve el resultado positivo en función de la toma de conciencia por parte de los alumnos.

Aquellos docentes que manifiestan que pasan mucho tiempo corrigiendo y que asignan poca utilidad a esta acción para su trabajo o que no pueden dar cuenta de en qué aspectos la consideran útil, son los que coinciden en valorar negativamente el corregir y que expresan de manera elocuente malestar por realizar esta tarea.

## 2.2. Motivos e intenciones de corregir

La pregunta "*¿Por qué creés que los docentes corregimos?*", en las entrevistas, enfocaba los motivos que los docentes imputaban al corregir como actividad social específica de un trabajo. Bronckart (2007), a partir de Ricoeur (2001), sintetiza el concepto de acción como una intervención de un agente interviniente, al que se le pueden imputar motivos (o razones para actuar) e intenciones. Motivos e intenciones son propiedades psíquicas del agente que le permiten comprender *a posteriori* una acción.

En las respuestas se registra la falta de delimitación entre motivos e intenciones con respecto a la acción de corregir; los motivos, cuando se explicitan, son enunciados de forma general, tanto por parte de docentes de nivel medio como de universidad: "porque forma parte de nuestro trabajo" (entrevistas 3 y 7). La mayor parte de los docentes reconocen los motivos en relación con la especificidad de la disciplina que se enseña, por el hecho de enseñar lengua o enseñar a escribir (entrevistas 1, 2, 8, 10 y 11). Se asocia a esta afirmación una representación social de que los docentes de otras materias escolares no corrigen o tienen muchas menos cuestiones por corregir. Como puede observarse en la tabla 17, otro aspecto con el que se vincula el motivo es el proceso de enseñanza o el proceso de enseñanza en relación con el aprendizaje.

| ¿Por qué corregimos los docentes? | | | |
|---|---|---|---|
| Motivos | Nivel Medio | Universidad | Total |
| Por ser parte del trabajo | 1 | 1 | 2 |
| Por una especificidad disciplinar (enseñar lengua) | 2 | 3 | 5 |
| Por ser parte del proceso de enseñanza o del proceso de aprendizaje | 1 | 0 | 1 |
| No contestan acerca de los motivos | 2 | 2 | 4 |
| Total | 6 | 6 | 12 |
| Intenciones | | | |
| Para evaluar la enseñanza y el aprendizaje de los alumnos | 2 | 0 | 2 |
| Para evaluar el trabajo docente | 1 | 0 | 1 |
| Para comprobar el efecto de la enseñanza | 0 | 1 | 1 |
| Para evaluar el aprendizaje de los alumnos | 1 | 2 | 3 |
| ----------- Para marcar errores | 0 | 2 | 2 |
| ----------- Para indicar objetivos y logros | 1 | 0 | 1 |
| No contestan acerca de las intenciones | 1 | 1 | 2 |
| Total | 6 | 6 | 12 |

**Tabla 17.** Motivos e intenciones de corregir.

Cuatro de los doce docentes no contestan acerca de los motivos, aunque explicitan intenciones. Éstas se ligan con la evaluación explícita o implícitamente y con las representaciones sociales que los docentes tienen acerca de la evaluación. Así, tres docentes relacionan corregir con mirar su práctica: "...corregimos como parte de la evolución de nuestro trabajo, que es indispensable para volver a la clase siguiente a seguir produciendo, si no hay como un corte que te impediría seguir trabajando" (entrevista 3); "Y, para evaluar nuestra tarea. En el mejor de los casos, para evaluar nuestra tarea y en función del resultado que vemos en los chicos" (entrevista 4); "Para evaluar nuestro desempeño, el desempeño de los chicos y para poder mejorar" (entrevista 6). Una docente asevera que corregir le permite medir los efectos de la enseñanza: "el que enseña debe corregir para comprobar si lo que enseñó digamos, tuvo el efecto deseado" (entrevista 9).

Ocho docentes aluden a la evaluación de los aprendizajes de los alumnos: estrictamente, manifiestan que corrigen para "evaluar... el desempeño de los chicos" (entrevista 6), "observar el proceso del alumno, ¿no? Tengo que evaluarlo, tengo que ver sus logros y aquellas cosas a las que no llega" (entrevista 1) porque "estoy evaluando al alumno a partir de la observación cotidiana" (entrevista 12). Cuatro docentes hacen referencia a elementos que pertenecen a la evaluación sin mencionar el término directamente: uno afirma que los docentes corrigen "...para poner la nota, para justificar la nota que ponemos y para... tener una noción del avance del alumno (entrevista 10); otro para "marcar erro-res" (entrevista 7); otro para marcar y también para ver logros: "...uno tiene el poder de marcar con rojo, de tachar, de cosas ¡horribles!, cosas horribles en los textos. Tenemos la posibilidad de ver también lo que sí logran, lo que sí tienen habilidades propias aún sin la intervención docente, y eso a mí me tranquiliza un poco, decirles lo bueno y lo malo" (entrevista 11).

Puede notarse que hay una tendencia entre los docentes de nivel medio a considerar que la corrección tiene relación con la evaluación y ésta, con la mirada sobre la propia práctica, representación de la evaluación asociada a la divulgación de conceptos de evaluación abordados como prescripciones y a las prescripciones en sí mismas en secundario, aspecto que se abordará en el apartado 2.3.

Por otra parte, mediante el análisis de los mecanismos de asunción de la responsabilidad enunciativa, deteniéndonos en las modalizaciones, se observa el uso de marcas lingüísticas relacionadas con la obligación y el deber ser como las formas en las que se introducen los motivos por los cuales los docentes corrigen. Enumero las modalizaciones deónticas encontradas: "tengo que" (entrevista 1), "es necesario corregir" (entrevista 1), "tiene que haber" (entrevista 2), "es indispensable" (entrevista 3), "hay que hacerlo" (entrevista 7), "no podés no corregir" (entrevista 7), "el que enseña debe corregir" (entrevista 9), "no se puede evitar" (entrevista 9), "es esencial a nuestro rol" (entrevista 12). Estas modalizaciones evalúan el contenido de las respuestas a "*¿Por qué creés que los docentes corregimos?*" mostrando la tarea como una obligación o una regla del mundo laboral y social.

Por otra parte, las modalizaciones deónticas se usan en otros momentos de las entrevistas con la misma función de identificar la corrección con una obligación propia del trabajo docente: "sin corrección uno no puede trabajar" (entrevista 3); "…si son errores, y se quiere escribir de otra forma, pues se los tengo que marcar", "si utiliza mal el conector, entonces se lo tengo que marcar" (ambas citas extraídas de entrevista 7); "es una necesidad que se impone en la enseñanza de la lengua", "es lo que nos toca hacer" (ambas, en entrevista 9). Estas modalizaciones deónticas parecen indicar que los docentes corrigen por valores y reglas impuestos socialmente: la obligación de corregir sería parte del contrato laboral del trabajador docente de lengua, sin que resulte explícito cómo y por qué hacerlo. Resulta implícito que lo haga, en cambio, en consideración al objeto de enseñanza y las representaciones que sobre éste y sobre evaluación tenga.

Las modalizaciones deónticas podrían considerarse, además, un indicio de la falta de motivos personales para realizar esta tarea docente, puesto que en gran medida no se la valorizaría como un diálogo para con el alumno.

### 2.3. Concepciones sobre evaluación y corrección

La pregunta "*¿Qué relación establecés entre evaluación y corrección?*" estaba dirigida a observar las concepciones de los docentes sobre evaluación y las relaciones que establecían entre evaluación y la acción de corregir.

El análisis de las respuestas revela representaciones de los docentes en torno a la evaluación en un carácter multinivel (Marková, *op. cit.*). Así, la evaluación aparece como categoría que engloba diversas opiniones: como proceso, como instrumento que se usa para evaluar (examen, trabajo práctico), como requerimiento institucional y como la calificación que se realiza. Estas representaciones que son solidarias con los documentos prescriptivos sobre evaluación para nivel secundario, construyen, en los enunciados de los docentes, un campo de representación (Moscovici, 1979) o una imagen de la corrección en relación con la evaluación.

La definición de evaluación en el documento prescriptivo para nivel secundario "Evaluación, acreditación, exámenes y promoción. Transformación de la escuela secundaria rionegrina" (Resolución 1000 del Consejo Provincial de Educación, provincia de Río Negro, 16 de mayo de 2008) se presenta en un Glosario que conforma el Anexo III:

> Se la considera un acto comunicativo, un ejercicio transparente que implica producir conocimientos y ponerlos en circulación entre los diversos actores involucrados, será siempre formativa, motivadora, orientadora y al servicio de los protagonistas; debe ser procesual, continua e integrada en el curriculum y con él, en el aprendizaje; cumple dos finalidades primordiales: la pedagógica y la social. La información de la evaluación permite interpretar el proceso de construcción de los aprendizajes; por ello los criterios generales de evaluación y específicos de cada espacio curricular requieren ser construidos colectivamente (*op. cit.*: 20).

Esta entrada sintetiza lo que se despliega en los Considerandos de la Resolución; coincide con ellos literalmente en los tres primeros aspectos (el acto comunicativo y las características). En los Considerandos se detallan las finalidades como funciones: "...la evaluación tiene una función pedagógica: mejorar los procesos de enseñanza-aprendizaje y una función social: acreditación de conocimientos, priorizando siempre la evaluación formativa en todas las prácticas docentes" (*ibídem*: 2). Por otra parte, se explicitan "...dos finalidades primordiales: comprobar la validez de las estrategias didácticas puestas en escena e informar al alumno para ayudarlo a progresar en su autoaprendizaje" (*ídem*). La normativa institucional sobre evaluación (lo que conforma el trabajo prescripto) vigente en el nivel secundario al momento de realizarse las entrevistas con los profesores, por lo tanto, contempla la dimensión didáctica y comunicativa que permite reflexionar sobre la práctica docente (Litwin, 1998) y la dimensión de la acreditación.

El Diseño Curricular para Ciclo Básico[11] de la Escuela Secundaria de la Provincia de Río Negro aprobado en el año 2008 postula la

---

11    La transformación de la escuela secundaria de la provincia de Río Negro fue un proceso iniciado en 2006 que involucró la implementación gradual de una serie de cambios en las instituciones secundarias en primero, segundo y tercer años, la modificación de los

ambigüedad del término "evaluación" y las tensiones asociadas a este concepto. Con referencias a bibliografía específica sobre evaluación que data de los años 1980-1990, de autores como Apple, Angulo Rasco, Camilloni, Contreras Domingo, Gimeno Sacristán, Stenhouse y Santos Guerra, entre otros, en el capítulo "Dimensión pedagógica", el apartado "evaluación" afirma que "es preciso explicitar los supuestos teóricos que fundamentan la práctica evaluativa para garantizar su coherencia con los conceptos de enseñanza y de aprendizaje y con la práctica concreta que se deriva de éstos. Es decir, forma parte de un continuum y como tal debe ser *procesual, continua e integrada* en el curriculum y con él, en el aprendizaje" (2008: 24, en itálicas en el original). Además de prescribir el carácter procesual, continuo, formativo y orientador de la evaluación, el Diseño Curricular le atribuye dos finalidades, la de ofrecer "información interna" sobre los procesos de enseñanza y aprendizaje y la de certificar los procesos que se desarrollan en el aula (finalidad a la que denomina externa). Asimismo se reconoce una "tensión, a veces ineludible, entre evaluación y acreditación" (*op. cit.*: 25).

La Capacitación en servicio "Actualización disciplinar en Lengua" para los docentes de Nivel Secundario realizada durante el año 2008, por su parte, se organizó mediante módulos que fundamentan y difunden el Diseño Curricular. El "Módulo. La Transformación de la Escuela Secundaria desde Lengua y Literatura" presenta un apartado sobre evaluación que se organiza a partir de la cita de dos conceptos de A. Bolívar (2000)[12]: evaluación como examen y evaluación "alternativa". Un procedimiento de divulgación de la divulgación (el texto de Bolívar es una ponencia en el marco de un curso) opera como lógica que selecciona y reduce los conocimientos que sobre evaluación deberían poseer los docentes destinatarios de la Capacitación, puesto que el módulo conforma una síntesis y una interpretación tanto del Diseño Curricular como del artículo citado. Lo que para Bolívar constituyen dos culturas que coexisten y en determinados momentos entran en tensión, para la Capacitación se simplifica y se transforma en una dicotomía, donde el

---

espacios curriculares y, en relación con el tema de esta investigación, la elaboración y paulatina instrumentación del Diseño Curricular para el Ciclo Básico (2008). Aunque se preveía la continuación de la Transformación, y se elaboró el Diseño Curricular para 4° y 5° año, los cambios no llegaron a instrumentarse.

12   La referencia al artículo de este autor está incompleta en la bibliografía del Módulo de Capacitación (se fecha en el año 200). Se trata de una ponencia, *"La mejora de la enseñanza"*, en el marco de un curso organizado por la Federación de Enseñanza de UGT de Murcia, del 20 de septiembre de 2000 y disponible en Internet.

polo del examen resume todos los aspectos negativos: "en muchos casos lo que comúnmente se llama evaluación no es más que control disfrazado. Controlar los niveles logrados por los estudiantes considerando los objetivos perseguidos en función de los contenidos curriculares que se propusieron para su aprendizaje" (2008: 56). Por oposición a la "evaluación como examen", la "evaluación alternativa" es tratada como sinónimo de "evaluación formativa". Se ofrecen, asimismo, modelos de instrumentos de evaluación que sustituyen al examen.

Regresando a las entrevistas, en la tabla 18 se han sistematizado las opiniones de los docentes entrevistados sobre evaluación, y las relaciones atribuidas a ésta y a la corrección. Puede observarse que todos los docentes de nivel medio entrevistados (entrevistas 1-6) manifiestan que ellos evalúan un proceso, a la vez que distinguen una segunda forma de la evaluación como examen, como requisito o como acto de acreditación. En esto coinciden con los documentos prescriptivos analizados anteriormente y con su difusión, aunque no presentan una tensión ni una disyuntiva entre ambos aspectos. Lo que para los documentos prescriptos es una contradicción, es resuelto por los profesores en su práctica, desde el sentido común.

| Relación entre evaluación y corrección | N°- entrevista |
|---|---|
| La corrección es parte de la evaluación | 1, 2, 5, 8, 9, 10 |
| Evaluar y corregir son lo mismo | 3 |
| **Concepciones sobre la evaluación** | |
| La evaluación es un proceso | 1, 2, 3, 4, 5, 6, 9, 10, 12 |
| La evaluación es un requisito (académico, administrativo) | 5, 6, 7 |
| La evaluación es el examen | 4, 9 |
| La evaluación es la acreditación | 1, 2, 7, 11 |

**Tabla 18.** Concepciones sobre corrección y evaluación

En orden de ejemplificar las representaciones sobre evaluación, coexistentes en un mismo enunciado, y cómo se relacionan, específicamente, para nivel secundario, con el trabajo prescripto, abordemos las respuestas de las entrevistas 1 y 5:

No, *son parte de lo mismo*, o sea, o les explico a ellos que hay una instancia. Si bien la **evaluación es permanente**, desde el momento en que entramos a la clase, *hay un momento en que el alumno tiene que demostrar lo que fuimos trabajando determinado tiempo, una semana, quince días. Yo los llevo juntos, lo que es evaluación y corrección*, ahí. Por supuesto que *va a haber una instancia que para mí es más* *importante, que es la evaluación*, porque ahí el alumno estudió, practicó más en la casa, se preparó para ese *trabajo que va a llevar una nota más importante para su boletín*, por ejemplo. Pero, igual **no las separo, corrección y evaluación van permanentemente en la clase.** Porque también voy teniendo en cuenta –el alumno capaz que pudo haber tenido un error en ese trabajo final– pero **voy teniendo en cuenta lo que fue trabajando y capaz que en ese proceso yo vi cosas mejores que el último trabajo que hizo**, que por equis causas, no sé, por nervios, porque no le alcanzó el tiempo en un trabajo práctico, entonces **voy teniendo lo anterior, lo que hizo, lo que fuimos trabajando** (Entrevista 1).

El docente, de nivel secundario, afirma, en primer lugar, que la evaluación es "permanente", representación que se relaciona con "proceso", cuando el profesor sostiene, un poco más adelante, que "en ese proceso yo vi cosas mejores que el último trabajo que hizo". También agrega que tiene en cuenta "lo anterior, lo que hizo, lo que fuimos trabajando" (en el fragmento citado, en negritas). Esta evaluación "permanente" es concordante con la "evaluación continua" prescrita en los documentos oficiales.

La opinión sobre la evaluación como proceso se superpone, en el mismo enunciado, con la consideración de la evaluación como acreditación a la vez que como un instrumento evaluador (en itálicas): "va a haber una instancia que para mí es más importante, que es la evaluación", definida como momento o trabajo: "...hay un momento en que el alumno tiene que demostrar lo que fuimos trabajando determinado tiempo, una semana, quince días", realizando un "...trabajo que va a llevar una nota más importante para su boletín". Este "momento" tiene carácter de control de los aprendizajes ("demostrar") y configura una calificación ("una nota más importante") con fines de acreditación ("para su boletín").

En cuanto a la relación entre evaluación y corrección (marcado mediante negritas e itálicas), el docente verbaliza que "son parte de lo mismo", que "no las separa" y que "van permanentemente en la clase". En esta respuesta se observa la falta de distinción y especificidad entre corrección y evaluación por parte de este docente, que ha señalado que corrige para evaluar los aprendizajes de los alumnos (ver el apartado anterior).

La docente de la entrevista 5 también marca una relación permanente entre corregir y evaluar, y las califica de "constantes":

*¿Entre evaluación y corrección [qué relación establezco?] Es constante, uno y otro.* En el esquema ideario, en las ideas, **en el imaginario de los alumnos y de**

**muchos colegas, la evaluación es al final del trimestre, o al final del contenido o al final de la unidad.** Y a mí me parece que **la evaluación es constante en el cotidiano de ir al aula.** En el escrito, **continuamente,** *aunque yo no me lleve las hojas para corregir, como se cree, uno está haciendo la evaluación en el momento,* con ese alumno, en cuanto modificó o no lo que venía trayendo como válido, y cómo la intervención en la escuela pudo modificar eso que sabía. Y en la oralidad lo mismo. No espero una *instancia evaluativa.* Sí la hay por una *cuestión administrativa.* Pero si no, yo te podría decir de cada uno de mis alumnos, en este momento, **en qué condiciones vino y en qué condición está.** Porque llevo una mirada y voy anotando, en mis registros, para cada alumno, si mejoró, por ejemplo, las dificultades [...] Por lo tanto, si yo tuviera que *poner una calificación al alumno,* la puedo poner en el momento. No necesito la *instancia evaluativa.* Pero el alumno, sí. Quizás por esa cuestión escolarizada, que venimos trayendo, y que si no tengo la evaluación, el examen, yo no sé cuánto sé, no me puedo medir. Y me parece que *la medición, más que una nota,* es de **calidad, es del proceso** (Entrevista 5).

Se distinguen nuevamente las representaciones de la evaluación continua, del proceso, que además la docente atribuye a sí misma por oposición a lo que se representa como creencia de los alumnos y de otros docentes (en negritas). Señala que la evaluación se puede hacer "aunque yo no me lleve las hojas para corregir", por lo que, en cuanto a la relación entre evaluación y corrección (en itálicas y negritas), podemos señalar a la primera como más extensa y abarcadora que la segunda. Identifica la evaluación, además, con una "cuestión administrativa", "una medición", "una nota" (en el enunciado de la entrevista, con itálicas). Se observa en este ejemplo cómo la distinción entre la evaluación "procesual" y la evaluación como acreditación son construcciones diferenciadas en los documentos prescriptivos que permean los enunciados de los docentes constituyendo una representación sobre la evaluación. Por otra parte, los enunciados de los docentes manifiestan cómo toman una serie de decisiones que, en términos de Perrenoud, no están codificadas en las prescripciones de evaluación, como la elección del momento de la evaluación, la naturaleza de las obras o el trabajo sobre los cuales trata la evaluación, la definición de la tarea, la forma de corregir, etc. Según Perrenoud, "estos dispositivos –con frecuencia bastante opacos– son otros tantos elementos que pueden ser modulados [...] La imprecisión de la parte prescripta del trabajo de evaluación y la opacidad de las prácticas efectivas ayudan a sobrevivir, teniendo en cuenta las relaciones de fuerza y el contexto" (1997/2010: 43). Entre los aspectos que

Perrenoud identifica como prácticas opacas a partir de los documentos prescriptivos sobre evaluación se encuentra la forma de corregir, que no aparece codificada en ellos. Podemos señalar una ausencia similar en los documentos prescriptivos oficiales que hemos analizado previamente y una dificultad por parte de los docentes para verbalizar la relación que establecen entre evaluación y corrección.

El término "proceso" asociado a la evaluación es común a nueve de los docentes entrevistados. Para seis de ellos, corregir es una parte de la evaluación, aunque no expresen con claridad en sus enunciados cuáles son los rasgos distintivos de la corrección ni en qué consiste esa parte de la evaluación o cómo se diferencia de lo demás. Cinco de estos docentes aseveran que la evaluación es un proceso, opinión que, como dijimos, comparten con otros cuatro docentes. En una entrevista, otra docente afirma que corregir y evaluar son "exactamente lo mismo" (entrevista 3).

Para los docentes de nivel medio y para un docente de ILEA (entrevista 12) hay una doble dimensión de la evaluación como proceso y como acreditación o requisito institucional, en consonancia con la normativa sobre evaluación reseñada. En cambio, el resto de los docentes de nivel universitario (entrevistas 7-11) establecen relaciones más heterogéneas entre evaluación y corrección. Así, la docente de la entrevista 7 manifiesta que evalúa porque es un requisito y prioriza la corrección por sobre la evaluación, pues adjudica a aquella un carácter de comunicación que no encuentra en la primera:

> Creo que es más importante corregir que evaluar, por ejemplo, y que, bueno, la finalidad es completamente distinta: evaluar para ver si aprobaste la materia. Y corregir, la corrección al alumno le da otra información: "escribo bien, mi texto se entiende, no tengo problemas con la lengua" o al revés: "tengo muchos errores, tengo que escribir mejor, tengo que preguntar". O sea, son actividades diferentes. Para el docente y para el alumno. Que sí, que las correcciones para el docente, bueno, para ambos, las correcciones son un indicativo de cómo va a ser la evaluación (Entrevista 7).

Los docentes en las entrevistas 8 y 11 también diferencian evaluación de corrección: mientras que el primero sostiene que hay una correlación entre ambas, la segunda sugiere que la corrección, entendida como "poner marcas", es la parte más objetiva de la evaluación:

> … son como dos etapas que no es lo mismo. Tendería a ver esta etapa como menos objetiva. Porque quizás la corrección, antes de ponerle la nota, me fluye más ponerle marcas a los costados o al final del texto, depende cómo haya elegido hacerlo. El

momento de poner, de asignar un número a ese trabajo, ese es un momento que me lleva tiempo, que me lleva mucho porque hay días que estoy más decidida y pongo más fácil; pero la mayoría dudo, dudo de mi propia objetividad, bah, que no es objetividad; pero bueno, uno tiende a pensar que es porque tenés que hacerlo, pero la verdad es que esa parte es conflictiva para mí (Entrevista 11).

Las entrevistas 9 y 10 muestran que las docentes identifican la evaluación con acreditar o poner una nota; en la 9, la profesora coincide con la cita anterior en la reflexión acerca de la objetividad de las correcciones, mientras que la docente de la entrevista 10 asevera que la evaluación del proceso supone observar los cambios entre las correcciones de los distintos trabajos.

Considerando que diez de los doce docentes entrevistados señalan que la intención de corregir se asocia con evaluar, podemos sintetizar que los docentes pueden diferenciar la acción que realizan cuando corrigen a partir de los enunciados que escriben y de las cuestiones que marcan, pero, dadas las diferentes representaciones simultáneas o "multicapas" (Marková, *op. cit.*) sobre evaluación, no pueden dar cuenta estrictamente de una relación entre esta última y esos enunciados y marcas.

## 2.4. Corregir como saber hacer práctico

Ante la pregunta "*¿Qué papel juega en nuestra formación profesional la corrección?*", nueve de los docentes señalaron la ausencia de este objeto de enseñanza en su formación específica, pese a haberse recibido de profesores con diferentes orientaciones, en el nivel universitario o terciario. Otros dos docentes (entrevistas 11 y 12), cuya formación es la de Licenciatura en Letras, atribuyen la falta de preparación al hecho de no haber cursado carreras de profesorados, y asumen que el tema es objeto de estudio en materias pedagógicas o didácticas.

La señalada ausencia de una formación específica motivó que se reformulara la pregunta: "*¿Cómo aprendiste a corregir?*", en las situaciones en que la respuesta no se hubiera expresado previamente.

Nueve de los docentes entrevistados coinciden en que se trata de un saber hacer práctico, es decir, un saber hacer que se adquirió haciéndolo. Se trata pues, de un saber no esencialmente constituido por saberes académicos, pero que entra en diálogo con estos (Lacomblez y Vasconcelos, 2009).

El empleo de lexemas complejos con significados figurados para describir este saber da cuenta del hecho de tener que resolver en la práctica laboral un hacer para el que no se siente tener una preparación previa: "me *largué* así *a la pileta*, como uno dice" (entrevista 1), "llegué *a los ponchazos*" (entrevista 6), "*sobre la marcha*" (entrevista 11), "[aprendí a corregir] *en la cancha*" (entrevista 12). La forma "a los ponchazos" es una locución adverbial figurada que, según el *Diccionario del habla de los argentinos* (AAL, 2003) indica tanto "improvisadamente" y "de cualquier manera" como "en situaciones adversas, de la mejor manera posible y con esfuerzo"; según la misma fuente, "largarse" o "tirarse a la pileta" es "arriesgarse, emprender una acción de resultado incierto". Las cuatro expresiones polirremáticas (De Mauro, 2005) implican una experiencia adquirida en el transcurso de la actividad; la forma en que se lo dice, mediante frases hechas figuradas y coloquiales, transmite poca valorización por este saber propio de la experiencia docente.

Ocho de los profesores identifican una reflexión sobre la propia práctica que originó un cambio en la forma de corregir a través del tiempo. Dos de las docentes (entrevistas 7 y 9) señalan que estos cambios obedecen a la reflexión y la discusión dentro de un grupo, por trabajar en el nivel universitario. Otras dos (entrevistas 2 y 11) identifican una transformación en su tarea de corregir en relación con los talleres de escritura:

Me sirvieron mucho las veces en que yo participé como alumna y como miembro de talleres de escritura, en Córdoba, y después acá, y después en algunas capacitaciones. Creo que mis mejores aprendizajes han sido con los aportes que me han dado personas coordinando talleres de escritura. No en el ámbito de la docencia formal. Pero lo que yo pude aprender como productora de textos y después en algunas actividades en las que yo me ponía como productora de textos, yo he reflexionado bastante en ese sentido y han sido las actividades que a mí me ayudaron a ponerme a corregir. Esto que yo te estoy diciendo no es lo mismo que corregía yo hace quince o veinte años atrás. En el medio pasó todo esto. En el medio, uno va leyendo algunas cuestiones, pero reconozco que no he leído mucho, que no he profundizado esa parte [...] Porque lo siento realmente como un **agujero negro**, que lo mío es **improvisación pura**. O basado en eso que aprendí en los talleres literarios pero que reconozco que no forman parte de la educación formal, son aprendizajes que vienen de afuera (Entrevista 2).

El fragmento citado ilustra los modos en que se percibe una carencia en la formación ("un agujero negro") y el lugar poco valorado del conocimiento práctico ("improvisación pura"). De manera similar, la docente de la entrevista 11 reseña el papel que cumplieron algunas lecturas sobre los talleres de escritura, a las que califica de poco sistemáticas, para modificar sus prácticas:

> No sé, sobre la marcha, y un poco también leyendo cosas relacionadas con la corrección, con la escritura, con las reescrituras, con todo lo nuevo que vino en estos años sobre la lectura y la escritura. Me parece que eso me aportó bastante, porque me hizo mirar cosas que antes dejaba de lado o corregir las propias correcciones ambiguas o que no le sirven para nada al otro, ¿no? Como que vos le digas "Revisar esto". Entonces, ¿revisar esto qué significa? Como cosas muy generales que quizás a uno lo tranquilizan porque dejó una marca en el papel, pero al alumno no sé de qué le sirve que vos le digas, le tenés que marcar más específicamente qué querés que cambie. Y eso sí **me hizo tomar conciencia**, un poco cosas que había leído al respecto, sin ninguna sistematicidad, como que fui leyendo por interés, y porque de hecho estuve marcada ya en Buenos Aires **con tareas así de escritura, de talleres donde se hace más evidente que uno tiene que corregir** (Entrevista 11).

Seis docentes identifican que aprendieron a corregir imitando modelos y prácticas de otros profesores, sean estos los profesores que han corregido sus trabajos durante algún momento de la formación o bien los colegas (los pares) de los que han aprendido durante el ejercicio profesional. Agrupo entre los primeros las respuestas de la entrevista 4 ("Copié correcciones de profesores que a mí me servían"); de la docente en la entrevista 6 ("con la experiencia de haber sido corregida en otras instancias educativas"); de la profesora de la entrevista 7, quien señala que aprendió a corregirse a sí misma por las correcciones durante la formación universitaria; y la entrevistada 10, que recalca las correcciones que recibió como alumna en la escuela secundaria, para indicar que corrige:

> … como lo aprendí yo como alumna, o sea recibiendo las correcciones de docentes. Bueno, yo siempre recalco que como yo fui a una escuela integral, de un planteo pedagógico muy novedoso, y estuve en la Reforma, como alumna, de Río Negro, yo recibí correcciones de forma integral, con devoluciones escritas, textos, entonces yo corrijo así también, no pongo números, no pongo cantidades, me cuesta mucho cuantificar, hago como una visión más integral. Pero como tema, en la formación profesional, no. Nunca (Entrevista 10).

Estos saberes prácticos originados en la experiencia dan cuenta del carácter transpersonal del trabajo. Según Clot: "Es transpersonal en la medida en que aparece atravesado por una historia colectiva que franquea numerosas situaciones y dispone de los sujetos de generaciones diferentes a responder más o menos según esa historia, de una situación a otra, de una época a otra" (*op. cit.*: 7, trad. propia).

El profesor de la entrevista 1 identifica el aprendizaje con un saber hacer imitado de otros colegas durante su ejercicio laboral:

> … no nos enseñaron de forma general, vuelvo a repetir, no nos enseñaron a corregir o faltó mayor corrección. Y yo lo fui aprendiendo de otros colegas, que me ayudaron y que iban trabajando conmigo a la par, al ir observándolos a ellos también. No solamente del área de la lengua, de la comunicación, sino de otras áreas también, en qué podía yo hacer hincapié, y el método que usaban para corregir, eso **con mis colegas lo iba aprendiendo, y después también con la propia experiencia**, yo me iba dando cuenta, más la formación, la lectura o el estudio permanente de ir aprendiendo, de ir formándome para esto de la corrección (Entrevista 1).

En síntesis, el corregir es percibido como un saber hacer no enseñado explícitamente como objeto de enseñanza durante la formación, pero aprendido por los docentes en su propia práctica, sea de un colectivo de otros docentes que los corrigieron cuando fueron alumnos, sea del colectivo de docentes colegas con los que han podido o pueden reflexionar a partir de la experiencia. Se trata, por lo tanto, de un saber experiencial compartido por un colectivo de trabajadores que provee respuestas a las distancias entre el hacer y el poder hacer (Faïta, *op. cit.*).

Sin embargo, los docentes no parecen asignar una valoración positiva a este saber experiencial, a lo que se suma el hecho de que corregir es percibido como una acción poco metódica y sistemática para la mayor parte de ellos, tal como se desprende de las respuestas a la pregunta: "*¿Corregís con algún método u orden determinado?*". Los profesores manifiestan que tratan de usar alguna forma organizada de corregir (entrevistas 2, 3, 4, 5, 6 y 11) aunque no logran; de hecho, dos indican que no usan ni siquiera el mismo color para corregir, sino que emplean algún elemento que destaque de la escritura de los alumnos (entrevistas 1 y 5).

Ocho de los docentes señalan, además, que realizan dos lecturas de cada texto, lo que abona a la percepción de que corregir es una tarea demorada y que demanda mucho tiempo, como se mencionó anteriormente. Cinco de los docentes indican que corrigen en primer lugar aspectos de ortografía y normativa para facilitar la legibilidad de los textos, de modo de avanzar en una segunda lectura con las correcciones a nivel global (entrevistas 3, 7, 8, 9 y 10). Otros tres docentes identifican su método de corregir con una primera lectura general de los textos (entrevistas 1, 6 y 11) para abocarse en una segunda lectura a los niveles de la forma y a aspectos menos generales.

## 3. Concepciones sobre los efectos de las correcciones: los efectos buscados y la percepción de los efectos logrados

De las respuestas a la pregunta *"¿Cuándo y cuáles de las correcciones que realizás te parecen positivas para los alumnos en función de su desarrollo discursivo-textual?"* puede inferirse, en primer lugar, que la mayor parte de los docentes (diez de doce) no consideran que sus correcciones sean por sí mismas favorecedoras para el desarrollo de las capacidades discursivo-textuales de los alumnos, sino que tienen que resultar acompañadas por una acción aparte que permita la toma de conciencia por parte de los alumnos.

Para seis de los docentes esa reflexión por parte de los alumnos sólo puede generarse como consecuencia de una acción realizada por el profesor en la clase, es decir, se requiere de una interacción planificada que lleve a los estudiantes a leer lo escrito por el docente en sus textos. Entre las acciones, los docentes señalan el "retrabajo con los errores" (entrevistas 3 y 8), propiciar la reescritura (entrevistas 2, 10 y 12), el análisis del error y de la propia producción de manera grupal con puestas en común (entrevistas 2 y 10) y la devolución del texto corregido acompañado por un comentario oral por parte del profesor (entrevistas 1 y 12).

Mientras que dos de las docentes identifican todas las correcciones que realizan con el desarrollo posterior de los alumnos, otras dos indican sólo algunos aspectos que a su juicio resultan más significativos de los textos y, por lo tanto, de las correcciones realizadas: para la profesora de la entrevista 6, son positivas las correcciones que afectan a la coherencia pragmática o a la intencionalidad del texto; la docente de la entrevista 7 señala que son más positivas las que se relacionan con la coherencia y la forma.

Las docentes de las entrevistas 5 y 11 coinciden en relacionar las correcciones positivas con su práctica: mientras que la primera identifica las correcciones positivas con aquellas que le permiten revisarla (lo que se asocia con su representación sobre la evaluación), la segunda de ellas señala la necesidad de marcar no sólo "lo más claramente posible qué es lo que está mal ahí, qué es lo que está funcionando mal" sino "aspectos positivos del texto, es decir, cosas que sí están bien logradas" (entrevista 11). Identifica, asimismo, la legibilidad y la pertinencia de las correcciones en función de lo que se quiere comunicar al alumno:

> … corregir las propias correcciones ambiguas o que no le sirven para nada al otro, ¿no? Como que vos le digas "Revisar esto". Entonces, ¿revisar esto qué significa? Como cosas muy generales que quizás a uno lo tranquilizan porque dejó una marca en el papel, pero al alumno no sé de qué le sirve que vos le digas, le tenés que marcar más específicamente qué querés que cambie (Entrevista 11).

En relación con la percepción del efecto logrado en los alumnos por las correcciones, y frente a la pregunta: *"¿Lográs que los alumnos tomen conciencia de las correcciones realizadas?"*, once de los doce docentes entrevistados consideran que la mayor parte de los alumnos toman conciencia sólo a veces o esporádicamente, aunque hay excepciones en los grupos. Dos docentes indican directamente que no logran que tomen conciencia. Nueve identifican factores que inciden en que lo logren relativamente.

Uno de los docentes considera que cuando logra que los alumnos tomen conciencia de las correcciones, es porque realiza devoluciones que reafirman oralmente y mediante el diálogo las correcciones realizadas (entrevista 12). Asimismo, señala la importancia de la reescritura, en coincidencia con otros tres profesores (entrevistas 1, 3 y 11). Dos de ellos ponderan la importancia de instalar una rutina sistemática para revisar las producciones en la clase y volver a escribir los textos, de modo de constituir un hábito en los alumnos.

En las entrevistas 2, 5, 6, 8 y 9 se identifican diversos factores por los cuales el objetivo de que los alumnos tomen conciencia de las correcciones realizadas no se lograría: entre las principales razones ubican la falta de tiempo para volver sobre los trabajos por el avance del ciclo lectivo, en el caso de nivel medio (entrevistas 2 y 5), o por la brevedad del cuatrimestre en el nivel universitario (entrevista 8), a lo que se suman, en ambos niveles, la cantidad de alumnos (entrevistas 2 y 8). Otros factores mencionados como causas son: el "desinterés" de los alumnos (entrevista 6), la posibilidad de que los alumnos no entiendan las marcas efectuadas por la docente (entrevista 7) y, enunciado de una manera más general, cómo el docente corrige (entrevista 9).

Por su parte, la docente que señala que en varias oportunidades los alumnos toman conciencia, afirma:

… noté que los chicos interiorizan las correcciones. ¿Por qué? Porque lo demostraron, por ejemplo un trabajo, dos trabajos, al tercer trabajo me dicen "Bueno, mirá, acá vos que me dijiste tal cosa". Y ahí, bueno, ellos mismos lo explicitan, digamos. Y no vuelven a cometer el mismo error (Entrevista 10).

Contrariamente a lo que afirma la entrevistada citada anteriormente, la mayoría de los docentes observan el hecho de que los alumnos guardan las tareas corregidas sin mirarlas.

Puede considerarse, por tanto, que hay una brecha entre los efectos deseados por el docente que corrige y los efectos percibidos; es, probablemente, uno de los motivos del malestar que genera la acción de corregir puesto que, como se señaló con anterioridad, es una tarea a la que se dedica mucho tiempo, sin que se noten los efectos pretendidos.

La sensación general es que texto tras texto corregido "queda acumulado en la carpeta" (entrevista 2) porque se guarda ("guarda el trabajo y no le interesa avanzar", entrevista 2; "guardan y chau", entrevista 4; "la costumbre de recibir la hoja y guardar", entrevista 5) y "las correcciones no digo que no sean leídas, pero quedan ahí, no, no" (entrevista 11). El aporte de la clínica del trabajo del concepto de "amputación del poder de acción" (Clot, *op. cit.*) nos permite entender esta preocupación por aquello que no se puede hacer, vivida como malestar, por la brecha entre el efecto que se desea provoque la corrección y lo que se percibe como la falta de efecto.

La reescritura es señalada en varias respuestas a la pregunta *"¿Los alumnos realizan alguna actividad después de las correcciones?"* como una forma de evitar esta falta de efecto de las correcciones en los textos de los alumnos. Esta reescritura es realizada por los alumnos por exigencia del profesor; en las entrevistas 1, 2, 7, 8, 9, 10, 11 y 12 los docentes señalan que la reescritura se vuelve una obligación para los alumnos, a veces, en relación con la calificación (en la entrevista 1, el profesor señala la instancia de un "premio" o nota mejor para quien reescribe). En pocos casos la reescritura obedece a una voluntad manifiesta por parte de los estudiantes, y los docentes parecen vivir esto como una tensión entre lo que debería ser (o lo que desearían) y lo que sucede efectivamente. La docente de la entrevista 7 asevera:

No reescriben. Reescriben mucho menos de lo que yo pretendo o querría. Y solamente cuando es obligatorio… Entregan el trabajo práctico que va con nota y después es obligatorio entregar la reescritura. Solamente en esos casos. Si no, son muy pocos los que reescriben (Entrevista 7).

Las docentes de las entrevistas 3 y 6 coinciden en que "cuesta mucho" que realicen alguna actividad después de las correcciones: la primera señala que "no es un hábito" y la segunda lo atribuye al desinterés.

Otras actividades que los alumnos realizan a partir de las correcciones son: el intercambio de trabajos y corrección de a pares (entrevistas 5 y 11) y la autocorrección (entrevista 3).

Una docente afirma que no consigue instaurar ninguna actividad posterior a la corrección de los trabajos: "No lo hacen: 'ya está, listo'. Esta cosa de los chicos de la inmediatez… Y una vez que el trabajo (*chasquea los dedos*)… listo, ya está, se terminó" (entrevista 4).

Puede observarse que los profesores perciben que el efecto logrado por las correcciones no tiene mucho impacto en el desarrollo de las capacidades discursivo-textuales de los alumnos. Asimismo, el efecto está ligado a la capacidad del profesor para volver a intervenir a partir del texto escrito, aunque esa intervención consista en la obligación de una reescritura que el docente nuevamente corrige.

*Las voces en las entrevistas: la cita de las voces de los alumnos para mostrar la falta de efectos*

Cuando consideramos las entrevistas como textos, el relevamiento de los mecanismos de asunción de la responsabilidad enunciativa muestra que se concentra la mayor cantidad de citas de voces ajenas o lo que Bronckart califica como "voces de personajes", en las respuestas a las preguntas referidas en este apartado. Concretamente, son las voces de los alumnos las citadas por los docentes en relación con los efectos de las correcciones.

Recordemos que las voces son definidas por Bronckart como "las entidades que asumen (o a las que se atribuye) la responsabilidad de lo que se enuncia. En la mayoría de los casos es la instancia general de enunciación la que asume directamente la responsabilidad del decir" […] (2004: 197). En algunos casos, la instancia de enunciación cita o evoca voces "ajenas" que "por tanto, son voces infra-ordenadas respecto del narrador o del expositor. En nuestra opinión, esas voces secundarias pueden reagruparse en tres categorías generales: voces de personajes, voces de instancias sociales y voz del autor empírico del texto" (*op. cit.*: 197). Las voces de los personajes son voces que emanan de agentes implicados "en los acontecimientos o acciones constitutivos del contenido temático de un segmento de texto" (*ídem*).

El análisis de la gestión de las voces en las entrevistas nos permitió distinguir que son incorporadas las voces de los siguientes personajes: la voz propia del docente ficcionalizada en situación de corrección, la voz de los alumnos y las voces de otros docentes.

Las voces propias de los docentes son introducidas como ejemplos para describir lo que los docentes escriben en los textos; las voces de los otros docentes suponen una crítica, ya que ilustran lo que el docente no pretendería para sí y para sus alumnos.

Las voces de los alumnos como personajes, en cambio, tienen la importancia de mostrar los efectos que los docentes les imputan a las correcciones y develan las reacciones que, presumen, generan en los alumnos.

Las intenciones con las que los docentes citan las voces de los alumnos son: a) dar cuenta de que las correcciones sirven para evaluarse a sí mismos; b) reflejar que los alumnos sólo miran la nota cuando se les entregan tareas corregidas; c) mostrar que en algunos casos los alumnos no entienden las correcciones y d) explicitar las reacciones de los alumnos ante la devolución de las tareas corregidas.

a) En el primer caso, los profesores ubican las voces de los alumnos para construirlos como personajes reflexivos frente a las correcciones, que pueden, a partir de ellas, evaluar por sí mismos sus capacidades discursivo-textuales:

> ... esto de la autocorrección, esto de hacerse cargo de volver a mirar; sobre todo yo he trabajado casi siempre con los cursos de tercero en adelante, entonces, van tomando esta posta de *"Bueno, yo tengo que ser de alguna manera el que regula su propia producción, el que mira su texto dos veces"*[13]. Cuesta, cuesta mucho porque no es un hábito, esto (Entrevista 3).

> Y corregir, la corrección al alumno le da otra información: *"escribo bien, mi texto se entiende, no tengo problemas con la lengua"* o al revés: *"tengo muchos errores, tengo que escribir mejor, tengo que preguntar"* (Entrevista 7).

> ...es una coherencia mínima que el docente establece y para el alumno también, ¿sí? Es decir, *"me equivoco en esto, tengo que superar esto, al fin lo logré, o no lo logré"* (Entrevista 9).

> En varias oportunidades sí noté, por ejemplo en ILEA, noté que los chicos interiorizan las correcciones. ¿Por qué? Porque lo demostraron, por ejemplo un trabajo,

---

13    En los fragmentos de entrevistas citados, las voces atribuidas por los docentes a los alumnos en itálicas y negritas.

dos trabajos, al tercer trabajo me dicen *"Bueno, mirá, acá vos que me dijiste tal cosa"*. Y ahí, bueno, ellos mismos lo explicitan, digamos (Entrevista 10).

Las voces de estos personajes-alumnos ilustran la información que se espera que extraigan de los textos corregidos.

b) El segundo uso de las voces de los alumnos es el que asimila el efecto de la tarea corregida a la preocupación por la nota obtenida:

… hay grupos que por ahí se apuran, primero les interesa la nota: *"¿por qué tengo X nota?"*, y yo les explico el valor, que por ahí no es tan importante la nota, sino lo que ellos van adquiriendo en el día a día (Entrevista 1).

… un problema que veo mucho es que los alumnos en muchos casos no vuelven al texto, tampoco por ahí, es decir, yo he notado pocas veces que me dicen *"Pero ¿por qué me escribís esto, por qué me decís esto?"* […] y lo que prevalece es la cosa del número, *"¿qué me saqué?"* (Entrevista 12).

En función de la construcción de las voces de estos personajes-alumnos, el interés por el texto corregido se reduce –en el caso en el que lo haya– a la calificación y a los motivos de la calificación.

c) Una entrevistada incorpora las voces de los alumnos en el texto para indicar casos en los que no se entienden las correcciones realizadas por los docentes:

… trato de señalar más, porque el alumno, aunque uno le ponga "sintaxis", siempre pregunta cuál es el error. En general me ha pasado eso, algunos no, pero otros sí, que preguntan: *"¿qué quiere decir sintaxis?"* o *"¿cuál es el error, porque no lo entiendo?"* Entonces, bueno, empecé a marcar más cosas (Entrevista 9).

d) El cuarto modo de inserción de las voces de los alumnos en los textos de los entrevistados también da cuenta de la falta del efecto esperado por los docentes para las correcciones, por cuanto la reacción de los alumnos, según los docentes, es rutinaria y no implica ningún desarrollo o aprendizaje posterior en función de lo que se desearía:

Es lo que te decía, las veces que lo intenté no lo conseguí. No lo hacen: *"ya está, listo"*. Esta cosa de los chicos de la inmediatez […] Eso ya de entrada es un desfasaje con respecto a su vida. Y una vez que el trabajo (*chasquea los dedos*), listo, ya está, se terminó (Entrevista 4).

Entonces me parece que los alumnos, si realmente perciben que tienen una cantidad mayor o menor de errores, a veces enorme, a lo sumo en un primer momento se asustan, porque no tenían conciencia de esa cantidad de errores, y finalmente se acostumbran. Y dicen: *"¡Ah, otra vez, todo verde, todo rojo!"*, etc. Pero yo no lo logro, insisto, sobre todo al principio de las cursadas cuando las clases son muy numerosas… (Entrevista 8).

En la medida en que él valore esa corrección, y que yo se lo haga valorar, va a ser útil para sus aprendizajes, si no va a quedar como esas tantas cosas: *"Listo, lo recibí, lo guardé y lo archivé"*. Que a veces pasa y a veces no (Entrevista 5).

Podemos articular este último modo con la representación de que el texto corregido queda "guardado" y que el alumno no vuelve sobre el escrito si el docente no genera alguna otra acción para que lo revise o reescriba.

Las voces de los alumnos en los textos de las entrevistas dan cuenta de un desfasaje entre lo que los docentes desearían que sus correcciones provocaran sobre el desarrollo de sus capacidades discursivo-textuales y lo que perciben que ocurre: para los profesores, los alumnos no valoran las correcciones tanto como podrían o deberían; son pocos los casos en los que los alumnos pueden tomar las correcciones y emplearlas para evaluarse a sí mismos o autocorregirse. Estos casos, además, no son percibidos como consecuencia de un trabajo de enseñanza o no son reconocidos como tal por los docentes.

En síntesis, la interacción que los docentes establecen con sus alumnos por medio de las correcciones en los textos de éstos últimos se presenta como insuficiente e incompleta para provocar efectos positivos en el desarrollo discursivo-textual. Los profesores consideran que los alumnos en general no valoran las correcciones y que es poco lo que hacen por sí mismos a partir de ellas. Perciben que esa interacción incompleta sólo puede lograr algún efecto en caso de ser completada con acciones posteriores guiadas por los mismos docentes (comentarios orales, reescrituras).

No obstante considerar que las correcciones pueden tener pocos efectos en el desarrollo discursivo-textual de los alumnos, un aspecto que les pre-ocupa a los docentes es el efecto que las marcas y el señalamiento de los errores causa en los alumnos, no con respecto a sus textos, sino en la rela-ción interpersonal con el docente, como desarrollaremos a continuación.

### 3.1. La percepción de los efectos de la corrección sobre la relación interpersonal docente-alumno

Un conjunto de enunciados a lo largo de seis entrevistas transmite lo que parece constituir una preocupación acerca de los efectos negativos de la corrección en el plano de las relaciones interpersonales de los docentes con los alumnos.

Algunos profesores manifiestan que corregir todos los errores en los textos de los alumnos podría generar una reacción en la interacción con ellos y que por eso prefieren el diálogo oral:

> …y me siento con el alumno en el momento y vamos viendo entre los dos qué es lo que tenía mal, y vamos haciendo marcas porque a veces queda tan marcado el texto, porque hay una superposición de errores, a veces son errores, eh, […] si uno los carga, carga sus escritos marcándoles las correcciones, es muy impactante, es decir, como, es llamativo, y a veces crean lazos, o se rompen lazos, o se establecen vínculos malos que no quiero de ninguna manera que se establezcan. Entonces por eso prefiero esa observación, "después lo charlamos" y lo vamos corrigiendo a la vez (Entrevista 5).

Otra profesora coincide en la apreciación de que el exceso de marcas tiene efectos contraproducentes:

> De todas formas, tengo algo que, si no tengo 35 alumnos como este año, suelo hacer, que es ponerles aspectos positivos del texto, es decir, cosas que sí están bien logradas, ¿no? Porque siento que a veces es un poco frustrante ver todo el texto corregido y con muchísimas cosas marcadas, y eso me funciona mucho […] Pienso que hay una relación asimétrica con el alumno que es clara, que uno le pone eso, por eso te digo que trato de mitigar esta cuestión asimétrica con los positivos y los negativos, para equilibrar un poco la relación con el alumno. Porque sí, lógicamente uno tiene el poder de marcar con rojo, de tachar, de cosas ¡horribles!, cosas horribles en los textos. Tenemos la posibilidad de ver también lo que sí logran, lo que sí tienen habilidades propias aún sin la intervención docente, y eso a mí me tranquiliza un poco, decirles lo bueno y lo malo, entonces de esa manera es como que equilibra un poco una relación que de por sí es de poder, sí (Entrevista 11).

En los enunciados citados, ambas profesoras consideran el efecto negativo que el "texto marcado" genera en los alumnos y en el carácter "impactante" o "frustrante", no deseado, en función de los vínculos que pretenden establecer con ellos. Además, en el fragmento citado de la entrevista 11, la profesora señala la conciencia de una relación de poder para con los alumnos que ejerce durante la evaluación.

Esta sensación, expresada igualmente por otros docentes, causaría un límite autoimpuesto a lo que se corrige, basado en el criterio de que el exceso de correcciones genera un efecto contraproducente. Este límite autoimpuesto a la tarea de corregir consistiría en no corregir todo aquello sobre lo que el docente quisiera intervenir sobre los textos de los alumnos, en beneficio de sostener una relación interpersonal mejor:

> … a veces, paso por alto algunos errores conceptuales, como que pienso que yo le doy tantas indicaciones, le corrijo todo, digamos, por ahí no va a poder ponerse a trabajar, no va a recibir el texto, va a ser como un gran texto marcado por todos lados […] entonces digamos que o se rompería el diálogo, si hay una confrontación tan fuerte y ese alumno nunca más conmigo va a poder trabajar, tendría que buscar en los otros profesores, que bueno, como es una estrategia que tenemos, o que yo utilizo: sé que no estoy sola, o como esto, que lo dejo pasar un poco, como para más adelante ver (Entrevista 7).

Habría cierta "estrategia" en el hecho de evitar que un texto de un alumno se encuentre excesivamente marcado, y cierta preocupación para considerar qué marcas no producirían una "confrontación" (en este aspecto también la docente de la entrevista 9 señala que hay algunas correcciones capaces de provocar "No sé si una discusión, pero una confrontación").

La docente de la entrevista 7 identifica la relación interpersonal con cada uno de los alumnos como un "diálogo". El mismo término expresa el siguiente profesor para referirse a la relación con los alumnos mediada por la corrección:

> … para mí el proceso de corrección, en el sentido de una intervención sobre el texto ajeno, ¿no? Siempre lo he vivido como un proceso delicado, que me comprometía mucho, lo vivía y lo vivo como una instancia de responsabilidad, y suelo ser muy cuidadoso en ese sentido en las marcas […] creo que acá lo importante es que la intervención del docente sobre el texto se postula, se propone como un diálogo, ¿no? Es decir, bueno, propiciar una reescritura o un nuevo abordaje a partir de las marcas que uno hace. Que en mi caso yo siempre trato de, siempre siento que ha sido insuficiente. O que tengo esa contradicción. Siento que intervengo bastante en el texto pero, al mismo tiempo, me da la impresión de que no es suficiente, de que no, no logro por ahí comunicar todo lo que quisiera al alumno […] y mi interés por la corrección está en la base de lo que te decía antes, en vislumbrar que era una coyuntura privilegiada para poder establecer un contacto con el alumno

respecto de su proceso. Así que bueno, fue interesándome a partir de los conflictos que me generaba la corrección, en sentir que mi modo de expresión en la corrección y de comunicación era insuficiente, cuestionarme la respuesta, qué aporte o qué productividad podía generar en el alumno, y te diría que es una preocupación que no la tengo resuelta ni mucho menos (Entrevista 12).

En estos enunciados, la corrección como "marcar el texto ajeno" está puesta estrictamente en relación con la "responsabilidad" y con la "contradicción" o el "conflicto", que, para el docente de la entrevista 8, resulta también en el ejercicio de una reflexión sobre el poder:

> Quizás insistir sobre esta cuestión de reflexionar cada tanto en cuanto a la filosofía del lenguaje en el sentido de coerción o apertura de posibilidades de expresión. Hasta dónde debemos llegar con un aparato coercitivo como es la corrección, o como puede llegar a ser la corrección, sobre el lenguaje, y hasta dónde podemos llegar a abrir el campo de juego para que efectivamente sea un instrumento de comunicación (Entrevista 8).

El docente se cuestiona que el corregir puede constituirse en un "aparato coercitivo" que atenta contra la posibilidad creativa del lenguaje como "apertura de posibilidades de expresión". Su mención se vincula con la preocupación del profesor de la entrevista 12, quien además afirma:

> … es complejo, porque es también un lugar de ejercicio del poder, el de la corrección, quizás más el de la calificación, ¿no? Un lugar donde puedan mezclarse simpatías, antipatías, y me parece que hay que ser muy cuidadoso en ese aspecto (Entrevista 12).

Por su parte, las docentes de las entrevistas 9 y 11 coinciden en que, frente a la complejidad de la evaluación, las correcciones sobre los textos actúan como elementos que la dotan de objetividad:

> Estaba pensando, al momento de acreditar o no, o de aprobar o no a un alumno. Por ahí sí uno pone en juego otros aspectos, que no pertenecen a la corrección específicamente, como, no sé, situaciones personales, o entrega de trabajos, o participación en clase, por ahí esos son otros aspectos que uno pone en juego en la evaluación, la corrección es lo que la estructura, es decir, por más que se haya esforzado tanto, si hay cosas que no se logran desde el punto de vista del mecanismo de la lengua, en realidad no le estamos facilitando algo, como uno cree, "ay pobre, se esforzó tanto, y tiene tantas", sino, que le estamos como perdonando algo. Entonces me parece que la corrección, aunque a veces no sea lo esencial, porque creo que también a veces no lo es, uno se deja llevar por otros aspectos,

pero me parece que es la función de la evaluación. Ahora estoy pensando, ¿no? Pienso muchas cosas (Entrevista 9).

Porque la evaluación siempre me resulta conflictiva sí o sí. Siempre estoy dudando si soy objetiva, si no estoy cansada y por eso lo veo mal al texto, es decir, la cuestión de tener que poner una nota después de la corrección es un momento clave. [...] Entonces ahí sé que tengo que estar alerta porque son como dos etapas que no es lo mismo. Tendería a ver esta etapa como menos objetiva. Porque quizás la corrección, antes de ponerle la nota, me fluye más ponerle marcas a los costados o al final del texto, depende cómo haya elegido hacerlo. El momento de poner, de asignar un número a ese trabajo [...] la verdad es que esa parte es conflictiva para mí (Entrevista 11).

En los enunciados citados, ambas profesoras señalan los factores "personales" o "afectivos" que involucra la evaluación en el sentido de "acreditar" o "poner una nota". La corrección se distinguiría en el hecho de que "fluye" o "estructura" y permite una toma de distancia de las relaciones interpersonales –que sí estarían marcando la evaluación. Es decir, habría una tensión presente al marcar los textos (y cuánto y cómo marcarlos), y las consecuencias que esas marcas conllevan tanto en relación con el poder como en cuanto a la evaluación.

La preocupación sobre los efectos de la acción de corregir en la relación interpersonal con los alumnos (más que en sus efectos sobre las capacidades discursivo-textuales) generaría una tensión puesto que, si se corrige todo aquello sobre lo que el docente quisiera intervenir, podría haber consecuencias en la relación interpersonal con el alumno; pero si el docente se autolimita y no interviene, ¿no estaría de alguna manera brindando al alumno menos información sobre el texto escrito que la que debería brindarse?

Para los docentes, corregir implica a la vez atender los textos de los alumnos como productos de sus acciones de lenguaje y a sus propios enunciados, cuidando la forma de comunicar sobre los objetos de corrección para no perjudicar o afectar la relación interpersonal docente-alumno.

## 4. Objetos de enseñanza y de corrección

Ante la pregunta *"¿Qué aspectos corregís en los textos escritos por tus alumnos?"*, los docentes señalan los distintos aspectos que para ellos asume la intervención sobre los textos; la variedad de las respuestas da cuenta de la heterogeneidad en torno a las representaciones sobre los objetos de enseñanza de la materia Lengua.

Los docentes aseveran que corrigen, según sus palabras: todo, la lectura, la coherencia y la cohesión, la aplicación de conceptos, la ortografía, la escritura, el riesgo tomado por el alumno, la clase de texto, el objetivo (la finalidad del texto), la lengua, la gramática, la sintaxis, el discurso, el contenido, la consigna, el género textual, las mayúsculas, la sangría, el mensaje, el uso de las palabras, la adecuación al uso y la puntuación. La enumeración precedente muestra la coexistencia de nociones teóricas y de sentido común, además de la simultaneidad de criterios praxeológicos y epistémicos como representaciones sobre los objetos de enseñanza por parte de los profesores, que Riestra analiza en torno a las consignas (2004, 2008).

En la tabla 19 se agrupan las respuestas sobre los objetos de corrección a partir de la interpretación de los contenidos temáticos. Puede observarse la preminencia de la gramática (concepción y aspecto por el que se pregunta específicamente en otra pregunta de la entrevista, ver *infra*) y de la ortografía como los dos aspectos que los profesores dicen corregir más en los textos de los alumnos. Diez de los doce entrevistados mencionan como objeto de corrección la gramática; siete de ellos mencionan a la vez la ortografía, objeto de corrección con el que coinciden los restantes profesores. Es decir, los doce profesores señalan la gramática y/o la ortografía como objetos de corrección.

Otros objetos de corrección en cuyo señalamiento coinciden varios profesores son la organización y el objetivo de los textos escritos por los alumnos, el contenido o lo conceptual (aspecto que se retoma en una pregunta específica, ver *infra*), la resolución de la consigna de trabajo, la aplicación de procedimientos de cohesión y la coherencia o sentido general.

| Objetos de corrección | N° entrevista |
|---|---|
| Gramática | 3, 4, 5, 6, 7, 8, 9, 10, 11, 12 |
| Ortografía | 1, 2, 4, 5, 7, 8, 10, 11, 12 |
| Organización y objetivo del texto | 2, 6, 9, 10, 11 |
| Contenido (lo conceptual) | 3, 4, 8 |
| Resolución de la consigna de trabajo | 2, 5 |
| Coherencia, sentido | 7, 10 |
| Aplicación de procedimientos de cohesión en la escritura | 1 |
| Género textual | 5 |
| Formato | 10 |

**Tabla 19.** Objetos de corrección o qué dicen que corrigen los profesores

Si se pone en relación lo que los docentes dicen que corrigen con las categorías delimitadas en el capítulo 4 como niveles de los textos de los alumnos en los que se producen las correcciones (tabla 20), los doce entrevistados aluden a correcciones que se implican con la forma. Diez de ellos, además, reconocen corregir aspectos que relacionamos con correcciones globales. Y sólo dos docentes identifican como objetos de corrección cuestiones que afectan al sentido de los textos.

| Objetos de corrección y niveles de las tareas de los alumnos | | | | | |
|---|---|---|---|---|---|
| Globales | N° de entrevista | Sentido | N° de entrevista | Forma | N° de entrevista |
| Organización y objetivo del texto | 2, 6, 9, 10, 11 | Coherencia, sentido | 7, 10 | Gramática | 3, 4, 5, 6, 7, 8, 9, 10, 11, 12 |
| Contenido (lo conceptual) | 3, 4, 8 | | | Ortografía | 1, 2, 4, 5, 7, 8, 10, 11, 12 |
| Resolución de la consigna de trabajo | 2, 5 | | | Formato | 10 |
| Aplicación de procedimientos de cohesión en la escritura | 1 | | | | |
| Género textual | 5 | | | | |
| Cant. de profesores: 10 | | Cant. de profesores: 2 | | Cant. de profesores: 12 | |

**Tabla 20.** Objetos de corrección o qué dicen los profesores que corrigen en función de los niveles en los que se corrigen las tareas de los alumnos

Los términos empleados por los docentes para referirse a las correcciones de forma y a las correcciones globales tienen mayor grado de especificidad que los referidos al sentido de los textos (para las que se usan los términos "coherencia" y "redacción" o "coherencia entre párrafos").

En cuanto a la pregunta: "*¿Qué tipo de corrección realizás de errores conceptuales de los alumnos?*", el análisis permite observar cuáles son las representaciones de los docentes acerca de lo que se concibe como error conceptual y ubicar algunos enunciados en los que los docentes describen cómo corrigen este tipo de errores.

En primer lugar, en relación con las representaciones acerca de qué constituye un error conceptual, cinco de los docentes entrevistados (entrevistas 2, 4, 7, 9, 11) entienden que los errores de este tipo suponen interpretaciones equívocas de las lecturas efectuadas por los alumnos, mientras que para otros docentes son errores en la aplicación de conceptos durante la escritura (entrevistas 1 y 5), en la manera en que se ha hecho referencia a la teoría (entrevista 3) o en la referencia a los mundos representados (entrevista 12). Las respuestas de los docentes en las entrevistas 6, 8 y 10 se centran en cómo se corrigen estos errores.

Enfocando el modo en que se corrigen los aspectos conceptuales de los trabajos, la mayoría de los docentes manifiesta que apela a la combinación de marcas y enunciados: algunos señalan estrictamente que los enunciados sirven para justificar o fundamentar por qué hay un error (entrevistas 9 y 11); otras profesoras señalan que marcan pero no enuncian directamente la "resolución" (entrevistas 5 y 10) o que marcan para que "el alumno" pregunte (entrevista 7). Tres docentes valoran necesaria una devolución grupal general si los errores conceptuales se encuentran en varios textos del grupo de alumnos (entrevistas 2, 3 y 6).

En algunas de las respuestas de docentes de materias universitarias se distinguen reflexiones acerca de qué correcciones suponen más claras en la comunicación para con el alumno, reflexiones que no se presentan en las entrevistas a los docentes de nivel medio. Estas preocupaciones, centradas en correcciones de errores conceptuales, identifican a los mismos como aspectos más lábiles en comparación con las correcciones de forma y, por lo tanto, los docentes manifiestan más restringidas sus posibilidades de corregirlos:

> Pasa a veces con la comprensión de los textos, no así con cuestiones específicas de lengua, sino en un texto, normal, más o menos complejo, pero donde hay ideas que no están muy claras. Ay, no sé, esto que te digo lo trato como una manera de acercarme al alumno. Tampoco le puedo decir "No entendiste el texto" o por ejemplo, "ése no es el tema", cuando el tema que han expresado es muy amplio, y yo quiero que lo precisen más, tampoco puedo decirle "ése no es" o "ése está mal", entonces lo marco así y veo, si le puedo, oralmente, explicar algo […] Porque en sí es una dificultad esto de lo conceptual. Yo noto, o me faltan herramientas, o yo veo, porque yo noto a los alumnos con los que trabajo, con este tipo de errores, como muy seguros de que el concepto es como ellos lo plasmaron y de que el autor escribió, o quiso desarrollar sobre ese concepto, ese aspecto. A mí me cuesta en algunos chicos, mucha dificultad, explicarles, demostrarles que no era así, y a veces me encuentro como sin herramientas (Entrevista 7).

La docente señala la dificultad para que el alumno se dé cuenta de este tipo de error y cómo esta dificultad afecta su trabajo, haciéndola dudar de su formación profesional en este aspecto, ya que reitera en dos ocasiones que carece de "herramientas". Del mismo modo, la docente de la entrevista 9 señala la necesidad de fundamentar el error evitando correcciones como "confuso", que califica de "esas apreciaciones, que son muy comunes":

> … como trabajamos con comprensión y con interpretación, hay que poder, me parece, fundamentarlo bastante. Porque si no, bueno, caemos en esas apreciaciones, que son muy comunes, como "está confuso", "está poco claro", "no es lo que el texto dice", ¿por qué, no es lo que el texto dice? Bueno, esto, es difícil fundamentarlo, y también creo que es necesario fundamentar el error conceptual, porque no sé si el alumno, al alumno le cuesta entenderlo, también, me parece. Porque hay como una confrontación de lógicas y en cambio el error ortográfico lo ve quizás más fácilmente, el error sintáctico también, la puntuación, como que toma conciencia enseguida de sus errores. Pero el error conceptual, me parece que lleva a una discusión. No sé si a una discusión, pero a una confrontación (Entrevista 9).

Coincide con la docente de la entrevista 11 al calificar a ciertos enunciados de los docentes corrigiendo como marcas de la subjetividad del profesor, que no serían significativos para los aprendizajes de los alumnos:

> Sí, errores conceptuales sí, si entendieron mal el texto, sí, por supuesto, eso hay que corregirlo, de alguna manera hay que hacerles notar que la tesis está mal identificada, o los argumentos no son los correctos, o que eso es una interpretación que no está dicha en el texto. Porque muchas veces lo que advierto es que ellos ponen su interpretación del texto, no lo que el autor dice sobre algo, sino que le imponen una interpretación o una lectura previa, o quizás lo asocian con algo que han leído o que saben de otro lado y eso se lo imponen al texto. Entonces trato de marcarlo, y trato también de yo no ser confusa a la hora de marcarlo. Como, por ejemplo, poner "confuso", es confuso para ellos, me parece, porque en general te repreguntan, si vos le ponés "esta idea no está clara" o "reformulá este concepto" o "andá a la página 4 del texto a volver a leerlo", o sea, dirigirlos a volver a leer ese párrafo, y cuestiones así, a veces me sirve más que poner algo muy subjetivo, como una impresión subjetiva (Entrevista 11).

Los tres fragmentos citados coinciden en identificar correcciones sujetas a la interpretación y, por lo tanto, que requieren de especial cuidado por parte del docente en su tarea. Habría asimismo una percepción de que la forma de la lengua no está sujeta a la voluntad del agente que escribe, sino que depende de normas; el fijismo y la aparente inmutabilidad de la gramática y la ortografía darían mayor seguridad al docente para realizar su trabajo de corregir puesto que se tratarían de saberes menos cuestionables, que cualquier docente de lengua manejaría profesionalmente.

Todos los docentes contestaron que corrigen errores gramaticales cuando se les preguntó: "*¿Corregís los errores gramaticales? ¿Por qué y cómo?*", aunque difieren las representaciones acerca de lo que es la gramática, qué aspectos se incluyen dentro de ella (algunos enfocan la gramática oracional y combinan criterios textuales, otros identifican la gramática con la sintaxis; finalmente, en algunas respuestas se ubican la ortografía y/o la puntuación como parte de la gramática). En función de esas representaciones se señalan diferentes motivos y modos de corregir los errores gramaticales.

Los docentes mencionan a la gramática como "herramienta" (entrevistas 3 y 4), "estructura" (entrevistas 2, 3 y 5), "orden" (entrevista 5), al servicio de que los alumnos "escriban bien" (entrevista 4), "sean más hábiles en lo que leen y escriben" (entrevista 2), "pueda[n] escribir un texto coherente" (entrevista 10) y puedan volver a "leer el trabajo con sentido crítico" para advertir sus errores (entrevista 11).

Los motivos para corregir la gramática se relacionan con las concepciones sobre el objeto de enseñanza: mientras que hay posiciones que revelan la importancia de los razonamientos gramaticales en sí mismos, otros argumentos se basan en las actividades de lectura y/o escritura y en la necesidad de la corrección de errores gramaticales para mejorar la consecución de estas actividades.

Así, los motivos indicados son: la necesidad de una formalización para que los alumnos puedan usar la herramienta en función de desarrollar su pensamiento (entrevista 2), la importancia de modificar la falta de enseñanza previa de los contenidos gramaticales (entrevistas 3 y 5), el deseo de que los alumnos mejoren en su escritura (entrevistas 4 y 8) y la molestia de los errores en la lectura que el docente u otros lectores –incluidos los mismos alumnos– realizan (entrevistas 6, 8 y 9).

Las formas de corregir los errores gramaticales predominantes, según lo que los docentes perciben de su tarea, son las marcas (entrevistas 1, 6, 7, 9, 10, 11, 12), aunque se considera asimismo la insuficiencia de las mismas como mero señalamiento de errores. Algunos docentes sostienen que realizan las marcas en función del tipo de error cometido, según un código (entrevistas 6, 7, 9, 11 y 12). Otros afirman que las acompañan con enunciados al margen o al final de la tarea (entrevistas 1, 6, 10, 12); para dos de ellos, estos enunciados funcionan como recordatorios de lo que los docentes planifican desarrollar oralmente como devolución del trabajo con los alumnos (entrevistas 1, 12).

Dos profesoras indican que complementan las marcas con enmiendas de las formas correctas (entrevistas 4 y 9), mientras que un profesor señala que realiza una corrección diferente según el desarrollo previo de los alumnos de su grupo y los conocimientos sobre el tema:

> ¿Por qué corrijo los errores gramaticales? Porque en gran parte, me parece que se trata de... a ver. En los alumnos más flojos, corrijo lo que hace a los errores más gruesos, sintácticos, por ejemplo, que no permiten que se comprenda o que el alumno mismo comprenda en una relectura, el texto que él escribió. Los alumnos, quizás, más adelantados, por un afán de mejorarlos un poco más todavía, llevar a verlos que hay otras maneras de formular determinados conceptos o determinadas ideas. ¿Cómo lo hago? Nuevamente, ahí, distingo quizás entre solamente señalar que "aquí hay un error, hay que rever esta oración porque así está mal formulada o no se entiende" o bien sugiero otras formas de plantear un concepto, o de utilizar otro conector que sea más provechoso, o que se entienda mejor. Eso es básicamente con respecto a los errores gramaticales (Entrevista 8).

Se indica de esta manera una práctica diferenciada en la corrección según el destinatario al que está destinada. Esta distinción podría dar cuenta de que el docente es capaz de conocer lo que llamamos, siguiendo a Vygotski, la "zona de desarrollo próximo" y de corregir en modo diferenciado según el grado de desarrollo previo de cada alumno. Paradójicamente, este tópico sólo se releva en una de las doce entrevistas.

En general, el corregir como tarea docente (que, recordemos, demanda mucho tiempo y de la que no se esperan mayores efectos para el desarrollo de los alumnos) supone un grado de generalización acerca de los alumnos como destinatarios con los que se interactúa mediante los enunciados y marcas: escasamente se observa, en las entrevistas, que los docentes perciban la tarea de corregir como una acción de lenguaje diferenciada según los aprendizajes y el grado de desarrollo anterior alcanzado por sus destinatarios.

## 5. Los saberes profesionales de referencia y la corrección

Los saberes profesionales de referencia (Olry y Vidal-Gomel, 2011) son definidos como conocimientos de los procesos de trabajo que exceden los saberes que se poseen sobre el objeto de la tarea principal. Específicamente para la actividad del docente, son saberes que van más allá de operar un proceso de aprendizaje, elaborar los contenidos de enseñanza, dirigir la clase y enseñar.

Para los autores, este concepto permite dar cuenta de aquello que no puede adquirirse en un curso escolar, y que, no obstante, conforma una variedad de conocimientos requeridos para trabajar, los cuales, a la vez, transforman los conocimientos que operan ante una determinada organización de trabajo.

En relación con las entrevistas, factores como el tiempo y el contexto situado (cantidad de alumnos, características del curso o de las instituciones, etapa del cuatrimestre o del trimestre - respectivamente para la universidad y para nivel medio) constituyeron un conjunto de saberes que los profesores manifestaron tener en cuenta al corregir. En algunos casos, los docentes indicaron que modificaban el modo de operación de su tarea de corregir conforme a esos saberes.

Así, en función de la cantidad de tareas de los alumnos acumuladas por los docentes para corregir puede modificarse el modo en que se realiza la corrección, limitándose, en algunos casos, a una evaluación construida, según las profesoras de las entrevistas 4 y 6, a la sumatoria de "puntajes":

> Los corrijo, ortografía: le subrayo y hago una lista de los errores al final; en la parte construcción sintáctica o repeticiones, concordancia, etc., también, los subrayo y luego explico al final de la hoja. Es lo que usualmente hago. *En algunos casos, por ahí, si estoy muy apurada –suelo ser bastante permisiva con los chicos, a veces, y me entregan a último momento,- entonces subrayo, saco el puntaje correspondiente a los errores* y si puedo hago un paneo en clase. Pero la mayoría de las veces, *con tiempo, en los trabajos que no son de fin de trimestre*, sí, les pongo al final (Entrevista 6).

> … esto que te contaba de poner puntajes a cada pregunta, es como más matemático, más sistemático y más ordenado, y *lo hago solamente cuando estoy sobrepasada de correcciones*, entonces le pongo, son cinco preguntas, dos preguntas cada una, si está más o menos cada punto, eso me ayuda a hacerlo más sistemático y a apurarme en la corrección. Si tengo tiempo, que *trato de que no se me junten las cosas, para tener tiempo y poder corregir,* hacer una lectura total del trabajo, porque más que evaluaciones, yo sinceramente pido trabajos prácticos, en casa, largos, con mucho material para leer, y me parece, siempre me ha dado mucho más resultado que la evaluación en el momento, de hecho, en el aula. Entonces, a mí me lleva mucho más tiempo leerlos, porque son mucho más largos, pero, en ese tipo de trabajos, *uno tiene que tomarse el trabajo, porque la totalidad del*

*trabajo es lo que pesa*. Y por ahí en una pregunta no estuvieron tan brillantes, y en otra pregunta reelaboran lo que no pudieron elaborar en la anterior. Y eso lo tenés que tener en cuenta (Entrevista 4).

En ambas entrevistas, no sólo se señala cómo el tiempo hace que se modifiquen los parámetros de evaluación, sino que se constituye en un factor capaz de transformar el modo de corregir, en el primer caso, porque se realiza (o no) una lista final de los errores; en el otro caso, porque permite (o no) una lectura y una corrección global de los textos de los alumnos.

Los saberes profesionales de referencia permiten a los trabajadores, asimismo, considerar cuáles son los posibles efectos de las tareas corregidas en relación con el desarrollo de las capacidades discursivo-textuales de los alumnos y los factores que impedirían que ese desarrollo se produjera en el sentido diseñado y deseado por los docentes:

… en el lío de los tiempos de corrección y de los tiempos de devolución de trabajos, a veces *es cuestión de que pasó un tiempo*, y una semana, diez días hasta que le devolvés el trabajo son… como que la corrección tendría que ser: me los llevé hoy y mañana se los devuelvo. Y *a veces no tenés tiempo de corregir, y entonces una corrección, una devolución hecha a destiempo, el pibe está en otra cosa, es otra historia*. Pasamos a otro texto, pasamos a otra. Yo noto eso, en general, me he sentido como muy *desfasada* entre los tiempos escolares y los tiempos de la escritura. Cuestiones del *contexto escolar*, de cómo es, y a veces siento que es como una frustración, porque les devuelvo el trabajo, pero ya pasó, o faltaste a la clase y yo di la explicación, y a veces siento que eso queda como acumulado en la carpeta, pero no es… (Entrevista 2).

Porque *no hay suficiente tiempo*, al principio, sobre todo, de las cursadas, porque son demasiado numerosas las clases como para hacer un trabajo individual comprometido, de parte de los alumnos y de mi parte con ellos, como para lograr que ellos verdaderamente tomen conciencia [de los errores] y que hagan esto que yo trataba en la respuesta anterior. Pero yo no lo logro, insisto, sobre todo al principio de las cursadas *cuando las clases son muy numerosas* (Entrevista 8).

… eso es cuestión de varios factores, *depende de la cantidad de alumnos que uno tenga*, lo digo siempre pensando en ILEA, ¿no?, *el tiempo, también, que tengas de cursado*, bueno, en ese caso, si el tiempo es corto, no todas las actividades se pueden volver a reescribir, es decir, hay una cuestión de que *corre el tiempo*… Pero me parece que no lo hacemos por cuestiones de tiempo, y a veces de *la cantidad de alumnos*, ¿sí? Es decir, volver a corregir no sé, 25 trabajos, o 20, es un poco exigente para el docente y además no se puede hacer, es decir, no lograría los efectos deseados tampoco, porque es verdad que uno después de corregir tanto ya no ve ni lo que está haciendo, ¿no? Pero bueno, la actividad de toma de conciencia y de reescritura me parece que es necesaria, y es esencial (Entrevista 9).

En los tres fragmentos anteriores, la experiencia de los docentes acerca del paso del tiempo (el tiempo que demanda corregir y la posibilidad –o no– de hacerlo para la clase siguiente a la de la entrega del texto efectuado por el alumno) y la cantidad de correcciones en función de la cantidad de alumnos son saberes que les permiten considerar el efecto (o la falta del efecto deseado) de las correcciones en las escrituras de los alumnos.

Por otra parte, estos saberes operan como límite de lo que el docente puede hacer, generando restricciones y autorregulación del trabajo.

*Con las correcciones, lo ideal, pero no siempre lo hago, es leer varias veces los textos, por lo menos dos veces, pero bueno, depende del tiempo, de la cantidad de trabajo.* Yo, personalmente, pero creo que es una cuestión personal, como que necesito leer dos veces los textos. No sé, porque hay personas, no sé, con una visión no sé, bueno, por la forma de trabajar o cómo funciona mi cabeza. Pero bueno, no siempre puedo leer los textos (Entrevista 7).

Y también personalmente, yo tengo como una, que es parte de la metodología, pero también es parte de la organización mía, de mi organización, que es, digamos, *yo no corrijo más de dos horas. Es como un tiempo para mí máximo. ¿Sí? Dos horas, dos horas y media como mucho. Pero después no puedo corregir más, así, en forma continuada, ¿no?* Yo prefiero entonces, corregir durante dos horas una parte, y el otro día, es decir, divido, ¿no? Y el otro día la otra parte. No todo junto porque me es imposible por las razones que dije recién y también *por una cuestión de capacidad mental, me parece que no, no, yo no puedo más de, digamos, poner un tope, siempre, veinte trabajos, quince trabajos, y ahí paramos,* porque esto, bueno, ya lo vivimos mucho, lo hemos hablado, que *no se puede, que no se ve nada, se empieza uno a confundir*. Bueno, no sirve. No sirve ni para el alumno ni para uno tampoco porque se hace como sumamente, como doblemente pesado (Entrevista 9).

En el primer fragmento se observa cómo la docente ubica en los mismos factores que los docentes anteriores (el tiempo y la cantidad de tareas por corregir) un motivo de cambio en lo que considera "ideal" para las correcciones, es decir, leer cada texto dos veces. En el segundo fragmento citado, la docente también señala otro saber sobre su propia práctica que modifica la manera en que lleva a cabo la tarea de corregir.

Me parece importante tomar en cuenta aquí algo que no se explicita en la mayor parte de las entrevistas, y es que la acción de corregir se lleva a cabo fuera del ámbito institucional. A ello hay que añadir, para nivel secundario, que la corrección de las tareas de los alumnos no está contemplada dentro de la cantidad de horas remuneradas como trabajo. Por lo tanto, es una acción que cabe al docente, como trabajador, administrar en función de cierta relación económica entre los costos (el principal de ellos, su tiempo) y los beneficios (los efectos logrados en los alumnos en función del desarrollo de sus capacidades discursivo-textuales).

Los saberes profesionales de referencia serían los que permitirían a los profesores realizar una evaluación acerca de la **economía de la corrección**, en el sentido de permitirles mensurar la relación entre el tiempo destinado a la tarea en función de los efectos buscados y los efectos percibidos y, así, administrar la cantidad de información y el detalle de los enunciados y las marcas en los textos de los alumnos.

## Síntesis del capítulo

La acción de corregir es verbalizada por los docentes como una parte de su trabajo y, en tanto que unidad de análisis, interesa su estudio como representación porque moviliza su actuar.

Hemos observado que los docentes detallan con información precisa y en relación con un campo de representación (Moscovici, 1961/1979) en qué consiste el acto de corregir que realizan en los textos de los alumnos y cómo lo hacen. Sin embargo, al detenernos en la actitud, es decir, en la evaluación que los docentes realizan de las correcciones en tanto efecto que pueden generar en los estudiantes, se observa una mayor dispersión de los sentidos y los motivos atribuidos, a la vez que un malestar por realizar la tarea.

En primer lugar, y en cuanto a la información, corregir supone las acciones de leer, marcar y escribir. Los profesores corrigen la gramática y la ortografía, además de aspectos globales de los trabajos de los alumnos. Estos objetos de corrección dependen de lo que los docentes consideran que son los objetos de enseñanza en la materia; como característica general podemos señalar que el nivel de los textos de los alumnos que menos se menciona como objeto de corrección es el de la coherencia y el sentido.

En cuanto a cómo se corrige o, lo que en términos de Moscovici constituiría el campo de las representaciones, se observa una percepción de falta de sistematicidad y método; la falta de formación y de preparación en el tema es una de las causas a la que los docentes atribuyen la falta de sistematicidad.

La mayor parte de los docentes no manifiesta valorar positivamente la experiencia acumulada para hacer el trabajo de corregir, aunque identifica que tanto el objeto de la corrección como la manera de hacerlo han sido objeto de reflexiones, en varias situaciones, construidas colectivamente a partir de la historia personal como profesor y como alumno; en otros casos, a partir de la pertenencia a un grupo de trabajadores.

Con respecto a la actitud, la tendencia predominante es admitir que corregir es una acción que demanda demasiado tiempo en función de los magros efectos alcanzados en el desarrollo de las capacidades discursivo-textuales de los alumnos, si se comparan estos efectos con las expectativas que los docentes depositan en las correcciones. A ello se suma la preocupación por el efecto contraproducente sobre la relación interpersonal docente-alumno que generaría un exceso de correcciones. Esto último se traduce en una autolimitación, a la hora de corregir, para proveer de información a los alumnos sobre los errores, especialmente si estos resultan demasiado numerosos, en pro de no afectar la relación.

Por otra parte, aunque la práctica de la corrección tiene los fines de evaluar, según los docentes, es imprecisa la diferencia que se realiza entre evaluación y corrección, en parte por las representaciones que circulan acerca de la evaluación, que dotan de complejidad al modo en que se caracteriza a ésta. Se observa que entre los profesores de nivel medio, las representaciones sobre evaluación dan cuenta de las prescripciones que en torno a ésta circularon en los últimos años.

En cuanto a los motivos para corregir, se presentan vinculados a la especificidad de la materia escolar Lengua y a la enseñanza de la escritura; los docentes se representan la tarea bajo el rigor de una norma social y laboral no explícita que parece agobiarlos y generarles malestar.

Por último, he querido destacar un conjunto de saberes referenciales de la profesión, como la relación entre tiempo, cantidad de alumnos y productividad de la tarea, que ponen en juego los docentes a la hora de corregir y que modifican el modo en el que se corrige.

# Capítulo 7

## Conclusiones

El estudio de la corrección como una acción de lenguaje que el docente realiza en el ámbito de las clases de Lengua, a partir de la acción de lenguaje efectuada por escrito por un alumno, me llevó a considerar dos objetos de análisis: las correcciones como textos y la acción de corregir como parte del trabajo docente que, a modo de síntesis, procuran articularse en estas conclusiones.

### 1. Las correcciones como textos dialógicos

Hemos registrado que las correcciones se inscriben en diferentes niveles de los textos de los alumnos: así, hay **correcciones globales**, relacionadas con los textos en general como unidades comunicativas o pragmáticas que responden a las consignas de tareas; **correcciones de sentido** o en el nivel de la coherencia semántica y **correcciones de forma**, que observan los aspectos de la lengua escrita como sistema.

Los diferentes aspectos corregidos son independientes de las consignas de trabajo y de las distintas tareas que las consignas prescriben, porque los docentes deben corregir la mayor parte de los errores de los alumnos interviniendo en todos los niveles de los textos.

Pudo observarse que las correcciones que predominan son las que atienden los aspectos formales de la lengua escrita; las más numerosas son las que se refieren al uso de grafemas y tildes. Por otra parte, también entre las correcciones formales, abundan las que dan cuenta de errores de sintaxis.

Asimismo, encontramos correcciones globales en consignas que guían actividades de escritura, que se refieren a las características de los géneros textuales y al uso del lenguaje adecuado a la situación comunicativa. Otras correcciones globales consisten en indicaciones acerca de cómo se realizaron los procedimientos según las consignas; son enunciados instruccionales para orientar las acciones de reescritura de los alumnos.

Llamó la atención que la menor parte de las correcciones aborden el sentido de los textos de los alumnos.

Los modos en que los docentes corrigen los textos de los alumnos nos permitieron distinguir **enunciados, marcas y enmiendas**.

Los enunciados conforman réplicas en diálogo con los textos de los alumnos, por lo que los he considerado parte de un estilo de corrección pictórico (Voloshinov, *op. cit.*), en el que puede distinguirse la voz autoral del alumno de la voz autoral del docente. En los enunciados, que implican valoraciones, instrucciones y preguntas retóricas, se muestran las singularidades de los docentes, ya que la riqueza de su contenido temático se complementa con la variación de las formas empleadas, reflejando la creatividad de la actividad del lenguaje en una tarea rutinaria como corregir.

Las enmiendas –lo que los profesores reescriben– constituyen una superposición de la voz del docente sobre el texto del alumno en la que se borran los límites autorales, que he considerado parte de un estilo dogmático (Volóshinov, *ídem*).

Las marcas, por su parte, consisten en un subcódigo no lingüístico para intervenir en el código lingüístico, con mayor o menor grado de complejidad. En las marcas puede observarse una búsqueda por sistematizar un código de corrección conformado por signos que tengan significados para sus destinatarios, no obstante, los códigos empleados no son estables, de lo que podría inferirse que las marcas no necesariamente se usan según un criterio compartido con los alumnos que les permitan decodificarlas.

El análisis de los textos corregidos por los docentes nos permitió relevar que no hay una correspondencia sistemática entre qué se corrige y cómo se lo hace, sino que el empleo de enunciados, marcas y/o enmiendas puede combinarse en la corrección de un texto incluso para un mismo tipo de error.

Por otra parte, se registraron numerosas correcciones diferentes que señalaban un solo error o una sola cuestión, de manera redundante, lo que se explicaría por la necesidad de llamar la atención visual de sus destinatarios, porque, según los docentes, en general, los alumnos no valorizan y, por lo tanto, no atienden a las correcciones.

La dialogicidad inherente a las correcciones es una característica de este aspecto del trabajo docente que, no obstante, parece ser poco reconocido como espacio de aprendizaje, a pesar de que resulta, como hemos visto, un esfuerzo, según los mismos docentes.

## 2. El papel de la corrección dentro del trabajo docente

Lo que los docentes de Lengua dicen acerca de corregir nos permitió adentrarnos en las representaciones como saberes que circulan en torno a esa tarea y que conforman el entorno verbal compartido socialmente. Son los actores de este entorno compartido quienes definen, delimitan y posibilitan la acción de corregir, en ausencia de una prescripción explícita.

La relación entre el trabajo real de la corrección y el trabajo representado de la misma actividad docente nos mostró que no hay desajustes entre lo que los docentes realizan y lo que manifiestan que hacen, sino que las mayores tensiones se presentan entre lo que los docentes esperarían como efecto de sus correcciones, la finalidad perseguida, el tiempo dedicado a este aspecto de su trabajo y la valorización negativa tanto de este saber hacer como de los efectos conseguidos.

### 2.1. Relación entre lo que hacen y lo que dicen los docentes

Los profesores distinguen objetos de corrección diversos y heterogéneos que refieren a las representaciones sobre los objetos de enseñanza de las materias. En coincidencia con lo observado como trabajo real, reconocen como objetos de corrección: gramática, ortografía, organización y objetivos de los textos. Asimismo, mientras que no se advierten dudas en sus afirmaciones sobre la necesidad de corregir la gramática y la ortografía, se señalan cuestiones problemáticas en la corrección de aspectos relacionados con otros niveles de los textos. Los profesores manifiestan seguridad frente a la corrección formal, ligada a la normativa; en cambio, se preocupan por las correcciones de aquellos aspectos que consideran "controvertidos".

Las correcciones globales y las correcciones de forma son las más numerosas tanto en las materias de introducción a los géneros académicos de la universidad como en los últimos años del nivel secundario. Por su parte, las correcciones que afectan al sentido conforman el nivel menos corregido de los textos, como ya he dicho. Este aspecto del trabajo real coincide con lo que los docentes dijeron en las entrevistas, puesto que pocos de ellos identificaron explícitamente el sentido como un objeto de corrección; los que mencionaron cuestiones de sentido se desempeñan en el nivel universitario. Sin embargo, si consideramos que el texto es, ante todo, una unidad comunicativa que busca producir un efecto de coherencia en su destinatario (Bronckart, *op. cit.*), ¿no serían las correcciones en el nivel del sentido las que debieran abundar en los textos corregidos por los docentes? Podemos ver en ello un indicio de por qué el efecto de las correcciones en el desarrollo de las capacidades discursivo-textuales de los alumnos no es el esperado por los docentes, por una parte, puesto que los niveles en los que intervienen las correcciones no hallan su correlato con los fines del lenguaje humano; citando a Volóshinov:

> … el objetivo del hablante consiste en producir un cierto enunciado concreto. Para él, se trata de aplicar una forma normativamente adecuada (admitamos por lo pronto su existencia) en un determinado contexto concreto. Él no ubica el centro de gravedad en la adecuación de la forma, sino en aquella nueva significación concreta que la forma adquiere en el contexto dado. Al hablante no le interesa el aspecto de la forma que la hace ser la misma en todos los casos de su uso, sin excepción alguna, cualesquiera fuesen estos casos. Lo que al hablante le importa es aquel aspecto de la forma lingüística gracias al cual ella se convierte en un signo apropiado para las condiciones concretas de una situación dada (*op. cit.*: 108).

Volóshinov destaca así la condición del enunciado (el texto) como unidad de sentido en un contexto dado; para producirlo, el enunciador utiliza las formas lingüísticas o semióticas de la lengua (la "técnica" de Coseriu, 1991). Lo que revelan las correcciones es, en cambio, la prevalencia, en el juicio de los docentes, de la forma y del contexto sobre la coherencia y sobre el significado de los textos de los alumnos.

Si bien la primacía de la forma como objeto de corrección se justificaría debido a los objetos de enseñanza de la materia Lengua, una de cuyas finalidades es transmitir las normas lingüísticas y explicitar los usos que se consideran correctos por oposición a aquellos que no lo son, en una época determinada, es posible entender las correcciones que privilegian la forma como una consecuencia "representacionalista" (Bronckart, 2001). Es decir, se perciben normas estáticas y separadas del sentido del texto. Esta postura filosófica implícita e imperante para la comprensión del lenguaje humano anula la actividad y la mutabilidad para instalarse en el fijismo y en la atomización del estudio del lenguaje en múltiples disciplinas, conformando un enfoque epistemológico con el que no se ha producido una ruptura en la formación docente en Argentina (Riestra, 2004, 2012). Desde la concepción del lenguaje como actividad, los aspectos inherentes a la forma tienen que ser enfocados desde el sentido del texto.

Por otra parte, las correcciones que se refieren a la creatividad y la libertad del lenguaje, en general, son percibidas como negativas y controversiales –a excepción de las correcciones de textos que persiguen determinadas búsquedas asociadas con la literatura (en nivel secundario). Frente a la posibilidad de controversia, los docentes se autolimitarían para realizar sus correcciones en función de no afectar las relaciones personales con los alumnos. Se privaría así a los alumnos de información fehaciente acerca de sus errores efectivos por temor a dañar un vínculo interpersonal. Detrás de este retaceo de información se abre una tensión, puesto que para no perjudicar la relación, se relegaría una función basada en lo que debería ser un acuerdo previo; la palabra autorizada se ausentaría de la corrección sobre cómo ha escrito el alumno su texto, por lo que se perdería el derecho de éste de recibir información sobre su escrito.

Sobre los modos de corregir, los docentes identificaron acciones como leer los textos de los alumnos para "escribirlos" y "marcarlos". Los enunciados y las enmiendas se corresponden con lo que los docentes señalaron como "lo que escribo". Las enmiendas son concebidas por los profesores como reescrituras de lo que cada alumno ha escrito.

Asimismo, los profesores perciben que la mera presencia de marcas resulta insuficiente para dar cuenta de los errores o de las precisiones que buscan realizar a partir de los textos.

Los docentes consideraron que la forma en que corregían no era sistemática, aunque señalaron, en varios casos, la necesidad de realizar dos lecturas de cada uno de los textos de sus alumnos, observando distintos aspectos en cada una de esas lecturas. Atribuyeron la falta de sistematicidad a una carencia en la formación docente, en la que no se les habría enseñado a corregir, y otorgaron un valor relativo a la experiencia como historia personal por haber sido corregidos como estudiantes o como historia de un colectivo de trabajadores en el que se insertaron.

La falta de sistematicidad y la necesidad de una doble lectura y, en muchos casos, de una duplicación de escritura y marcas en los textos de los alumnos tendrían que ver con el tiempo excesivo destinado a las correcciones. Se trata de un tiempo representado de un modo subjetivo por los docentes trabajadores, no cuantificado, pero calificado de excesivo en relación con el tiempo destinado a otras tareas propias de la labor docente. Es valorado negativamente porque se considera de una utilidad relativa, además de que se ponderan la responsabilidad (al vincularse la corrección con fines de evaluación) y la rutina como factores que producen malestar y disconformidad con la tarea.

Otros factores, como la época del año y la cantidad de alumnos en relación con el tiempo destinado a la corrección, fueron mencionados como variables que afectan las correcciones. Por tanto, hay un conjunto de saberes profesionales de referencia que el docente posee a partir de su experiencia y que pone en juego, que podrían explicar la falta de sistematicidad y la complejidad de la tarea.

En relación con las finalidades que los docentes atribuyen a la corrección, la presencia de correcciones con enunciados instruccionales, marcados lingüísticamente mediante el uso de verbos en infinitivo e imperativo nos da la pauta de que los docentes esperan que los alumnos realicen una acción posterior con el texto corregido o que, a partir de esa corrección, puedan abstraer y generalizar algunas nociones instrumentales para la escritura de textos futuros. La forma más empleada, "revisar", sugiere la guía de una acción futura de autocorrección del escrito a partir de la corrección del docente. Se plantea así una acción pasible de favorecer un aprendizaje con acciones posteriores en el desarrollo de las capacidades discursivo-textuales de los alumnos. El efecto buscado pareciera ser la reflexión por parte del destinatario-alumno de las correcciones sobre la práctica del lenguaje y sobre los mecanismos de la lengua para que sean incorporados a su proceso de pensamiento. Sin embargo, lo que los docentes afirman que sucede con la mayor parte de las correcciones contradice esta pretensión de guiar una acción posterior, lo que relegaría al enunciado prescriptivo a una fórmula retórica de impersonalidad.

La mayoría de los profesores, además de objetar el hecho de que los alumnos guarden las tareas corregidas sin mirarlas, consideran que pocas son las correcciones que producen un efecto favorable en el desarrollo de las capacidades discursivo-textuales de los alumnos. Respecto de la corrección planificada, sostienen que el efecto positivo depende de que el docente pueda guiar una nueva acción a partir de lo corregido, ya sea en una devolución grupal o demandando una actividad de escritura posterior. Sin embargo, factores como el tiempo y la falta de planificación de la tarea de reescritura o la poca preocupación por parte de los alumnos para reescribir sus escritos, son señalados como causas por las cuales estas acciones posteriores no se desarrollan asiduamente.

En general los docentes no confían en que las correcciones sean *per se* instrumentos que favorezcan aprendizajes de los alumnos. Consideran que los alumnos deberían recibir un texto corregido, leer las correcciones, revisarlo y reescribirlo y critican que no lo hagan. La relación entre la corrección de los docentes y los aprendizajes de los alumnos parecería perder su finalidad legítima en las circunstancias concretas de la cotidianidad de las clases y del trabajo docente. La falta de tiempo sería la justificación de esta falta de relación.

Por otra parte, la finalidad de la corrección que los docentes reconocen explícita o implícitamente es la formulación de juicios y valoraciones, es decir, la evaluación en sentido amplio. Todas las correcciones implícitamente suponen una evaluación sobre el producto de la acción del lenguaje de un alumno en su carácter de autor. Hemos visto que las valoraciones se despliegan concretamente en enunciados en los textos de los alumnos, particularmente entre los profesores de secundario.

Dada la complejidad de la evaluación en su sentido más estricto, como valoración de un proceso didáctico de enseñanza y de aprendizaje y dada la simultaneidad de representaciones sociales que circulan sobre ella, los docentes no delimitan corrección y evaluación. Aunque especifican con claridad en qué consiste la primera (y ello podría vincularse con que se trata de un hacer concreto), las diferencias entre ambas (cuando se reconocen como dos aspectos diferentes) se tornan difusas.

En relación con los motivos de corregir, los docentes manifiestan que la especificidad disciplinar es la principal razón por la cual realizan esta tarea, además de referirse a la corrección con modalizaciones deónticas que refuerzan la entidad de su labor profesional.

## 2.2. Tensiones en la tarea de corregir

La relación entre el trabajo real y el trabajo representado mostró algunas tensiones entre dimensiones del corregir que complejizan la tarea del docente, que enumeraremos a continuación.

a) La tensión entre proveer información completa en la corrección que podría motivar un efecto adverso en la relación interpersonal con los alumnos y el retaceo de información en función de preservar la relación. Esta tensión parece resolverse en una autolimitación, por parte del profesor, sobre la cantidad de correcciones. Como fue dicho, se afecta o desconoce el acuerdo en el que se sustentaría toda relación didáctica docente-alumno. Los profesores que manifestaron temer que una corrección excesiva frustre a los alumnos señalaron acciones por su parte para limitar la cantidad de correcciones, lo que, en contrapartida, implica que no se esté proveyendo, deliberadamente, al alumno de la información completa acerca del producto de su acción del lenguaje. Eso explicaría en parte la cantidad de errores y de otros aspectos no corregidos en los textos de los alumnos. En otro orden, me pregunto si por un criterio cuantitativo, al temer corregir mucho, no se vulnera la calidad de las correcciones. ¿Qué es más importante, corregir mucho o poco, o asegurarse de que esas correcciones sean las necesarias y sustanciales en función de los aprendizajes de los alumnos?

Podría señalarse que si un profesor no corrige por temor a las consecuencias de un texto sumamente marcado para la relación con el alumno, se vulnera el acuerdo base desde el cual se corrige. Este acuerdo implica que el alumno reconoce la autoridad de la voz del docente sobre su escrito con el objeto de evaluar (en sentido amplio) la acción de lenguaje plasmada en el producto empírico texto y el docente asume que la autoridad le ha sido delegada. Parece interesante evocar la raíz etimológica común de **autor** y **autoridad**: si corregir es tener autoridad sobre el texto ajeno y ser su **co-autor**, tal autoridad sólo puede y debe ejercerse desde el acuerdo previo que conforme la relación didáctica docente-alumno.

b) Se reconoce una tensión entre corregir usando prescripciones para una actividad posterior de reescritura (y deseando que tenga lugar) y no planificar los tiempos de enseñanza que esa actividad requiere. La corrección como interacción supone una acción lenguajera posterior de los alumnos, que en un proceso didáctico requiere un despliegue en el tiempo. Casi todas las entrevistas muestran tensiones entre lo que esperan los docentes y las dificultades para planificar y guiar el desarrollo de esas actividades posteriores, además del supuesto de que las acciones de reescritura deberían ser hábitos ya instalados en los alumnos, en grados anteriores de escolarización.

c) Pese a que la mayoría de los docentes perciben que la mayor parte de los alumnos no manifiestan interés por las correcciones ni consideran que generen efectos positivos en el desarrollo de sus capacidades discursivo-textuales o tomen conciencia de ellas, no dejan de corregir ni dejan de desear sus efectos. Sería esta tensión la principal causa del malestar del profesor, por la falta de sentido personal depositado en esta tarea docente, al punto de no permitirle, a quien la realiza, discriminar su utilidad ni sus motivos.

En síntesis, estas tensiones obturan una tarea que los profesores calificaron de "importante" y "valiosa" para ellos y que resulta poco reconocida socialmente. Durante el trascurso de mi investigación, al exponer cuál era el tema a diferentes agentes vinculados al sistema educativo (directivos de los establecimientos escolares de nivel medio, docentes de otras materias en secundario y universidad, bibliotecarios, por nombrar a personas con las que estuve en contacto durante la recolección de los datos) o a aquellos que habían transitado por el secundario recientemente (en calidad de alumnos o de padres), los comentarios más frecuentes que recibí fueron que los docentes de Lengua ya no corregían y que, debido a ello, los alumnos escribían cada vez peor. Estos comentarios no coinciden con la cantidad de correcciones que hay en los textos de los alumnos que integran el corpus, sin embargo, no dejan por ello de volver manifiesta la falta de valorización de la tarea, probablemente porque sus efectos en el desarrollo de las capacidades discursivo-textuales de los alumnos no son visibles.

## 2.3. Algunas consideraciones teóricas desde el interaccionismo sociodiscursivo

Desde el concepto vygotskiano de zona de desarrollo próximo, es decir, la posibilidad de avanzar en el reconocimiento de los errores, pudo verse que la corrección es un instrumento estandarizado para comunicar información a los alumnos sistemáticamente. Para que la corrección sea una mediación instrumental, en términos vygotskianos, debería ponerse a disposición de los estudiantes en su zona de trabajo y entrar en la zona de desarrollo próximo de los alumnos. El efecto de la corrección en las capacidades discursivo-textuales de los alumnos sería positivo si permitiese aprendizajes y para ello, el docente debería conocer la zona de desarrollo próximo de cada alumno para corregir de modo tal de intervenir en ésta. Lo que se observa en los textos corregidos como una tendencia de cada profesor para observar determinados niveles y realizar marcas y enunciados de una misma manera (señalo que se trata de una tendencia puesto que se ha observado que no hay una sistematización) puede ponerse en relación con la necesidad de mantener una economía de las correcciones (en la relación entre el tiempo destinado por el docente para realizar la tarea de corregir y los efectos potenciales.

para los alumnos). Se infiere de lo que los docentes han dicho en las entrevistas que, por una parte, la corrección les demanda mucho tiempo del que no siempre disponen, por lo que se torna necesario encontrar una manera más rápida de realizar la tarea. Así, se generalizan los errores para hacer devoluciones a los grupos de alumnos. Ahora bien, varios docentes manifestaron que las correcciones les permiten obtener informaciones acerca de los aprendizajes de cada alumno individualmente. Vemos que la utilidad que le encuentran es la de poder dimensionar los aprendizajes de los alumnos a partir de las enseñanzas, además de proponer acciones posteriores de reescritura o de correcciones colectivas de los errores. Esta tendencia a estandarizar y generalizar entra en tensión con la tendencia contraria, de individualizar cada corrección y de utilizarla como instrumento para la enseñanza de cada uno de los alumnos. Para esto último, las correcciones deberían ponerse en relación con la zona de desarrollo próximo de cada uno de los alumnos, lo que supondría hacer diferencias en cada una de sus zonas de trabajo. Hemos visto algunos enunciados personalizados, pero no constituyen la manera más usual de corregir, y un solo docente hizo referencia a las individualidades de los aprendizajes en las entrevistas.

Desde el marco teórico del interaccionismo sociodiscursivo se entiende la articulación, en las clases de Lengua, del hacer en la actividad del lenguaje (Bronckart, 2004) con lo normativo de la lengua como técnica histórica a la vez que como restricción (Coseriu, 1991). En la enseñanza de la lengua materna en Argentina se revelan las consecuencias de una ruptura en la tradición de la enseñanza de los contenidos morfosintácticos y de la dispersión de los contenidos de enseñanza que siguen los objetos de investigación de diferentes corrientes lingüísticas (Riestra, 2004, 2008, 2010b y d). Los efectos en la enseñanza son la falta de articulación entre dos lógicas disjuntas y simultáneas (Riestra, 2005, 2010d): la lógica epistémica y la lógica praxeológica, correspondientes a contenidos gramaticales y contenidos textuales, respectivamente. Dichos efectos se estudiaron en mediaciones formativas en el proyecto de investigación "La universidad y la intervención en el sistema educativo: la enseñanza de la lengua primera" (UNRN-35. Dir.: D. Riestra), contemplando la preparación, instrumentación y evaluación de secuencias didácticas para nivel medio (Tapia, 2011, 2012; Riestra y Tapia, 2013). En este proceso pudo verse cómo, pese a proponerse una intervención planificada para enseñar de manera articulada ambos contenidos, las dos lógicas coexistentes no se solidarizaban en la enseñanza.

En este contexto general del problema de enseñanza, las correcciones en los textos de los alumnos intervienen simultáneamente, por su propia complejidad, evaluando la actividad de lenguaje en un producto y la utilización de la lengua como técnica, aun cuando nos preguntemos si se habrán enseñado o no en las clases ambas lógicas articuladamente. ¿No es una paradoja que se corrija en forma conjunta algo que en las clases se enseña desarticuladamente?

Lo que De Mauro califica como "auto-reflexividad" o "metalingüisticidad reflexiva", esto es, como se definió en el capítulo 2, la posibilidad de cada lengua de volver sobre sí misma para explicarse, es característico de las clases de Lengua, donde las actividades metalenguajeras proveen a los alumnos de herramientas para reflexionar de forma consciente sobre las actividades de lenguaje realizadas (Dolz y Erard, 2000). Ahora bien, las nociones teóricas no garantizan la apropiación por parte de los estudiantes ni contribuyen sobre la formación de las personas porque tienen escasos efectos para la comunicación escrita en los diferentes niveles de escolaridad (Bronckart y Schneuwly, 1991/1996; Riestra, 2010a). En este sentido, registramos correcciones correspondientes a consignas para completar cuestionarios como correcciones globales referidas a la aplicación de conceptos que verifican el modo en que tales conceptos se transfieren de una explicación o una clase a un nuevo texto.

## 3. ¿Es posible analizar la propia corrección?

La pertenencia de esta investigación a la didáctica de la lengua y la literatura y el considerar a ésta una disciplina de intervención me llevan a esbozar, a modo de conclusión, algunas cuestiones metodológicas que se desprenden del análisis realizado, bajo el interrogante: ¿es posible analizar la propia corrección? Sin embargo, una propuesta didáctica que especifique qué, cómo y para qué corregir contradiría la posición epistemológica asumida de que el lenguaje es actividad libre y creadora, porque supondría que se pueden prever todas las actividades de lenguaje y todos los textos a desarrollarse en el medio ambiente de las clases de Lengua. Por otro lado, no causaría una transformación con consecuencias duraderas en el trabajo docente, por cuanto los cambios en las condiciones laborales no pueden ser impuestos externamente sin la participación y el análisis del propio trabajador (Clot y Faïta, 2000, Faïta, 2003b). Sólo pueden ser los docentes quienes evalúen sus correcciones a partir de un dispositivo que les permita tomar decisiones sobre la tarea de corregir.

La imagen 1 busca graficar en un trayecto las relaciones entre lectura y escritura y las operaciones involucradas en la tarea de corregir. Esta tarea didáctica se basa en un acuerdo entre docente y alumnos que explicite aspectos sobre la autoría del texto, en términos de responsabilidad, y que contemple: finalidad de la acción de corregir, relación entre consigna de trabajo y corrección, efectos esperados por parte del docente, consecución (o no) de una actividad de reescritura posterior.

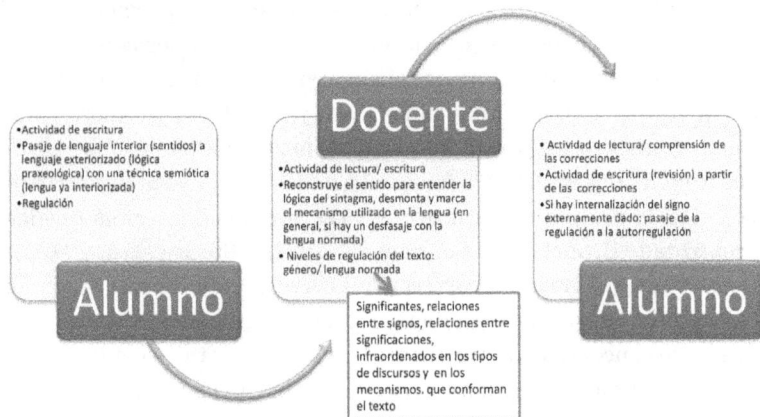

**Imagen 1.** Trayecto de las interacciones y actividades que implicarían las correcciones

El alumno, en tanto autor de un texto que el docente corrige, realiza una serie de acciones y operaciones de textualización, como la selección de un género textual y la combinación de los diferentes niveles encastrados, para lo que emplea los signos de su lengua que ya tiene internalizados. Durante la escritura, los sentidos iniciales (la unidad semántica) y los motivos que conforman un proyecto se despliegan por el lenguaje interior que convierte esos sentidos en una cadena de oraciones mutuamente enlazadas (Luria, 1995). Las acciones y operaciones por las que se realiza la actividad verbal requieren de una capacidad de memoria operativa y "un complejo sistema de 'estrategias' cuya utilización permite identificar el sentido esencial de la enunciación, inhibir las asociaciones secundarias y elegir las formulaciones verbales que correspondan a la tarea planteada" (Luria, *op. cit.*: 177). Esto supone además, una regulación permanente sobre los distintos componentes y la "elección consciente de los componentes verbales necesarios de entre las muchas alternativas posibles" (*ídem*).

El docente que corrige ese texto realiza una doble actividad de lectura y escritura: como lector, reconstruye el sentido del texto escrito por el alumno; como escritor, marca y escribe enunciados y enmiendas que dan cuenta de una evaluación (en sentido amplio, juicio) sobre el texto en sus diferentes niveles y sobre el uso de la lengua normada en ese texto.

La lectura del docente comprende el subtexto o sentido de lo escrito por el alumno, procurando identificar sus motivos como autor (Luria, *op. cit.*).

La escritura del docente implica un conjunto de signos (enunciados, marcas, enmiendas) que, para que la corrección funcione como mediación formativa, se plasma en signos externos o instrumentos (Vigotsky, 1934/2008) en la zona de trabajo del alumno (Del Río, 1990).

El efecto formativo de las correcciones en el desarrollo de las capacidades discursivo-textuales de los alumnos consistiría en la internalización de esos signos externos que posibiliten la producción de nuevos textos cada vez más apropiados, congruentes y correctos (Coseriu, 1991) o, en otras palabras, en el pasaje de la regulación externa del docente a la autorregulación.

Al analizar la corrección es preciso observar la congruencia entre los objetos de enseñanza y los objetos de corrección enfocando las consignas de trabajo como instrumentos planificados para la apropiación de contenidos y actitudes (Riestra, 2004), los productos textuales (los trabajos escritos por los alumnos) y el nivel operacional alcanzado por los mismos.

Es por ello que las correcciones deberían orientarse por su finalidad: del efecto que se quiera generar en los alumnos y de las acciones posteriores que el docente planifique realizar con las tareas corregidas dependerá cómo se corrige y para qué se empleen enunciados, marcas y enmiendas.

Las correcciones con enunciados en los que predomine el uso de secuencias instruccionales (combinados o no con marcas) se justificarían funcionando como guías para actividades posteriores de reescritura, que requieren ser enseñadas en clase y planificadas en el tiempo.

Las marcas inducen a que el alumno realice una búsqueda activa (Luria, *op. cit.*) sobre su sentido: en el diálogo que se entabla mediante las correcciones, la marca requiere, quizás con mayor necesidad que otros modos de corregir, por su carácter de alocución compleja correspondiente a un código, de la comprensión del subtexto y del motivo que existe tras ella. Una marca demandaría, por parte del alumno, una relectura de su texto completo con una actitud de búsqueda y análisis que tiene como meta enlazar lo escrito por él mismo con lo marcado por el docente. Por ello, el empleo de marcas conforma un código del que se ha eliminado la sinonimia, de modo tal que cada signo del código (a cada tipo de subrayado, círculo, cruz, etc.) se corresponda con un significado unívoco. Tal código se sustenta en un acuerdo explícito compartido por docente y alumnos.

Las enmiendas, por su parte, podrían usarse con un efecto de presentación (Leontiev, *op. cit.*), para volver conscientes las operaciones internalizadas por los alumnos en el nivel de la forma, en correspondencia con lo que el docente conoce como desarrollo efectivo (Vigotski, 1934/2004), ya alcanzado, y lo que es necesario reenseñar. Habría que preguntarse por la pertinencia del uso de enmiendas para corregir el nivel del sentido de los textos de los alumnos, puesto que clausurarían el carácter de creatividad del lenguaje y las posibilidades de indeterminación semántica, es decir, la posibilidad de que cada palabra opere con distintos significados y construya sentidos diferentes (De Mauro, 1986), en función de una voz dogmática (Volóshinov, 1929) que asume la autoría del texto bajo una única interpretación posible.

La coherencia entre los modos de corregir y la finalidad de la corrección evitarían la presencia de redundancia, que, junto con la sinonimia y la falta de sistematicidad, podrían dificultar u obstruir la comprensión de los alumnos que leen los textos producto de la corrección.

El trayecto presentado para analizar las correcciones intenta descomponer linealmente lo que constituye, en la práctica, un conjunto de decisiones simultáneas involucradas en la tarea de corregir.

## 4. Algunas conclusiones para seguir investigando

Vimos que la complejidad del entramado de las correcciones apareció en los diferentes niveles de los textos de los alumnos. Pudo observarse que, así como los textos empíricos presentan niveles entramados e imbricados, las correcciones que los docentes realizan sobre ellos buscan dar cuenta de esa complejidad atendiendo numerosos aspectos a la vez, sin que estén sistematizados los modos de corregir en función de los objetos de corrección.

Gran parte de las correcciones estarían centradas en dar cuenta de errores en el sistema de la lengua y en su representación escrita: se registró que la mayor parte de las mismas se concentran en el nivel de la forma de los textos de los alumnos. Esto podría atribuirse al hecho de que sintaxis y ortografía son aspectos normativos relativamente estables y fijos en nuestra lengua, por lo que los docentes no dudan en su corrección (manifiestan, en cambio, que no corrigen otros aspectos que pudieran resultar controvertidos). Asimismo, por ser unidades infraordenadas y locales en los textos, se corrigen mediante la reiteración de marcas o enmiendas, en lugar de emplear enunciados que generalicen los errores, con un consecuente incremento del número de correcciones en este nivel.

Al comparar dos niveles de enseñanza, el secundario y el universitario bajo la hipótesis de que los docentes de las materias introductorias a la universidad corregirían distintos aspectos de los textos de sus alumnos que los docentes del nivel secundario, y, a la vez, que los modos de corregir en ambos niveles serían distintos, el hecho de que los grupos de docentes universitarios compartieran una secuencia didáctica y una escala de evaluación no fue un elemento decisivo: no se detectaron diferencias sustanciales en los objetos de corrección y en los modos de hacerlo, con respecto a nivel medio, cuyos docentes trabajan de forma aislada.

El análisis de **qué se corrige** mostró la preeminencia de aspectos formales de la lengua en ambos niveles educativos, no obstante, en el nivel universitario encontré mayor cantidad de correcciones correspondientes a sintaxis y puntuación, mientras que en secundario predominan las correcciones en el uso de grafemas y tildes. En los textos escritos en secundario y universidad, la cantidad de correcciones que siguen a los aspectos formales, son las que se refieren a aspectos globales de los escritos. Las menos frecuentes se ocupan del sentido, aunque en este plano, las correcciones de las materias universitarias duplican las de nivel medio. La concepción del texto como unidad comunicativa cuyo objeto es producir un efecto de coherencia en su destinatario (Bronckart, 2004) que sustenta la secuencia didáctica y la posición del ítem "coherencia" dentro de la escala de evaluación compartida por los docentes de la universidad podría ser una de las causas de esta diferencia en la corrección.

En cuanto a los **modos de corregir**, las diferencias entre los docentes de secundario y de universidad no fueron significativas; esto indicaría acerca de la presencia de las prácticas profesionales anteriores y las historias personales de los profesores, de las que provienen los saberes puestos en juego a la hora de corregir, como manifestaron en las entrevistas; estos saberes tendrían más fuerza que los criterios compartidos. Cabe señalar, además, que los docentes de ambos niveles de enseñanza se encontraban en interrelación conformando lo que sería, en términos de Bronfenbrenner (1987), un mesosistema de la enseñanza de la lengua, ya que cuatro de los docentes de nivel medio habían sido o eran a la vez alumnos del Ciclo de Complementación del Profesorado en Enseñanza de la Lengua y la Literatura (Universidad Nacional de Río Negro) y todos los docentes de *Introducción a la lectura y la escritura académica* se desempeñaban o se habían desempeñado en horas cátedras en nivel medio.

En tanto que la corrección como parte del trabajo del docente de Lengua es una acción que demanda mucho tiempo, resulta poco redituable. En las entrevistas, la mayor parte de los docentes manifestaron la insatisfacción y el malestar generados por la percepción de que el tiempo destinado a corregir no parece rendir los efectos deseados. Asimismo, se trata de una tarea poco valorada porque consiste en una práctica no enseñada en la formación docente sino a través del ejemplo, representada desde el sentido común, y no como un saber disciplinar.

Los motivos por los cuales los docentes corrigen están implícitos en los objetos de enseñanza de la materia (gramática, ortografía, organización y objetivo del texto) y en un supuesto tradicional –antes que en una prescripción oficial– que espera que un docente de lengua corrija. Ello contribuiría para que esta parte del trabajo se asuma deónticamente, como un deber ser, independientemente de los efectos de enseñanza esperados.

Me propuse estudiar si en los textos corregidos por los docentes habría indicadores de los efectos que los docentes esperan y desean conseguir con sus enunciados y sus marcas sobre el desarrollo de las capacidades discursivo-textuales de sus alumnos. Cada docente desearía que cada uno de sus alumnos lea las correcciones, las valore, realice preguntas a partir de ellas. Lo que perciben los profesores, en cambio, es que la mayor parte de los estudiantes guarda los textos corregidos sin mirarlos. Con el objeto de despertar el interés visual de sus destinatarios, las correcciones se reiteran de diferentes modos superpuestos: las enmiendas, los enunciados y las marcas se utilizan indiscriminadamente para dar cuenta de un mismo aspecto o de un mismo error. Quizás, el principal problema de la corrección radica en que este grado de redundancia complejiza aún más la comprensión de lo que el docente quiso escribir o marcar, teniendo así un efecto contraproducente (si el alumno no entiende las correcciones, ¿cuál sería su motivo para leerlas?).

¿Podría la corrección, en la materia Lengua, constituirse en un instrumento necesario para interactuar con los alumnos en su proceso de aprendizaje? ¿Cómo? La pregunta que estimula la continuidad de esta indagación es cómo la revisión de las prácticas puede modificar la tarea de corregir de modo que tenga sentido en función de la finalidad esperada: que los alumnos desarrollen sus capacidades discursivo-textuales.

En definitiva, estudiar la corrección es investigar las prácticas, interpelándolas una vez más. Esta búsqueda solo tiene sentido en función del desarrollo humano.

# Referencias bibliográficas

Academia Argentina de Letras (2003). *Diccionario del habla de los argentinos*. Buenos Aires: Espasa.

Alvarado, M. y Cortés, M. (2001). "La escritura en la universidad. Repetir o transformar". *Lulú Coquette, Revista de didáctica de la lengua y la literatura, 1, 1*, 19-23.

Álvarez, A. (1990). "Diseño cultural: Una aproximación ecológica a la educación desde el paradigma histórico-cultural". *Infancia y Aprendizaje, 51-52*, 41-77.

Anijovich, R. (2010). "La retroalimentación en la evaluación". En R. Anijovich (Comp.), *La evaluación significativa* (pp. 129-149). Buenos Aires: Paidós.

Arnoux, E. de, Di Stefano, M., Pereira, C. (2002). *La lectura y la escritura en la universidad*. Buenos Aires: EUDEBA.

Arnoux, E. de (2010). "Prólogo". En M. Pipkin y M. Reynoso, *Prácticas de lectura y escritura académicas*. Córdoba: Comunicarte.

Bartholomae, D. (1980). "The Study of Error". *College Composition and Communication, 31, 3, octubre*, 253-269

Bolívar, A. (2000). "La mejora de los procesos de evaluación". Curso *"La mejora de la enseñanza"*, Federación de Enseñanza de UGT de Murcia, 20 de septiembre de 2000. Disponible en https://www.google.com.ar/url?sa=t&rct=j&q=&esrc=s&source=web&cd=1&cad=rja&ved=0CCwQFjAA&url=http%3A%2F%2Fwww.redes-cepalcala.org%2Finspector%2FDOCUMENTOS%2520Y%2520LIBROS%2FEVALUACION%2FMEJORA%-2520DE%2520LOS%2520PROCESOS%2520DE%2520EVALUACION.rtf&ei=512uUtWTBbOmsQS6hIHwDQ&usg=AFQjCNH3bwAOP_mraty3Eq8uO7HsZU_6IA&sig2=QV-FErg8U-7zXNh3Tu-RT3A&bvm=b-v.57967247,d.cWc

Bombini, G. (2001). "Curiosidades de la Lengua y la Literatura". *Lulú Coquette. Revista de didáctica de la Lengua y la Literatura, 1, 1*, 3-6.

Bombini, G. (2007). "Todos llevamos su marca". *Actas del 5 Congreso Nacional de Didáctica de la Lengua y la Literatura. Homenaje a M. Alvarado*. Buenos Aires: Universidad Nacional de La Plata y Universidad Nacional de General San Martín.

Bota, C. y Bronckart, J.-P. (2010a). «Dynamique et socialité des faits langagiers». En J. P. Bronckart, E. Bulea y C. Bota (Eds.), *Le projet de Ferdinand de Saussure*. Gènève-Paris: Librairie Droz.

Bota, C. y Bronckart, J.-P. (2010b). "Voloshinov y Bajtin: dos enfoques radicalmente opuestos de los géneros de textos y de su carácter". En D. Riestra (Comp.), *Saussure, Voloshinov y Bajtin revisitados. Estudios históricos y epistemológicos*. Buenos Aires: Miño y Dávila.

Bronckart, J.-P. y Schneuwly, B. (1996). "La didáctica de la lengua maternal: el nacimiento de una utopía indispensable". *Textos de Didáctica de la Lengua y de la Literatura, 9, julio*.

Bronckart, J.-P. y Plazaola Giger, I. (1998). "La transposición didáctica. Historia y perspectiva de una problemática fundamental". En J.-P. Bronckart (2007), *Desarrollo del lenguaje y didáctica de las lenguas*. Buenos Aires: Miño y Dávila.

Bronckart, J.-P. (2001). «La psychologie ne peut être que sociale et la didactique est l'une de ses disciplines majeures». En J.-P. Bernié (Dir.), *Apprentissage, développement et significations: hommage à Michel Brossard*. Bordeaux: Presses universitaires de Bordeaux, pp. 19-41. Disponible en http://fapsesrvnt2.unige.ch/Fapse/didlang.nsf/PubPublications/82AEACE9ED717654C1257B-1C003EA756

Bronckart, J.-P. (2002). "La explicación en Psicología ante el desafío del significado". *Estudios de Psicología, 23, 3*, 387-416.

Bronckart, J.-P. (2004). *Actividad verbal, textos y discursos. Por un interaccionismo socio-discursivo*. Madrid: Infancia y aprendizaje.

Bronckart, J.-P. (2007a). *Desarrollo del lenguaje y didáctica de las lenguas*. Buenos Aires: Miño y Dávila.

Bronckart, J.-P. (2007b). "Las teorías científicas ante los problemas formativos. Contribución al debate ¿Qué teorías necesitamos en educación?" *Cultura y Educación, 19, 3*, 219-226.

Bronckart, J.-P. (2008a). «Le langage au cœur du fonctionnement humain. Un essai d'intégration des apports de Voloshinov, Vygotski et Saussure» (Inédito). En *II Encontro International do interaccionismo Sociodiscursivo: Linguagem e desenvolvimiento*.

Bronckart, J.-P. (2008b). «Genres de textes, types de discours et «degrés» de langue», *Texto!, XIII, 1*. Disponible en http://www.revue-texto.net/docannexe/file/86/bronckart_rastier.pdf

Bronckart, J.-P. (2010a). «La vie des signes en questions: des textes aux langues, et retour». *Textos Seleccionados, XXV Encontro Nacional da Associação Portuguesa de Linguística*. Porto: APL, 11-40. Disponible en http://www.apl.org.pt/docs/25-textos-seleccionados/01-Jean-Paul%20Bronckart.pdf

Bronckart, J.-P. (2010b). «Les différentes formes d'interaction et leur statut dans une science du langage: Réflexions et questions». *Calidoscópio, 8, 2*, 154-164.

Bronckart, J.-P. (2013). «Qu'est-ce que le développement humain? Interrogations, impasses et perspectives de clarification». En J. Friedrich, R. Hofstetter y B. Schneuwly (Dirs.), *Une science du développement humain est-elle possible? Controverses du début du XXe siècle*. Rennes: Presses Universitaires de Rennes.

Bronfenbrenner, U. (1987). *La ecología del desarrollo humano*. Barcelona: Paidós.

Bulea, E. (2010). "Nuevas lecturas de Saussure". En D. Riestra (Comp.), *Saussure, Voloshinov y Bajtin revisitados. Estudios históricos y epistemológicos*. Buenos Aires: Miño y Dávila.

Bulea, E. y Bronckart, J.-P. (2010). «Les conditions d'exploitation de l'analyse des pratiques pour la formation des enseignants». En *Linguarum arena: Revista do Programa Doutoral em Didáctica de Línguas da Universidade do Porto, 1, 1*, 43-60.

Butler, J. (1980). "Remedial Writers: The Teacher's Job as Corrector of Papers". *College Composition and Communication, 31, 3, octubre*, 270-277.

Camps, A. (1990). "Modelos del proceso de redacción: algunas implicaciones para la enseñanza". *Infancia y aprendizaje, 49*, 3-19.

Camps, A. (1992). "Algunas observaciones sobre la capacidad de revisión de los adolescentes". *Infancia y aprendizaje, 58*, 65-81.

Camps, A. (1993). "Didáctica de la lengua: la emergencia de un campo científico específico". *Infancia y aprendizaje, 62-63*, 209-217.

Camps, A y Ribas, T. (Dirs.). (1993). *La evaluación del aprendizaje de la composición escrita en situación escolar: memoria de investigación.* Concurso Nacional de Proyectos de investigación educativa de 1993. Madrid: Centro de Investigación y Documentación Educativa (C.I.D.E.)

Camps, A. y Ribas, T. (1998). "Regulación del proceso de redacción y del proceso de aprendizaje en función de las pautas como instrumentos de evaluación formativa". *Textos de Didáctica de la Lengua y la Literatura, 16*, 49-60.

Camps, A.; Guasch, O., Milian, M. y Ribas, T. (2000). "Actividades metalingüísticas: la relación entre escritura y aprendizaje de la escritura". En M. Milian y A. Camps, *El papel de la actividad metalingüística en el aprendizaje de la escritura.* Rosario: Homo Sapiens.

Cassany, D. (1987/1997). *Describir el escribir. Cómo se aprende a escribir.* Buenos Aires: Paidós.

Cassany, D. (1993/1999). *La cocina de la escritura.* Barcelona: Anagrama.

Cassany, D. (1993/2000). *Reparar la escritura. Didáctica de la corrección de lo escrito.* Barcelona: Grao.

Cassany, D., Luna, M. y Sánz, G. (1994/1998). *Enseñar lengua.* Barcelona: Grao.

Cassany, D. (1999). *Construir la escritura.* Barcelona: Paidós.

Celman, S. (1998). "¿Es posible mejorar la evaluación y transformarla en herramienta de conocimiento?" En A. Camilloni, S. Celman, E. Litwin y C. Palou de Maté, *La evaluación de los aprendizajes en el debate didáctico contemporáneo.* Buenos Aires: Paidós.

Chevallard, Y. (1991/ 2009). *La transposición didáctica. Del saber sabio al saber enseñado.* Buenos Aires: Aique.

Chomsky, N. (1957/1971). *Estructuras sintácticas.* Madrid: Aguilar.

Chomsky, N. (1969). *Lingüística cartesiana. Un capítulo de la historia del pensamiento racionalista.* Madrid: Gredos.

Chomsky, N. (1977). *Reflexiones sobre el lenguaje.* Buenos Aires: Sudamericana.

Chomsky, N. (1998). *Nuestro conocimiento del lenguaje humano. Perspectivas actuales.* S. Ramos y E. Rivano (Eds.). Concepción: Universidad de Concepción y Bravo y Allende Editores.

Clot, Y. y Faïta, D. (2000). «Genres et styles en analyse du travail. Concepts et méthodes». *Travailler, 4*, 7-42. Disponible en http://www.comprendre-agir.org/images/fichier-dyn/doc/genres_styles_clot_faita.pdf

Clot, Y. (2004). «Métier en souffrance et clinique du travail». *Congrès international Hommes et organisations : la santé au cœur des enjeux de l'entreprise,* Nancy, Metz, Mondor-les Bains, 22, 23, 24 novembre.

Contreras, M. A. (2010). "Prácticas de escritura universitaria: la corrección y la apropiación". En G. Fioriti (Comp.) *Actas del Segundo Congreso Internacional de Didácticas Específicas "Poder, disciplinamiento y evaluación de saberes",* UNSAM, Septiembre y Octubre. Disponible en: http://www.unsam.edu.ar/escuelas/humanidades/didacticas_cede_2010/actas/CONTRERAS_DLL.pdf

Coromines, J. (2009). *Breve diccionario etimológico de la lengua castellana.* Buenos Aires: Del Nuevo Extremo y Gredos.

Cortés, M. y Bollini, R. (1994). *Leer para escribir. Una propuesta para la enseñanza de la lengua.* Buenos Aires: El Hacedor.

Corvatta, M. T. (1992). *Hablar, leer y escribir en la escuela. Didáctica de la Lengua y de la Literatura en la Escuela Media.* Buenos Aires: Quipu.

Coseriu, E. (1951/1986). *Introducción a la lingüística.* Madrid: Gredos.

Coseriu, E. (1981). *Lecciones de lingüística general.* Madrid: Gredos.

Coseriu, E. (1984). "Fundamentos y tareas de la Lingüística integral". En *Actas del Segundo Congreso Nacional de Lingüística, 16 al 19 de septiembre de 1981, 1,* San Juan.

Coseriu, E. (1988). *Sincronía, diacronía e historia. El problema del cambio lingüístico.* Madrid: Gredos.

Coseriu, E. (1991). *El hombre y su lenguaje.* Madrid: Gredos.

Coseriu, E. (1992). *Competencia lingüística.* Madrid: Gredos.

Coseriu, E. (2007). *Lingüística del texto. Introducción a la hermenéutica del sentido.* Madrid: Arco Libros.

Cuesta, C. (2011). *Lengua y Literatura: Disciplina escolar. Hacia una metodología circunstanciada de su enseñanza. Tesis de posgrado.* Universidad Nacional de La Plata. Facultad de Humanidades y Ciencias de la Educación. Disponible en http://www.memoria.fahce.unlp.edu.ar/tesis/te.641/te.641.pdf

Cuesta, C. (2012). "Hubo un día en que los jóvenes argentinos no supieron más leer ni escribir: algunas consideraciones sobre evaluación y políticas de enseñanza". En G. Fioriti y C. Cuesta (Comps.), *La evaluación como problema. Aproximaciones desde las didácticas específicas.* Bs. As.: UNSAM Edita y Miño y Dávila.

Davini, M. C. (1996). "Conflictos en la evolución de la didáctica. La demarcación entre la didáctica general y las didácticas especiales". En A. Camilloni, M. C. Davini, G. Eldestein, E. Litwin, M. Souto y S. Barco: *Corrientes didácticas contemporáneas.* Buenos Aires: Paidós.

Dejours, C. (2009). *Travail vivant. Vol. 2: Travail et émancipation.* Paris: Payot.

De Mauro, T. (1986). *Minisemántica. Sobre los lenguajes no verbales y sobre las lenguas.* Madrid: Gredos.

De Mauro, T. (2005). *Primera lección sobre el lenguaje.* Buenos Aires: Siglo XXI editores.

Del Río, P. (1990). "ZDP y Zona Sincrética de Representación: el espacio instrumental de la mediación social". *Infancia y Aprendizaje, 51-52,* 191-244.

Del Río, P. y Álvarez, A. (1994). "Ulises vuelve a casa: retornando al espacio del problema en el estudio del desarrollo". *Infancia y Aprendizaje, 1994, 66,* 21-45.

Del Río, P. y Álvarez, A. (2002). *Desarrollo, cultura y educación. La aproximación al diseño cultural* (Texto para el Curso de Postgrado "El enfoque histórico cultural como perspectiva teórica y metodológica de investigación". CRUB, Universidad Nacional del Comahue, Bariloche, Argentina, 8 -12 de octubre de 2002).

Dolz, J. y Schneuwly, B. (1997). "Géneros y progresión en expresión oral y escrita. Elementos de reflexión a partir de una experiencia realizada en la Suiza francófona". *Textos de Didáctica de la Lengua y de la Literatura, 11, enero.*

Dolz, J. y Erard, S. (2000). "Las actividades metaverbales en la enseñanza de los géneros escritos y orales". En M. Milian y A Camps, *El papel de la actividad metalingüística en el aprendizaje de la escritura.* Rosario: Homo Sapiens.

Dolz, J., Gagnon, R. y Mosquera, S. (2009). "La didáctica de las lenguas: una disciplina en proceso de construcción". *Didáctica (lengua y literatura), 21,* 117-141

Faïta, D. (2003a). «Apport des sciences du travail à l'analyse des activités enseignantes», *Skhôle, hors-série 1,* 17-23.

Faïta, D. (2003b). «Des genres de discours aux genres d'activité. Quelques réflexions à propos de la recherche sur les rapports langage-travail». *Calidoscópio, 1, 1,* 117-136.

Finocchio, A. M. (2009). *Conquistar la escritura. Saberes y prácticas escolares.* Buenos Aires: Paidós.

Freedman, S. W. (1979). "Why Do Teachers Give the Grades They Do?". *College Composition and Communication, 30, 2,* 161-164.

Friedrich, J.; Hofstetter, R. y Schneuwly, B. (2013). «Théories du développement: controverses pédagogiques, conceptuelles et politique à l'aube du XXe siècle». En J. Friedrich, R. Hofstetter et B. Schneuwly (Dirs.) *Une science du développement humain est-elle possible? Controverses du début du XXe siècle*. Rennes: Presses Universitaires de Rennes.

Frischknecht, A. (2007). "Cuando escribir es... los jóvenes ingresantes al nivel superior y sus representaciones de la escritura". *Actas del 5 Congreso Nacional de Didáctica de la Lengua y la Literatura. Homenaje a M. Alvarado*. Buenos Aires: Universidad Nacional de La Plata y Universidad Nacional de General San Martín.

Frugoni, S. (2006). *Imaginación y escritura. La enseñanza de la escritura en la escuela*. Buenos Aires: del Zorzal.

Galarza, D. (2007). "Las universidades públicas". En M. Palamidessi, C. Suásnabar y D. Galarza (Comps.): *Educación, conocimiento y política: Argentina, 1983-2003*. Buenos Aires: Manantial.

Goicoechea Gaona, M. V., Riestra, D. y Vodnik, V. (2011). "Las interacciones en las clases de Lengua". En D. Riestra (Comp.) *Segundas Jornadas Internacionales de Investigación y prácticas en Didáctica de las lenguas y las literaturas*. Viedma: Universidad Nacional de Río Negro, GEISE.

Griffin, C. W. (1982). "Theory of Responding to Student Writing: The State of the Art". *College Composition and Communication, 33, 3*, 296-301.

Habermas, J. (2002). *Teoría de la acción comunicativa, I. Racionalidad de la acción y racionalización social*. México: Taurus.

Haswell, R. (1983). "Minimal marking". *College English, 45, 6*, 600-604.

Hofstetter, R. y Schneuwly, B. (2002). «La production de connaissances dans un champ disciplinaire: l'exemple des sciences de l'éducation en Europe». En *III Conference for Sociocultural Research: New conditions for knowledge production: globalization and social practices*. Universidad de Campiñas,

San Pablo, Brasil, 19 y 20 de Julio de 2000. Disponible en cd-rom

Horvath, B. (1984). "The Components of Written Response: A Practical Synthesis of Current Views". *Rethoric Review, 2, 2*, 136-156.

Iturrioz, P. (2006). *Lenguas propias-lenguas ajenas. Conflictos en la enseñanza de la lengua*. Buenos Aires: del Zorzal.

Jodelet, D. (1986). "La representación social: fenómenos, concepto y teoría", en S. Moscovici y otros, *Psicología social, vol. 2*. Barcelona: Paidos.

Lacomblez, M. y Vasconcelos, R. (2009). "Análise ergonómica da actividade, formação e transformação do trabalho: opções para um desenvolvimento durável". *Laboreal, 5, 1*, 53-60.

Lamberg, W. (1980). "Self-Provided and Peer- Provided Feedback". *College Composition and Communication, 31, 1*, 63-69.

Lees, E. O. (1979). "Evaluating Student Writing". *College Composition and Communication, 30, 4*, 370-374.

Leontiev, A. (1983). *El desarrollo del psiquismo*. Madrid: Akal.

Litwin, E. (1996). "El campo de la didáctica: la búsqueda de una nueva agenda". En A. Camilloni, M. C. Davini, G. Eldestein, E. Litwin, M. Souto y S. Barco: *Corrientes didácticas contemporáneas*. Buenos Aires: Paidós.

Litwin, E. (1998). "La evaluación: campo de controversias y paradojas o un nuevo lugar para la buena enseñanza". En A. Camilloni, S. Celman, E. Litwin y C. Palou de Maté, *La evaluación de los aprendizajes en el debate didáctico contemporáneo*. Buenos Aires: Paidós.

Litwin, E., Palou de Maté, C., Calvet, M., Herrera, M., Márquez, S., Pastor, L., Sobrino, M. (2003). *Corregir: sentidos y significados de una práctica docente*. Cipolletti: Facultad de Ciencias de la educación, Universidad Nacional del Comahue.

Litwin, E. (2008). *El oficio de enseñar. Condiciones y contextos*. Buenos Aires: Paidós.

Luria, A. R. (1995). *Conciencia y lenguaje*. Madrid: Visor.

Marková. I. (1996). "En busca de las dimensiones epistemológicas de las representaciones sociales". En F. Páez y A. Blanco (Eds.), *La teoría sociocultural y la Psicología social actual*. Madrid: Infancia y Aprendizaje.

Maturana, H. y Varela, F. (1984/2003). *El árbol del conocimiento. Las bases biológicas del entendimiento humano*. Buenos Aires: Lumen/Editorial universitaria.

Maturana, H. y Varela, F. (1994/2003). *De máquinas y seres vivos. Autopoiesis: La organización de lo vivo*. (Sexta edición). Buenos Aires: Lumen.

Maturana, H. (1995/2003). *Desde la biología a la psicología*. Buenos Aires: Lumen.

Mialaret, G. (1977). *Ciencias de la educación*. Barcelona: Oikos-Tau.

Moliner, M. (2007). *Diccionario de uso del español*. Madrid: Gredos.

Morin, E. (1998). "Articular las disciplinas". En *Articular los saberes*. Buenos Aires: Ediciones Universidad del Salvador.

Moscovici, S. (1961/1979). "La representación social del psicoanálisis". En *El psicoanálisis, su imagen y su público*. Buenos Aires: Anesa-Huemul.

Moscovici, S. & Hewstone, M. (1986). "De la ciencia al sentido común". En S. Moscovici y otros, *Psicología social, vol. 2*. Barcelona: Paidós.

Mottier López, L. (2010). "Evaluación formativa de los aprendizajes. Síntesis crítica de los trabajos francófonos". En R. Anijovich (Comp.), *La evaluación significativa*. Buenos Aires: Paidós.

Neumann, D. B. y Gajardo, E. (2009). "Algunas reflexiones sobre la escritura en el Tercer Ciclo de la Educación General Básica". En D. Riestra (Comp.), *Primeras Jornadas Internacionales de Investigación y Prácticas en didáctica de las lenguas y las literaturas*. Río Negro: Instituto de Formación Docente Continua de Bariloche.

Nicol, D. y Macfarlane, D. (2006). "Formative assessment and self-regulated learning: a model and seven principles of good feedback practice". *Studies in Higher Education*, 31, 199-218.

Nogueira, S. (Coord.) (2007). *La lectura y la escritura en el inicio de los estudios superiores. Prácticas de taller sobre discurso académico, político y parlamentario*. Buenos Aires: Biblos.

Olry, P. y Vidal-Gomel, C. (2011). «Conception de formation professionnelle continue: tensions croisées et apports de l´ergonomie, de la didactique professionnelle et des pratiques d´ingénierie», *Activités, 8, 2*, 115-149.

Ong, W. (1982). *Oralidad y escritura. Tecnologías de la palabra*. Buenos Aires: FCE.

Perrenoud, Ph. (1997/2010). *La evaluación de los alumnos. De la producción de la excelencia a la regulación de los aprendizajes. Entre dos lógicas*. Buenos Aires: Colihue.

Pipkin, M. y Reynoso, M. (2010). *Prácticas de lectura y escritura académicas*. Córdoba: Comunicarte.

Real Academia Española (2001). *Diccionario de la lengua española* (Vigésimo segunda edición). México: Espasa Calpe.

Real Academia Española y Asociación de Academias de la Lengua Española (2009). *Nueva gramática de la lengua española*. Madrid: Espasa.

Real Academia Española y Asociación de Academias de la Lengua Española (2011). *Ortografía de la lengua española*. Buenos Aires: Espasa.

Ricoeur, P. (2001). *Del texto a la acción*. Buenos Aires: FCE.

Riestra, D. (1999). "Reenseñar la escritura a estudiantes universitarios". *Infancia y aprendizaje, 88*.

Riestra, D. (2002a). "Entrevista al Dr. J.-P. Bronckart". *Propuestas. De la problemática del aula a las propuestas concretas. CELA-UNR, 7*.

Riestra, D. (2002b). "Lectura y escritura en la Universidad: Las consignas de tareas en la planificación de la reenseñanza de la lengua". *Revista del Instituto de Investigaciones Lingüísticas y Literarias Hispanoamericanas, 15,* 54-68.

Riestra, D. (2003). "Investigar la formación docente o investigar en la formación docente". Ponencia presentada en *III Congreso Nacional y I Internacional de Investigación educativa.* Cipolletti: Facultad de Ciencias de la Educación, Universidad Nacional del Comahue, 22-24 de octubre de 2003.

Riestra, D. (2004). *Las consignas de trabajo en el espacio socio-discursivo de la enseñanza de la lengua.* Tesis de Doctorado. FPE 328. Ginebra: Universidad de Ginebra.

Riestra, D. (2005). "Didáctica de la lengua. Acerca de las dificultades de la práctica: la enseñanza de las nociones gramaticales. Un enfoque histórico-cultural". *Propuestas. De la problemática del aula a las propuestas concretas. CELA-UNR, 10.*

Riestra, D. (2006a). "El discurso didáctico en la enseñanza de la lengua: entre la transposición teórica y la acción política". En G. Constantino (Ed.), *Discurso didáctico. Perspectivas de análisis para entornos presenciales y virtuales.* Buenos Aires: La isla de la Luna.

Riestra, D. (2006b). *Usos y formas de la lengua escrita. Reenseñar la escritura a los jóvenes. Un puente entre el secundario y la universidad.* Buenos Aires: Novedades Educativas.

Riestra, D. (2007). "Los textos como acciones de lenguaje, un giro epistemológico en la didáctica de la lengua", *Co-herencia, 4, 7,* 1-15.

Riestra, D. (2008). *Las consignas de enseñanza de la lengua. Un análisis desde el interaccionismo socio discursivo.* Buenos Aires: Miño y Dávila.

Riestra, D., Mira, B. y Tapia, S. M. (2009). "La necesidad de intervenir desde la universidad en la enseñanza de la lengua primera". En M. R. Barbarella y R. De Pascuale (Comps.), *Actas del V Congreso Nacional y III Internacional de investigación educativa. Investigación educativa y compromiso social.* Neuquén: EDUCO-Universidad Nacional del Comahue.

Riestra, D. (2009). *Prácticas de lectura y escritura. Programa de Ingreso de la Universidad Nacional de Río Negro.* Buenos Aires: Libros del Zorzal.

Riestra, D. (2010a). "La concepción del lenguaje como actividad y sus derivaciones en la didáctica de las lenguas". En D. Riestra (Comp.), *Saussure, Voloshinov y Bajtin revisitados. Estudios históricos y epistemológicos.* Buenos Aires: Miño y Dávila.

Riestra, D. (2010b). "Para debatir: ¿Cómo surgen y cómo llegan las propuestas didácticas? *El toldo de Astier. Propuestas y estudios sobre la enseñanza de la lengua y la literatura, 1, 1.* Disponible en: www.eltoldodeastier.fahce.unlp. edu.ar

Riestra, D. (2010c). "El trabajo docente en la enseñanza de la lengua: Los textos y el análisis entre los géneros y los tipos de discurso". En V. M. Castel y L. Cubo de Severino (Eds.), *La renovación de la palabra en el bicentenario de la Argentina. Los colores de la mirada lingüística.* Mendoza: FFyH, UNC.

Riestra, D. (2010d). "Enseñar a razonar en lengua materna, las implicancias discursivas y textuales de la acción de lenguaje". Ponencia en *II Encontro Internacional do Interaccionismo Socio-Discursivo in Lingistics studies.* UNL, Lisboa, Portugal.

Riestra, D. (2011a). "Saussure, Vygotski, and Voloshinov: The linguistic sign as an epistemological issue". Ponencia. *12th International Congress on the History of Language Sciences.* San Petersburgo, Rusia.

Riestra, D. (2011b). "Problemas actuales en Didáctica de la lengua y la literatura". *Anales de Lingüística. Instituto de Lingüística. Facultad de Filosofía y Letras. Universidad Nacional de Cuyo, 2008-2009,* 37-51.

Riestra, D. (2012). "La investigación en Didáctica de la Lengua y la Literatura".

En P. Bustamante et al. (Eds.), *Actas del VII Congreso Nacional en Didáctica de la Lengua y la Literatura*, Salta: SMA ediciones. Disponible en http://www.lijydll2011.com.ar/descargas_DLL/ponenciasDLL/ponenciasdll_view.php?editid1=35

Riestra, D. y Tapia, S. M. (2013). "La enseñanza de los razonamientos lógico-gramaticales: instrumentación de secuencias didácticas". *Cuadernos de la Facultad de Humanidades y Ciencias Sociales. Universidad Nacional de Jujuy, Argentina, 44*, 73-85. Disponible en: http://www.cuadernos-fhycs.org.ar/ojs/index.php/cuadernos/article/view/130/95

Ruiz, E. M. (1998). *Como se corrige redação na escola*. Tesis de Doctorado. Universidad de Campiñas, San Pablo.

Saussure, F. de (1916/1981). *Curso de Lingüística General*. Buenos Aires: Losada.

Saussure, F. de (2004). *Escritos sobre lingüística general*. Barcelona: Gedisa.

Scardamalia, M. y Bereiter, C. (1992). "Dos modelos explicativos de los procesos de composición escrita". *Infancia y aprendizaje, 58*, 43-64.

Schneuwly, B. (1992). "La concepción vygotskiana del lenguaje escrito". *Comunicación, lenguaje y educación, 16*, 49-59.

Schneuwly, B. (1994). "Genres et types de discours: considérations psychologiques et ontogénétiques". En *Les interactions lecture-écriture. Actes du colloque Théodile –Crel, Lille, nov. 1993.* Bern: Peter Lang.

Schneuwly, B. y Bain, D. (1998). "Mecanismos de regulación de las actividades textuales: estrategias de intervención en las secuencias didácticas". *Textos de Didáctica de la Lengua y la Literatura, 16*, 25-46.

Schneuwly, B. (2008). "La construcción social del lenguaje escrito en el niño". En B. Schneuwly y J-P Bronckart (Coords.), *Vigotsky hoy*. Madrid: Ministerio de Educación y Editorial Popular.

Schwartz, Y. (1997). «Les ingrédients de la compétence: un exercice nécessaire pour une question insoluble». *Education Permanente, 133, 4*, 9-34.

Schwartz, Y. (2002). «Quelles sont les évolutions du champ de la prescription», *37 Congrès de la self Aix*, Provence, septembre 2002. Disponible en http://sites.univ-provence.fr/ergolog/Bibliotheque/Schwartz/Quelles%20sont%20les%20%E9volutions%20du%20champ%20de%20la%20prescription.pdf

Sériot, P. (2003). "Bajtín en contexto: diálogo de voces e hibridación de lenguas (el problema de los límites)". En B. Vautier & P. M. Cátedra (Eds.), *Mijail Bajtin en la encrucijada de la hermenéutica y las ciencias humanas*, Salamanca: SEMYR. Disponible en http://www2.unil.ch/slav/ling/recherche/biblio/03Salamanca.html

Sommers, N. (1980). "Revision Strategies of Student Writers and Experienced Adult Writers". *College Composition and Communication, 31, 4*, 378-388.

Sommers, N. (1982). "Responding to Student Writing". *College Composition and Communication, 33, 2*, 148-156.

Steiman, J.; Misirlis, G. y Montero, M. (2005). "Didáctica general, Didácticas específicas y contextos socio-históricos en las aulas de la Argentina". En G. Fioriti (Comp.) *Didácticas específicas. Reflexiones y aportes para la enseñanza.* Buenos Aires: Miño y Dávila.

Tapia, S. M. (2010). "Razonamientos lógicos/gramaticales y enseñanza de la lengua". En V. M. Castel y L. Cubo de Severino (Eds.), *La renovación de la palabra en el bicentenario de la Argentina. Los colores de la mirada lingüística.* Mendoza: Editorial de la Facultad de Filosofía y Letras de la Universidad Nacional de Cuyo. Pp. 1309-1314.

Tapia, S. M. (2011). "Los mecanismos de textualización y la necesidad de articular el hacer textual con los razonamientos lógicos y gramaticales". En D. Riestra (Comp.), *Segundas Jornadas Internacionales de Investigación y prácticas en Didáctica de las lenguas y las literaturas.* Viedma: Universidad Nacional de Río Negro, GEISE. Pp. 433- 443.

Tapia, S. M. (2012). "La evaluación de secuencias en didáctica de la lengua y la literatura". En P. Bustamante et al (Ed.), *Actas del VII Congreso Nacional de Didáctica de la Lengua y la Literatura*. Salta: SMA Ediciones. Disponible en http://www.lijydll2011.com.ar/descargas_DLL/ponenciasDLL/ponenciasdll_list.php?goto=3

Tapia, S. M. y Goicoechea, M. V. (2012). "Discusiones de los docentes de lengua acerca de su propio trabajo". *Revista de la Escuela de Ciencias de la Educación, Facultad de Humanidades y Artes (UNR), 7, 8*, 291-307.

Valles, M. S. (1999). *Técnicas cualitativas de investigación social. Reflexión metodológica y práctica profesional*. Madrid: Síntesis.

Van Dijk, T. A. (1983). *La ciencia del texto*. Barcelona: Paidós.

Von Bertalanffy, L. (1968/1976). *Teoría general de los sistemas*. México: FCE.

Vigotski, L. S. (1934/2004). "Aprendizaje y desarrollo intelectual en la edad escolar". En A. Luria, A. Leontiev, L. Vigotski, *Psicología y Pedagogía*. Madrid: Akal.

Vigotski, L. S. (1934/2007). *Pensamiento y habla*. Buenos Aires: Colihue.

Vigotsky, L. S. (1930/2008). "El método instrumental en psicología". En B. Schneuwly y J-P Bronckart (Coords.), *Vigotsky hoy*. Madrid: Ministerio de Educación y Editorial Popular.

Vigotsky, L. S. (1931/2008). "Las bases epistemológicas de la psicología". En B. Schneuwly y J-P Bronckart (Coords.), *Vigotsky hoy*. Madrid: Ministerio de Educación y Editorial Popular.

Vigotsky, L. S. (1934/2008). "El problema de la enseñanza y del desarrollo mental en la etapa escolar". En B. Schneuwly y J-P Bronckart (Coords.), *Vigotsky hoy*. Madrid: Ministerio de Educación y Editorial Popular.

Vigotski, L. S. (1998). *El desarrollo cultural del niño y otros textos inéditos*. (Edición al cuidado de G. Blanck). Buenos Aires: Almagesto.

Vygotski, L. S. (2007). *El instrumento y el signo en el desarrollo del niño*. Madrid: Fundación Infancia y Aprendizaje.

Volóshinov, V. N. (1929/2009). *El marxismo y la filosofía del lenguaje*. Buenos Aires: Godot.

Williams, J. (1981). "The Phenomenology of Error", *College Composition and Communication, 32, 2,* 152-168.

Williams, R. (1977/2009). *Marxismo y literatura*. Buenos Aires: Las Cuarenta.

Zambrano Leal, A. (2006). "Las ciencias de la educación y didáctica: hermenéutica de una relación culturalmente específica". *Educere, 10, 35.* Disponible en http://www.scielo.org.ve/scielo.php?script=sci_arttext&pid=S1316-49102006000400004&lng=es&nrm=iso

## Fuentes documentales

Consejo Provincial de Educación. Provincia de Río Negro (2008). "Resolución 1000. Evaluación, acreditación, exámenes y promoción". Viedma, 16 de mayo de 2008.

Dirección General de Cultura y Educación. Provincia de Buenos Aires (2006). *Introducción al Diseño Curricular. Prácticas del Lenguaje. Serie Documentos para Capacitación a Distancia. Primer año de la Educación Secundaria.* Disponible en http://servicios2.abc.gov.ar/lainstitucion/organismos/direcciondecapacitacion/modulos/documentosdedescarga/lenguajes.pdf

Dirección General de Cultura y Educación. Provincia de Buenos Aires (2008). *Introducción al Diseño Curricular. Prácticas del Lenguaje. Serie Documentos para Capacitación a Distancia. Segundo año de la Educación Secundaria.* Disponible en http://servicios2.abc.gov.ar/lainstitucion/organismos/direcciondecapacitacion/documentos/secundaria/practicasdellenguaje.pdf

Dirección General de Cultura y Educación. Provincia de Buenos Aires (2008). *Diseño Curricular para la Educación*

*Secundaria, 3° año*. Disponible en http://bibliografiaeducacion.files.wordpress.com/2012/11/secundaria3.pdf

Ministerio de Cultura y Educación de la Provincia de La Pampa. Dirección General de Educación Polimodal y Superior (2001). *Materiales Curriculares para el Nivel Polimodal. Lengua y Literatura 1, 2 y 3*. Disponible en http://www.lapampa.edu.ar:4040/sitio/objetos/BibliotecaDigital/DisenosCurriculares/Polimodal/lengua.PDF

Ministerio de Educación de la Provincia de Córdoba (1997). *Diseño Curricular para el Ciclo Básico Unificado, 3° Ciclo EGB*. Disponible en http://www.bnm.me.gov.ar/giga1/documentos/EL000431.pdf

Ministerio de Educación de la Provincia de Córdoba (2011). *Diseño Curricular del Ciclo Básico para la Escuela Secundaria. Tomo 2*. Disponible en http://www.igualdadycalidadcba.gov.ar/SIPEC-CBA/publicaciones/EducacionSecundaria/LISTO%20PDF/TOMO%202%20Ciclo%20Basico%20de%20la%20Educacion%20Secundaria%20web%208-2-11.pdf

Ministerio de Educación de la Provincia de Río Negro (2008). *Diseño Curricular para Ciclo Básico de la Escuela Secundaria. Transformación de la Escuela Secundaria rionegrina.*

Ministerio de Educación de la Provincia de Río Negro, Programa de Capacitación (2008). *Transformación de la Escuela Secundaria desde: Lengua y Literatura.*

Ministerio de Educación y Derechos Humanos, Gobierno de Río Negro (2012). *Ley Orgánica de Educación (4819)*. Disponible en http://www3.educacion.rionegro.gov.ar/contenidosmultimedia/wp-content/uploads/2013/01/Nueva_Ley_de_Organica_de_Educacion.pdf

Ministerio de Educación de la Provincia de Chubut (2012). *Diseño Curricular Preliminar. Escuela Secundaria. Área Lengua y Literatura*. Disponible en http://www.chubut.edu.ar/descargas/recursos/secundaria/Dis_curricular/Lengua_y_Literatura.pdf

REFERENCIAS BIBLIOGRÁFICAS

Esta edición se terminó de imprimir en agosto de 2016,
en los talleres de Gráfica LAF s.r.l., ubicados en
Monteagudo 741, San Martín, Provincia de Buenos Aires, Argentina.